Ideas.Action.Impact.
**Wharton School
Publishing**

沃顿商学院图书

MONITOR GROUP | 摩立特集团

Powerful Times

Rising to the Challenge of Our Uncertain World

应对来自不确定世界的挑战

埃蒙·凯利（Eamonn Kelly）著

王 哲 译

中国人民大学出版社

·北京·

埃蒙·凯利的想象不仅严肃、有洞察力，也颇有见地，知识和思维具有广度。这是一本绝对令人着迷的书，我还想重新拜读一遍。

——威廉·吉布森（**William Gibson**），科幻小说家，《神经漫游者》（Neuromancer）和《模式识别》（Pattern）的作者

世界以我们理解不清的方式在快速变化着。埃蒙·凯利给我们提供的观点能够更好地理解正在发生的事情。他向我们展示了我们面对的困境，并暗示全球议程将会改变。他是掌握"全局"的大师。对需要了解地球未来的人来说，这是一本必读书。

——格德·戴维斯（**Ged Davis**），世界经济论坛战略观察中心执行董事兼主席

有些人也许没有意识到影响我们未来的是强大而不可确定的力量，这本书是唤醒他们的号角。身处商界的我们需要提升技能，学习如何平衡市场和道德智慧，如何从专注于竞争的狭隘中走出来，把竞争与适应力结合起来。

——克劳福德·贝弗里奇（**Crawford Beveridge**），太阳微系统公司（Sun Microsystems）人力资源高级副总裁

我们身处的世界是一个令人困惑的复杂地方；搞清我们身在何处是一个充满了不确定性的问题，更不用说我们将要往哪里去了。在本书中，埃蒙·凯利给我们讲述的东西要远远好于预言，因为预言可能被证明是错误的。他精心绘制了一幅颇有见地的地图，展示了可能在我们面前出现的情景，这幅图能够帮助我们走过这些充满意外的时代。凯利帮助我们理解那些影响未来且充满矛盾、相互交错的过程，并帮助我们为此做好准备，这样，我们就能够做出更好的决策以面对不确定的明天。

——彼得·施瓦茨（Peter Schwartz），全球商业网络（Global Business Network）的创建人之一，《面对无可避免的聚变》（Inevitable Surprises）的作者

历史被释放，未来尚未书写，这是对今天难以驾驭的驱动力的最好评价，而这些驱动力正是你梦寐以求希望在某个角落寻找到的东西。读埃蒙·凯利的书就好像看他打破了一个万花筒，然后细数碎片的数量。

——布鲁斯·斯特林（Bruce Sterling），科幻小说家，《圣火光环，黑客攻击》（Holy Fire, The Hacker Crackdown）的作者；Viridian 设计积极参与者；有线网络日志作者

我喜欢这本书！它读起来很轻松，但给人以思想启迪。在这个被多种不确定性因素和矛盾分裂的世界里，本书为我们把这些因素和矛盾进行分类，描绘了一幅清晰的结果和因果关系的对应图。与别的很多堆满公式的商业书籍不同，凯利鼓励我们自己思考可能想象不到的战略。

——路易斯·希门尼斯（Luis Jimenez），Pitney Bowes 公司高级副总裁兼首席战略官

埃蒙·凯利的《强势时代》也可以叫做《广泛视野的艺术》。他证实，在发生突变的时代做决策的关键技能就是避免被自己的预期所束缚。凯利向我们展示了如何部署我们的力量，不仅为我们脚下铺满玫瑰花瓣的道路做好准备，也要为埋藏炸弹的道路做好准备。凯利给我们上的意义深刻的一课是："……和……都……"思维是在面对模糊性和不确定性时果断做出决定的唯一方式。

——乔尔·加洛（Joel Garreau），《突变：提高我们的智力和身体所蕴含的希望和危险——这对人类意味着什么》（Radical Evolution：The Promise and Peril of Enbancing Our Minds，Our Bodies——and What It Means to Be Human）的作者

任何把赌注放在单一未来的企业都可能因其没有防备而遭到周边视野之外的事件攻击。埃蒙·凯利的见解帮助组织调整它们的周边视野，也许甚至能够看到脑后的东西，这样它们可以预见最致命的威胁，或者利用目前隐藏的机遇。

——丹尼尔·拉斯马斯（Daniel Rasmus），微软信息工作前景展望部经理；IT业评论员；Forrester公司前副总裁

凯利在提出社会、企业和政府在未来面对的主要问题时传承了全球商业网络（Global Business Network）的光荣传统。本书做了一件非常了不起的事情，用娓娓道来的故事把我们眼前的未来描述出来，并且阐述了这些问题。

——安德鲁·海因斯（Andrew Hines），专业未来学家协会执行董事；休斯敦大学未来研究讲师

在本书中，情景思维的现实再现从始至终都引导

着读者。凯利的讲述方式把本来令人畏惧的关于未来挑战的实际情况变得轻松易懂，并为我们个人和企业在处于变化之中的、相互依存的世界里做出决策提出了框架。

——**南希·拉姆齐**（Nancy Ramsey），《女性未来》(The Futures of Women) 的作者

任何想预测未来的人——想抓住巨大投资机会的人或者避开让企业失败的潜在危险的人都应该关注埃蒙·凯利的见解，这来自对国际商界情景思维的多年磨砺。作为著名的未来学家，凯利的背景非常丰富，他的每个观点都源自对囊括所有人类事业的全球力量的分析——从印度、中国和艾滋病的影响，到能源种类及气象学的未来，都从此刻开始在我们面前展开。凯利颇具说服力地指出，不断增加的财富和繁荣似乎是可能的，但它们都不是一个国家或者地区显而易见的命运。

——**埃里克·贝斯特**（Eric Best），摩根士丹利全球情景战略家

《强势时代》一书很值得一读。作者埃蒙·凯利从全球的视角精辟分析了未来十年世界所面临的变化和挑战。他一再强调，我们所处的是一个纷繁复杂的变化时代，未来充满着不确定性。他以深刻的洞察力和独到的见解提出了这个时代存在的六大"动态矛盾"，这些矛盾将极大影响未来的人类生活。它们分别是：透明与混沌、实力与脆弱性、技术进步与阻力、无形经济与有形经济、繁荣与衰落，以及人与地球。

作者用较大篇幅对这些矛盾进行了客观深入的探讨和分析，给读者以全新的感觉，让人们对未来有了比较深刻的了解。在这个充满变数、矛盾丛生的世界里，埃蒙·凯利告诉我们不能以单一的视角去看待问题，因为一件事情同时存在着两方面，而世界可能会同时朝着两个方向发展。

高端技术让世界变得清晰透明，连通性不断增强，人们对公司和政府的运作方式将有更加透彻的理解，对全球的体制问题也将了解得更加深入，与此同时，人类的隐私权受到了挑战，形形色色的有关阴谋活动的说法和谎言将同时在全球蔓延，而连通手段在提高透明度的同时也会带来日益复杂的盗窃和欺骗行为。人类社会在不断前进，在很大程度上受到了科技进步的推动，然而，随着计算、生物技术和纳米技术等新兴技术领域的快速发展，人类也将面临道德困

境，甚至是灾难。这也是人类必须慎重处理好的重大
问题。

对于当今世界上的唯一超级大国美国来说，它享
有无可匹敌的军事实力，并受此支撑，它的政治、经
济和文化的影响力在全世界享有独一无二的地位，这
也是所谓的"硬实力"与"软实力"，但与此同时，
强大的美国也是受到袭击的目标，这当然是它所推行
的外交政策造成的，即愿意使用"硬实力"。

随着经济从传统的制造业转向服务业、知识密集
型经济、体验经济、网络经济等新形式，经济变得日
益无形和虚拟化，与此同时，经济的快速发展也给世
界上越来越多的地区和人民带来了繁荣。然而，世界
的一些地区肯定会出现经济衰退，特别是那些遭受冲
突、腐败、疾病和自然灾害打击的地区。对欧洲和北
美的很多民众来说，相对衰落也是一个严峻的现实。
埃蒙·凯利用大量数据证明一个事实，那就是在繁荣
掩盖下贫富差距日益加大，他直言不讳地指出，一些
国家出现了经济不稳定、不公平感日益加剧的情况，
在某种程度上是由于西方的经济政策特别是"华盛顿
共识"造成的。他借用诺贝尔经济学奖获得者、世界
银行前首席经济学家乔·斯蒂格利茨的话："全球化
使发展中世界的很多穷国更加贫穷。即便它们富裕
了，它们也感到很脆弱。"

埃蒙·凯利在分析"人与地球"这对矛盾时，用
大量可靠的数据阐述了人类给地球带来的影响，尤其
是对气候的影响，那些数据和事例让人触目惊心。为
了应对这些挑战，减少给地球带来负面影响，埃蒙·
凯利指出：一方面人类要致力于开发新技术，减少使
用能源或者尽量使用替代能源，减少温室气体的排放
量；另一方面各国政府必须倾力合作，把地球视为人
类共同的家园。我们的未来到底是什么样子，作者给
出了三个预期模式，但哪种模式能够占主导地位，尚

不明了，这也是世界复杂性、不确定性的体现。

埃蒙·凯利利用他广博的知识，运用情景思维阐述了未来世界的变化和挑战，涉及领域非常广泛，让读者从不同角度去了解和理解未来十年或者更加久远的未来，更为重要的是，人们可以为此做好准备。

我很高兴中文版的《强势时代》面世了，感谢沃顿商学院出版社和中国人民大学出版社给予此书与中国读者见面的机会。

在此我想谈两个问题。首先想谈谈自本书在 2006 年首次出版以后世界所发生的变化，以及我自己在此之后的心路历程。第二个问题将探讨中国读者对我描述的动态冲突将会持怎样的态度。

我先来讲讲发生的变化。读者经常问我两个问题：考虑到我写本书之后世界发生的变化，我会改变什么吗？我会补充什么内容吗？

对于第一个问题——我会改变什么吗——的回答是否定的。如果说与本书内容有什么区别，作为本书核心内容的动态冲突在世界范围内变得越发明朗，发展的速度比我预想的要快。有证据表明这些冲突的影响力越来越大，不仅影响我们所生活的世界，也将影响正在形成的世界。因此，我认为比起当初我写本书之时，今天我们理解每一个冲突显得更为重要。

对于第二个问题——我会补充内容吗——的回答是肯定的。现在我想增加一个新的冲突，即发展迅速的机制与发展缓慢的机制之间的矛盾。这个问题与世界各国都相关，特别是像中国这样的社会。发展迅速的机制指的是经济体制、通信系统、金融系统和创新体制。例如，我们正在共同见证技术发生的催化式进步——从依然处于初级阶段的互联网到连接技术的跳跃式发展，再到技术的趋同式发展，这个问题我在第4章"技术进步与阻力"中进行了讨论。这些机制仍在继续快速发展，对世界的影响也越来越大。与此同时，其他机制如社会、文化、政府和教育体制往往发展得很慢。发展迅速的机制推动变化的速度与发展缓慢的机制不可避免的滞后状态之间的矛盾给个人、组织和社会带来了大量不和谐因素。

那么，这个观点以及本书对中国有什么实用性吗？让我暂且退一步讲。尽管我写此书是面向全球的读者，但我是苏格兰人，生活和工作在欧洲和美国，我有机会与全世界包括亚洲在内的每个大陆的客户进行合作，我自己的思维模式不可避免地与我的教育、经历和工作相关，也毫无疑问受到这些因素的片面影响，因此，即便我的核心观点是西方模式的优势和西方霸权即将走到了尽头，但我仍会以西方人的视角来看待问题，这是相互矛盾的。

在我观察当今世界以及我在本书中概述的未来模式时，我已经回答了我在书中提出的问题，即未来世界发展的道路是什么。那个未来模式不是被称之为"美国的新世纪"。完成本书后我观察的一切让我更加确信那个未来模式是"拼成的强大集团"的世纪——在未来，新关系、新的创新中心、优秀人才中心、力量中心和影响中心将到处涌现。这对中国——在后工业世界的全球经济和社会里重新找到位置的中国来说，具有特别深刻的含义。大家看得很清楚，在中国的带领下，很多亚洲国家从脚步很快的一般追随者迅速转变成真正的创新者，它们凭借自己的能力在科学、技术、市场、商业模式和组织方面走出了自己的创新之路。

正是由于这个原因，我认为发展缓慢和发展迅速的机制之间的矛盾有可能在亚洲表现得比世界其他国家或地区更为明显。亚洲有着厚重的传统、丰富的文化财富和价值观。中国在这方面首屈一指。中国在悠久的历史中曾经出现了很多创新和知识，如今作为潜在的世界上最强大的国家而重新崛起。然而，如果未来由"拼成的强大集团"主导，中国在确立其在 21世纪的角色时将面临独特的挑战。中国是选择主要在亚洲内部施加自己的影响力，还是进一步发展与其他国家或地区包括非洲和南美洲的经济关系和社会关系？中国与西方的关系证明是建设性的合作关系，还是日益充满竞争性和斗争性？中国在日益加剧的财富两极分化、环境恶化和不那么令人满意的卫生保健体系面前，能否振作精神应对这些挑战？

在很多方面，这些问题的答案在于中国的政界、民间和商界领导人在处理本书中提出的动态冲突时表现出的智慧。中国成功地在世界上确立了新角色，成功提供了持续、均衡发展的新模式，这不仅对国家是至关重要的，对我们所有人都是至关重要的。

我希望本书能给每个人以及中国社会提供一幅有价值的通往未来的指示图，更为重要的是，我希望未来会让我们距离实现我们共同的愿景更近，那就是，实现一个崭新的全球的"我们"，实现和谐、进步、繁荣与和平。

埃蒙·凯利

我们人类真的很了不起。我们迅速获得了对这个星球如此强大的控制力，开发出了如此强大的科学技术，承担起了掌握自己命运的重大责任。然而，尽管我们雄心勃勃、意气风发，但本质上我们距离祖先并不遥远。尽管我们在思想和科学发现上取得了非凡的进步，但我们仍然渴望确定和简单的东西，而回避复杂和模棱两可的东西。我们仍然倾向于采取"非黑即白"、"不是……就是……"的逻辑，从而让我们看清了简单的模式，树立了轻松的世界观。我们好像依然受两股原始力量的驱使，那就是爱和恐惧，大多数时候我们仍然害怕"对方"——那些不为人知、陌生而遥远的人或事。

今天，在动态和充满变数的世界中出现了越来越多的不和谐。我们缺乏这个时代共同拥有的故事，相反，我们生活中有很多关键的但不衔接的故事情节（如全球化、战争、物质主义、网络泡沫、恐怖主义、多边主义的衰落、经济增长、中国的崛起、非洲的痛苦、气候变化等），从好处想这些情况只是不相一致，从坏处想它们充满迷雾，让人捉摸不透并难以控制。我们这个世界越来越复杂，越来越让人费解，如同一个疯狂的万花筒，从政治、技术、经济和文化领域折射出重要但模糊的动态情景。所有这些内容都被一个无处不在但持有偏见的全球传媒所放大，然而却不一定被呈现得更清楚。作为无药可救的意义创造者，我们被迫在混沌中识别模式。然而，我们从日常事务的噪音之中捕捉到的信号好像常常不相容甚至相互矛盾。不过，这个世界有着很高的相互依存度和透明度，经济一体化的强势不断加强，国界可以轻易穿越，距离也能够轻易消除，所以，逐渐地，没有可以害怕、可以拒绝、可以保持距离的"对方"了，只有一个新兴的"我们"，让我们去慢慢了解，慢慢理解，自不必说去信任和去爱。

于是，这个世界越来越混乱复杂，越来越相互联系，但也越来越不稳定。十多年来，我们明显生活在一个充满变化的时代；今天，我们也好像生活在时代的变化之中。在未来十年，任何一个地方的人们、企业、组织和政府的选择和行为将有可能共同影响下一代及其之后的世界文明。

这的确是一个强势时代，它需要敞开思想和内心世界，不过实现这个目标并不容易。这个时代要求我们致力于学习、实践和发现，这需要我们承认不确定性，接受不确定性，甚至当我们冲动地去寻求确定性带来的愉悦心情时，或当我们想坚持一套熟悉的能肯定我们所谓的真理的信念、设想和信条时，也要求我们做到这一点。这个时代要求我们把差异性和多样性当作优点，这就需要我们超越分歧，制造联系，寻求联合，找到共性，即使当差异让我们恐惧、意识形态让我们两极分化、敌人让我们愤怒时（这种情况不仅在国家之间和地区之间存在，在国家和地区的内部也存在），我们依然要坚持这个观点。时代要求我们从长计议，设想一下我们今天可能创造的未来，为明天的机遇和挑战做好准备。可是，今天如此复杂、令人困惑，我们又如何能了解未来呢？

那么，我们能否应对这个强势时代给我们提出的要求？我深信，我们能够做到。20世纪90年代末以来，我荣幸地领导着一个独特的组织，它致力于探索这个千变万化的世界，对我们共同创造的未来进行预期。全球商业网络公司（Global Business Network）是摩立特集团（Monitor Group）下属的一家公司，作为独特的新型网络企业成立于20年前。作为咨询公司和智囊团，全球商业网络公司是注重实效的学习组织，成员包括关注未来的战略家、企业领导、管理层和情报部门的公职人员、教育者、非营利组织及慈善机构的管理者，此外，还有思想深刻、睿智独立的思想家以及来自科学界、文艺界和学术界的预言家。我们相信多元化的必要性，所以我们有目的地和形形色色的各类组织合作：从跨国公司到社区大学；从大型的政府机构到小型的非营利组织；从慈善基金会到国际组织。我们与它们的合作既富有开拓性也富有实用性。我们的目的就是帮助客户更好地了解他们所居住的这个世界；重新审视他们可能面对的多种未来（他们对未来也将形成一定的影响）；让他们对在未来必须探究的、必须观察和更好了解的东西形成新的见解；更为重要的是，在为我们共同的未来作贡献的同时也确保他们为自己的成功做出更加明智的决策、采取更好的行动。

我和同仁们蒙受所支持的个人、团队和组织的厚爱。我们知道每个组织、每个社团以及每个网络里都有充满激情和活力、才华横溢、性格和善的人在发挥着重要作用。这些人寻求大局、设想未来、创造意义，思考出长期成功和作贡献的方式。他们承认不确定性，探讨不确定性，了解不确定性，而不是被迫地否认或者丧失能动性。尽管有时不情愿，但他们能够接纳不同的观点和信念。有时，他们是握有决策权和掌握方向的高级领导者；有时，他们是公认的思想领航人——具有发言权和可信度的指定开拓者；有时，他们被认为是理想主义者，甚至是异类。然而，他们都具有如下三个特征：相信世界在以十分重要的方式变化着；相信能够更好地了解这些变化；拥有在未知的旅途中破除艰难险阻的信心。

就是这样一群人——这一类人——给予我撰写本书的灵感。借用自然界的一个比喻，他们是我们中间的"工蜂"。在每个蜂房，这些工蜂的工作就是发现新蜜源。它们出发去觅新的蜜源，当发现花蜜丰富的地方后，它们会返回蜂房，跳起复杂的舞蹈，告诉同伴蜜源地的方向和距离。这些工蜂起着十分关键的作用，既是探索者也是新知识和新方向的提供者。没有它们不懈的探寻和坚定的毅力，蜂房不会生存下来，更不用说蒸蒸日上了。不幸的是，总有少数工蜂跳舞跳得不好，结果把同伴送上了陌生之路，直到它们最终找到新的蜜源地。然而，即便这些探索者提供了不准确的信息，它们仍旧是希望、重新开始和新发现的源泉。

本书就是为人类世界的所有这些"工蜂们"而著，这些探索者们发现，代表我们所有人寻求更加美好的未来是他们的本分。我希望本书在一定程度上能够丰满你的羽翼，让你的舞蹈充满活力，重新激发你的乐观情绪，帮助你形成深刻的见解，最重要的是，帮助你在这个世界上有所建树。

目 录
Powerful
Times

第 1 章　得到释放的历史

> 一切探索的尽头，就是重回起点，并对起点有着初次般的了解。
>
> ——T. S. 艾略特（T. S. Eliot）

500 年前，佛罗伦萨市议会派第二大臣尼科洛·马基雅维利（Niccolo Machiavelli）去调查邻国锡耶纳（Siena）的统治者潘多夫·彼得鲁奇（Pandolfo Petrucci）举止无常的原因以及为什么他如此善于要诡计。马基雅维利被彼得鲁奇的解释所震动："我日复一日地管理政府，时复一时地安排事务，希望尽可能地少犯错误，因为这个时代比我们的头脑更强大。"

"这个时代比我们的头脑更强大。"如今，当时间进入第三个千年时，这句话更能引起人们的共鸣。我们发现自己处在一个前所未有的复杂时期。世界以令人震惊的速度变化。整个地球以前所未有的方式相互联系。在我们这个世界上，一天所发生的事情都很难理解，更不用说要搞懂这件事对明天的意义了。无论从个人还是集体的角度来看，我们对未来的不确定性——甚至是对现在的不确定性——在不断增加。历史确实是处于运动之中的，它以我们望尘莫及的步伐发展。接下来会发生什么呢？我们猜测，也为之焦虑。

每个月世界上都会发生新的戏剧性变化，给人们带来了新的迷茫。我们正走在通往不稳定的地缘政治和破裂的联盟之路上吗？还是在恐怖时代扎根之前我们正努力把它消灭掉？作为唯一的超级大国的美国是否在谦卑地履行着自己的职责？它做出的判断是否会在多年以后得到人们的赞同？还是它正在变成一个无赖超级大国，日益被全世界所憎恶？联合国在未来的全球事务中还有很大意义吗？它是不是正在退步，成为无足轻重的组织？中国作为一个主要的国际力量能否保持它非凡的发展速度？它所面临的国内政治、社会和经济的压力是否会阻碍它的发展？全球经济是充满活力还是软弱无力？技术标准将更加全球化和趋于统一，还是更加区域化和分散？全球保护知识产权的力度将会加大还是放松？自由贸易能否战胜保护主义的本能？当经济发展和成功席卷发展中国家时，发达国家能否持续不断地为本国的国民创造就业机会？人们对公司的信任度和信心在下降，这是由彼此毫不相干的丑闻造成的偶发的短暂过程，还是对日益强大的国际市场不断进行打压的证据？"非典"是一个独立的事件还是预示着新型瘟疫的到来？全球变暖是"无事生非"还是我们给子孙后代留下的可怕遗产？这些问题都很难回答，因为它们迫使我们认清自己在世界运行的方式以及未来继续运行的方式上最基本的设想，并迫使我们对其中的一些设想表示怀疑。不对这些设想表示怀疑是很危险的。为什么这么说呢？因为世界不会把它过去运行的方式带到将来。我们现在有很多观点是根据几百年的经验和历史得出的，我们想当然地认为它们是正确的，但这些观念可能即将被打破。

没有结果的 500 年历史

未来的根深埋在过去；我们对世界发展的设想也是如此。也许我们在理解世界方面面临的最大认知障碍就是我们已把某些既定的事实看做永不受到质疑的"自然秩序"。实际上，很多想当然的"基本真理"只是经不起推敲的历史遗留，这些"自然秩序"有可能在未来的几十年里发生根本的转变。我们处在一个关键的突破阶段，很多在过去 500 年里确立的东西可能会发生巨大的变化。让我们对这几百年做一简单回顾，看看有多少东西将要被改变。

16 世纪初，当彼得鲁奇富有预见性地提出强大的时代时，地球上只有 3 亿人（不到现在人口的 5%），欧洲的"科学革命"正在进行。以达芬奇和哥白尼为领军人物的那场革命在很大程度上利用了中国和伊斯兰国家（尤其是后者）在数学、医药和天文方面的知识以及科学的实验方法，这些都是古老文明曾经领先的领域。然而，这个时期取得的突破转移了重心，将西方置于在理解科技和科技创新方面的最高位置，今天它仍然保持着这个地位。这就让人们不知不觉地赋予了了西方这样的权力感：西方的模式和方法甚至是它的文明都应该优于其他地区。但这样的期望必然遭到严峻现实的打击，随着中国、印度和其他非西方国家凭借自身力量的崛起，它们肯定会开发出新的技术并把创新技术出口到西方。

17 世纪，痛苦的宗教战争持续了几十年后，中欧的大片土地被蹂躏，生命和财产遭受了巨大损失；有些地区丧失了一半人口，经济摇摇欲坠。这些大国已经筋疲力尽，于是提出了和平的请求。1648 年，它们签署了《威斯特伐利亚和约》（Treaty of Westphalia），此举预示着欧洲国家之间形成了新的秩序。民族国家的意义在于它在随后的几百年中起到了巩固欧洲和世界历史的作用，创立了致力为国民争取和平（并不总能做到）和繁荣，并愿意接受共同的协议来协调彼此行为的现代国家。我们已经慢慢地把民族国家当成了再自然不过的管理级别和管理形式。

然而，在这个相互联系、彼此依赖的现代世界，我们应该发出这样的质疑：这是否依然是正确的呢？经济在本质上已不再是"国家的"了。几十年来，全球贸易的发展水平已经超过全球 GDP 的发展水平。多数大企业和组织都明显具有国际特征。我们面临的最大挑战——恐怖主义、环境问题和传染病——都是没有国界的。非政府组织越来越重要，它们通常是地方性的或者是跨国界的。鉴于这些发生变化的情况，民族国家的概念能否并应该依然和过去一样是我们身份和管理制度的中心要素？在未来的十年里，民族国家的概念和重要意义都将伴随新的组织和实践的出现而受到质疑。

18 世纪后半叶，启蒙运动开始。这是一个非凡的时期，它激活了科学和思想，引导人们形成了对社会、人性、管理和商业的新见解和新态度。美国和法国进行的启蒙运动向传统的君主和贵族的统治权力提出了挑战，并促成自由、正义和民主的现代原则的建立，这些原则成为西方文明的理想信念。随着政教分离，以及"人定胜天"观念的确立，一种新的、世俗的现代物质观念形成了，并从此大行其道。

19世纪中叶，在伦敦举办的第一届万国博览会（Great Exhibition）的开幕式上，英国王子艾伯特（Prince Albert）说："我们生活的这个时代正发生着最奇妙的变化，我们将很快实现贯穿人类历史的伟大目标——实现人类统一。"他的话虽然有些夸张，但其观点并不是无稽之谈。19世纪，在人类历史上首次出现了这种情况：一个强大的帝国制定出很多国际规则，特别在经济和贸易领域，其他国家不得不学会遵循这些游戏规则。19世纪后半叶，美国正悄然准备成为主导世界的超级大国。此后，随着西方资本主义模式在经济上战胜了共产主义模式，我们就有理由说，英国和美国共同制定了很多规则，在当今世界几乎每个国家都必须遵守。

现在情况有所改变。新兴国家不断涌现，这些国家可能会拒绝遵守那些为了别人的利益而制定的规则。比较突出的情况是，西方在所有权和产权方面具有比其他大部分国家都先进的理念，它们正积极地把在有形的世界里创造的概念转移到思想和知识产权等无形领域。以中国和巴西为代表的几个大国可能会对这些规则进行修改。它们开始对西方知识产权的概念提出质疑，并且运用开源方法开发新的知识和技术。我们在全球经济游戏上最根本的设想将在未来十年受到越来越多的挑战。

时间到了20世纪，不可否认，这是历史上最不平凡的时期。我们已经习惯看到经济以令人惊异的速度增长，世界也日趋繁荣。人口与过去相比增加了6倍，达到了60亿人；人均GDP从几百美元提高到8 000美元。实际上，对于任何一个发达国家来说，只要年均GDP增长达不到3%就被认为"软弱无力"，而企业的年均增长率达不到两位数就意味着不是好的投资项目。仅20世纪一个世纪的经济产量就超过了人类以往历史的所有产量之和，所以，我们总是期待着加速增长和复利增长。然而，繁荣也变得越来越两极化，贫富差距也越来越大。促进社会繁荣发展的经济活力和技术推动力也带来了产业重组和调整，但地区和行业之间并

不平衡；即便最发达国家也遭受到了快速发展带来的痛苦。人类面临的
最大挑战也许仍然在于我们所取得的繁荣是以环境为代价的，而我们现
在才刚刚认识到这一点。有证据显示，人类的经济发展引发了气候的变
化，激发了对稀缺资源的贪欲，以及对自然环境的掠夺。当我们满怀希
望在未来十年保持经济继续快速增长的同时，也应该关注公平、转型和
可持续发展等关键问题。针对这些挑战，世界的不同地区会采取不同的
态度，这是造成地缘政治紧张的一个重要原因。

在羽翼尚未丰满的 21 世纪，我们依稀看到了所面临的独特挑战。过
去 500 年的基本发展让人们深信科技能够为人类的利益服务。现在的人
口是公元 1500 年的 15 倍，人均 GDP 竟翻了 50 番，这都要归功于快速
而又非凡的技术进步。不过，在 21 世纪，我们已经看到人们对技术可能
带来的负面影响表现出的不安和忧虑，这种情绪超过以往任何时代人们
对于技术发展的反对和谨慎。技术有重新创造自然界甚至能够改变人的
含义的能力——类固醇和干细胞只不过是冰山一角——科学使我们面临
伦理困境，也提出了相当棘手的问题，需要国际社会进行深入的对话和
系统思考，不过我们还远远没有做到。

我们跟着时间走向未来，我们将看到的不仅仅是历史被创造，也会
看到历史被复原。500 年前，彼得鲁奇认识到历史正朝着深不可测的、
复杂的新时代飞速发展，并哀叹"这个时代比我们的头脑还强大"。今
天，当发展了 500 多年的"自然秩序"开始松动时，我们这个时代比以
往任何时候都要强大。那么，我们是否应该像彼得鲁奇那样采取有事做
事、适时调整、以日为单位安排事务的被动的策略呢？我们不应该这样
做，因为风险太大了：这个时代太复杂，面临的挑战太大，前景太广阔，
发展的速度太快，以至于我们来不及反应。因此，我们必须武装自己
的——个人的和整个社会的——头脑来适应新形势。

如何学会主动思考我们所处的世界、学会理解它那错综复杂和丝丝
相扣的联系、学会从"全景"着眼而不是只看到上千个转瞬即逝且毫不
相关的微小影像，这就是我们所面临的挑战，而正是这个挑战激发我写
了这本书。我写此书的目的是让更多的人了解现在并更好地期待未来。
我知道越来越多的人想了解这些，我在日常工作中与全世界的组织及政
府接触时对此深有体会。我的目的就是帮助所有人在混乱中找到秩序，

用一些工具和想象力武装我们的思维并去探究未来。

幸运的是，我们比以往任何时候都有能力了解这个复杂的时代。我们能够获得更多的信息来看清我们所面临的机遇与挑战。我们拥有新的方式来分享知识、思想、见解和观点。最重要的是，我们渴望拥有知识和理解能力，也就是了解世界和预见未来的欲望。不过，在开始以崭新的角度看待"全景"之前，必须首先考虑这样一个问题：我们为什么到现在还没有看到这个"全景"？

费解的文字和大猩猩

人类是具有理解能力的动物。我们喜欢模式，也很善于识别模式，有时甚至是无意识做到的。看看下面这段令人费解的文字。这是最近在全世界的电子邮箱里广为流传的一段文字：

Aoccdring to a rscheearch at Cambridge Uinervtisy, it deosn't mttaer in waht oredr the ltteers in a wrod are，the olny iprmoatnt tihng is that the frist and lsat ltteer be at the rghit pclae.

The rset can be a total mses and you can sitll raed it wouthit porbelm.

Tihs is bcuseae the huamn mnid deos not raed ervey lteter by istlef，but the wrod as a wlohe.

Amzanig huh?① （根据剑桥大学做的一项调查，字母在单词中的顺序如何并不重要，只要第一个和最后一个字母的位置正确就可以了。其他字母的顺序可以被完全打乱，不过你读起来依然没有问题。这是因为人的大脑读的不是每个字母，而是整个单词。有意思吧?）

---

① 正确的英文是：According to a research at Cambridge University，it doesn't matter in what order the letters in a word are，the only important thing is that the first and last letter be at the right place. The rest can be a total mess and you can still read it without problem. This is because the human mind does not read every letter by itself，but the word as a whole. Amazing huh?

我们的感知能力以各种各样的方式表现出来。很多人有很强的直觉，例如，他们能感觉到危险在即，或者能读懂一群人的情绪状态，或者能够察觉出别人是在说谎还是在讲实话。多数人能够很快把看似不相关的事情联系起来，而且能迅速而连贯地叙述出来。我们特别擅长发现不寻常的东西，而这些东西并不符合我们的理解模式和整体结构，不仅如此，我们还能大致猜出它们的含义。这些都是人类的基本技能，几千年来人类把这些技能有效地运用到了日益复杂的系统和现象中，使人类的知识和理解力得到了惊人的发展。

然而，我们对周围发生的事情也有着非凡的曲解能力。我们常常遭遇认知方面的严重挑战，我们的感知能力也因而受到了制约。其中，最大的挑战之一则与我们的关注点有关：我们常会犯"只见树木，不见森林"的错误。我的一次亲身经历可以很好地说明这一点。几年来，我多次在演讲和研讨会之前放一段 30 秒钟的录像，里面有 6 个人在玩两个篮球。其中，3 个人穿着白色的 T 恤，另 3 个人穿着黑色的 T 恤。每个"队"都有自己的篮球，而且只在本队的队员中传球。

在开始播放录像之前，我告诉观众，他们的任务就是数一数白队有多少个成功的传球。我还小题大做地把"成功的传球"界定了一下，即球从一名队员手里传到另一名队员手里，可以从空中传也可以从下面不落地地传。我总是加入竞争的元素，让同一组的参与者商量答案并形成一致意见，最终，最接近正确答案的那组获胜。

放完录像并听完他们的答案之后，我问他们是否有人注意到屏幕上有奇怪的事情发生。仅有一小部分人（很少超过 10%，也从未超过 20%）注意到了。他们看到录像放到一半时有人装扮成大猩猩进入了画面，走到球场中央，停下来，面对观众，捶胸顿足一番，之后溜溜达达地走出画面。当他们再次看录像时（这次不要分散注意力去数传球了），这个场面简直太明显了，大家都不相信第一次居然没有看到。有一次，我把这个录像放给 40 名公司高管，他们没有一个人看见大猩猩。他们反而指责我第二次和第一次放的不是同一个录像。

这个故事的意义在于，我们常常只看到我们要找到的东西而没有注意到本应该十分明显的东西。如果我们只是盯着一棵树看，便很有可能不知道树林的存在。在这个变化无常的世界里，我们需要睁大眼睛来理解这些出人意料且层出不穷的现实。

◯ 心理感知地图和荒谬的必然

    有很多制约因素妨碍了我们的理解能力。实际上,人们已经知道有将近 100 个认知偏见可以严重曲解我们对周围世界的感知和理解。其中的一些已经根深蒂固了。我的同仁彼得·施瓦兹(Peter Schwartz)是一位知名的未来学家,也是全球商业网络公司的创始人之一,在他的办公室里有一幅北美洲的原始地图,是荷兰制图师赫尔曼·莫尔(Herman Moll)在 1701 年制作的。根据西班牙探险家的报告,莫尔和其他十七八世纪的制图者一样把加利福尼亚当成了岛屿,用一个很宽的海湾把它与美洲大陆分开。现在,这些错误的地图是收藏家追捧的对象,然而在别的方面他们只不过是历史上的奇事罢了。但是,他们肯定了有关地图的作用的两个关键点。

    首先,错误的地图导致了错误的行动。传教士拿着显示加利福尼亚是岛屿的地图去了新世界。在今天的蒙特利尔附近登陆时,他们把小船拆开,包好,放到了骡背上,拽着它们走过了加利福尼亚,爬上了内华达山脉。这时,他们放眼望去,只看到眼前是一片广阔的"沙滩",这才意识到自己所处的境地:根本没有大海,地图是错的,他们的船只没有任何价值,他们的所有付出都是徒劳。

    其次,在地图绘制出来后,要有相当强烈的意愿才能对地图进行修改。传教士们报告说,加利福尼亚不是岛屿,但消息传到欧洲几十年后很多制图师依然拒绝修改地图,直到 1747 年西班牙国王颁布法令,那些人才不得不修改了地图。

    当我们今天和这个充满变数而又飞速发展的世界进行角力时,这个故事有着重要启示。我们做的每一个决定,不管是企业做出的还是政府做出的,抑或个人在生活中做出的决定都会被逐渐地实施。这个决定是受知识(主要根据已知的事实和经验)和判断(主要根据感知或者"心理感知地图")影响的。如果地图是错的,我们的判断也将是错误的。更糟糕的是，我们的知识也深受心理感知地图的影响。这些地图不仅反映我们看待事物的方式，也深刻影响着我们能够看到的事物以及我们选择搜集的事实。故此，心理感知地图充当了强大的过滤器。它们不仅能帮助我们发现重要的事、做有意义的事，而且能抑制我们感知和理解世界上正在发生的事的能力。它们极其抵制变革。实际上，心理感知地图限制了我们观察的事物，也制约了我们对观察到的事物的解释，它们深深影响了我们的感知，以至于不折不扣地变成了自我强化的手段。

因此，有必要学会如何对我们的心理感知地图施加压力，如何让我们的假设更加清晰，如何不断地对假设进行检验，以及如何敞开胸怀接受更多不同的、可能引发争议的观点。我想不会有多少人对此提出异议吧。我们身边的这个世界变得越来越让人雾里看花，越来越充满变数，我们往往倾向于相反的方向，对那些关于世界的状态和命运的根深蒂固而且极端的认识听之任之。"不是……就是……"的逻辑在政治家、媒体评论家那里常常能够很好地发挥作用，甚至在一些学术性的结论上，也时常发生热烈但没有价值的"不是……就是……"的辩论。例如：全球化是好还是不好；中东的变革是众望所归并且时机成熟的，还是一种危险的、倒退的威胁；美国是拥有神圣的职责把民主推广到全世界，还是一个与历史发生冲突的国家；基因工程是使我们衣食为安、远离疾病，还是恰恰相反将摧毁我们。

尽管这些争论给我们提供了很好的展台，它们过于简单化的定式让人看起来可能感到很舒服，但我认为它们没有用，而且越来越危险。这些争论产生了噪音和热度，但却很难从中得出什么信号和信息。它们助长了过于简单的模式化思维，妨碍我们了解前不久和现在的深层模式，而这种了解能够帮助我们对未来进行预期。与此同时，它们唤起了我们最懒散的本能而不是进取能力。简单、清晰以及确定性毫无疑问是优点，但却很难做到。奥利弗·温德尔·霍姆斯（Oliver Wendell Holmes）曾经说过："我不追求复杂性表面上的简单，但是我愿意将我的生命献给复杂性深层下的简单。"

存在复杂性表面上的简单在今天的公共话语中似乎很普遍，尤其在大众政治领域。只要走进美国的任意一家书店，翻看一下那些形形色色的存在偏见却引人注目的书籍，就会发现那些书好像把所有自由主义者都诋毁为"叛徒"，把所有保守主义者都说成是"说谎之人"。实际上，当对世界进行设想时，很少有人能完全摆脱下意识的、带有偏见又过于简单的想法；因为我们都有自己的心理感知地图。读一读下面关于当今世界的两个相反的故事，看看你有什么反应，你的反应会怎样暴露你的偏见。

/ 最佳时代……/

我们幸运地生活在一个拥有空前机遇和潜能的时代。整个世界变得越来越繁荣，几十亿贫困人口的收入水平有了大幅度提高。中国、印度、印度尼西亚和东欧的许多国家以及其他国家的经济在以惊人的速度发展，并且开始完全融入全球经济的大潮中。教育机会惠及越来越多的儿童；全世界的成人识字率上升到74%。在大多数发达国家，高等教育已经非常普及。

冷战的结束让很多新兴国家涌现出来。僵化的计划经济体制的崩溃给很多国家带来了财富和机遇。苏联解体造就了一批充满活力的国家，并使这些国家参与了欧洲在治理方面进行的非凡的新实践。这个世界大多时候还会继续处在相对和平的年代；除了非洲，人均遭受战争之害的人口比例是过去1 000年来最低的。美国拥有迄今为止世界上最强大的军事力量，尽管它还没有充分发挥唯一的超级大国的作用，但它在运用实力和权力方面已经展现出了责任和公平。

人类的寿命越来越长，现在人均寿命达到了67岁。在世界范围内，婴儿死亡率下降到了5.6%。越来越多的国家出生率开始下降，所以我们可以预期"人口爆炸"将很快结束。粮食的生产及分配实现了突破，这使得世界的饥荒状况有了很大的缓解。与此同时，很多疾病也开始被科学的力量所控制；甚至艾滋病这个近年来令人心惊胆战的杀手也能够被一种有效的鸡尾酒疗法所驯服。人类基因组图的绘制以及生物技术的创新为人类的未来健康提供了光明的前景。

新的信息和通信技术把人、地区、市场、资本、思想和文化联系起来，这是以往任何时候都做不到的。人们在创建新的经济平台的同时也给人类的福利和财富的创造提供了全球机遇。此外，在伟大的新技术和

新手段的促进下，人类的发现进程规模空前，全球的知识体系利用不断
发展的科学知识和这个空前的发现进程进一步扩大统一。这笔丰富的知
识财富为未来的革新技术提供了可靠的源泉。尤其是，通过在可替代能
源技术上进行投资这一明智的举措，可以大幅度减少世界对矿石燃料的
依赖性，从而也减少了它们带来的污染问题。

如果在未来十年保持这样的发展，在较长远的未来，我们的前途确
实是光明的……

/ 最糟时代…… /

人类这一悲剧性物种迟早会被自大和永不满足于奋斗而毁掉。几百
年间，我们一直在愚昧无知地播撒灾难的种子，现在准备收获吧。在我
们对消费和"成功"的渴望之中，经济发展破坏了环境和社会。我们信
奉的以市场为导向的价值观让非道德团体为我们确立时代议题。我们被
简单的进度所驱使，过于强调物质内容而否认精神世界和人性的东西。

我们得到什么了？1/3 的世界人口每天的生活费用不足 1 美元，还
不及欧洲每头牛获得的公共补贴。在世界上那些情况日益恶化以及处于
动乱中的国家，人民不同程度地遭受着疾病、饥饿和儿童死亡的痛苦，
而我们却没有支援这些国家。我们听任穷人和富人之间的差距、有产者
和无产者之间的差距越来越大，甚至在"富裕的乐土"——美国——也
出现了类似的问题。我们放任发达国家那些曾经坚固的基础设施开始破
败，无论是英国的铁路还是美国的电网，无不面临着这样的境地。我们
没有向新兴世界投入足够的资金去修建生活必需的基础设施。我们不去
理睬那些肮脏的环境，使得曾经被控制的疾病再度滋生，从而导致对
"后抗生素"时代的恐慌。我们加大了知识产权的保护力度，可是，这种
权利是保护药品生产商的利益而不是满足穷人的需求，更不要说保护无
数受艾滋病折磨以及濒死的艾滋病人。

我们在拿新技术玩火，特别是那些通过生物技术来重新设计自然界
的相关技术——对生命的精髓部分进行修补的行为充满危险，我们无法
计算后果，因为我们对此并不了解。这个时代唯一的超级大国——美
国——放弃了多边主义，疏远了朋友，它试图打败敌人，反而却让敌人

强大起来，并且充满斗志。恐怖暴行包括来自生物恐怖主义和"脏弹"带来的危险，这种危险越来越大，更不用说核威慑了。这些威胁仿佛每天都会降临。与此同时，我们对这个星球进行疯狂的掠夺，对它不重视，然而它却是我们的唯一家园。我们眼看气候发生变化却矢口否认，但不可否认的是，其中很多变化是人类促成的，由此威胁到了气候的稳定。

也许最糟糕的是，我们无法搞清并解决这些问题。我们再也做不到把真理和谎言、现实与虚构的世界、实质与表象区分开来。事实证明，互联网除了让人们开阔视野、促进相互了解，也造成了同样多的混乱、歪曲和阴谋。

在这个荒谬的时代，除了愤怒、失意、绝望，怀疑是唯一的理性态度。

在我看来，如果把对现实的这两种态度进行表决，恐怕都会有很多的支持者。实际上，还有更极端的说法每天在世上流传。这两种说法都是这个时代的真实写照，这就是我想表达的观点所在。我们生活的这个世界并不是按照一个简单的、轻松的故事情节发展着，未来也不会。这种不确定性让我们浑身不自在，但事实确是如此。我们越是带着自己的理念去尝试有条理地了解世界，我们了解得就越少——事实就是这样。最重要的是，盲目乐观和失败主义的悲观情绪对我们了解复杂的未来都不可取。

了解变革时代

我写这本书的目的是想为那些希望更好地了解这个强势时代的人提供一些有用的资料。书中提出的命题依据以下几个信念。

第一，这个世界从来都不具有确定性。人类历史屡次经历重大变革、深深的忧虑和迷惘，这已被彼得鲁奇的评论所证实。然而，世界——整个世界——从来没有如此充满不确定性。随着我们的制度——技术、金融、社会、经济、文化以及政治——变得越来越复杂、越来越具有全球性、相互依赖性越来越强、发展的速度越来越快，不确定性也越来越突出（越来越广泛），这成为不可避免的发展结果。

第二，不确定性的很多方面是清晰可见的，如每日新闻的内容，以及我们在个人和工作生活中不断为之挣扎的问题。不过，也有一些不明显但很深奥的基本动态在运行着，我们现在看到的可能就是在过去 500 年间一直想当然的东西的真相。如果这是事实，我们根本没有做好应对未来变化的准备。

第三，现在正在发生的变化不仅具有复杂性和系统性，而且自相矛盾甚至对立，这加大了感知和理解的难度。此外，个人和组织有很强的认知偏见（包括过度简单化的倾向），这极大地妨碍了我们观察和理解变化的能力，从而也加大了感知和理解变化的难度。

第四，我们正处于关键的突破阶段。新兴的世界文明所面临的巨大机遇和挑战还在前头——在不远的未来。我们如何在未来的十年间来认识、理解和解决这些问题对本世纪以及其后的影响是巨大的。

第五，没有任何一个行为主体——人、机构、意识形态、市场、宗教、地区或者国家——能够单独地统治未来，或者解决我们的问题，或者实现我们的梦想。在紧密相连的世界里，提高责任的分配力度——作贡献的机会——是必需的。这需要各行各业、各类组织、各个部门以及世界各地的人们更好、更快地了解和理解这个变化着的世界的本质，想象一下未来可能或者应该是什么样子。每个决定以及采取的每个行动都有自身的结果，累计起来将逐渐影响我们的未来。我们做出的每个决定越明智，我们共同的未来就越美好。

本书致力为那个更加美好的明天作出贡献！

全书共分四个部分。

/ 正在发生什么？预测现在 /

这部分通过列出六个"动态矛盾"来切入并分析当今世界所面临的很多复杂情况。这些令人困惑且时常相互矛盾的多重力量在很大程度上推动我们从现在走向未来。此外，这些矛盾还提请我们注意现在正在发挥作用的一些基本的似是而非的论点以及相互矛盾的观点，并要求我们

采取"……和……都……"的逻辑,而不是"不是……就是……"的
逻辑。

/ 如果……会怎样? 为未来的挑战而改变 /

给定了这些动态矛盾,我们接着探讨两个最重要的领域——治理和
创新。未来十年间我们将在这两个领域经历重大的挑战和变化。对于即
将发生的剧烈和重大的变化,我们应该采取泰然处之的态度。

/ 接下来会发生什么? 未来十年的预期模式 /

展示了这些矛盾和挑战之后,我们接着思考这样一个问题,即我们
将会看到世界秩序如何演变发展。我们提出三个不同的情景,有可能在
未来十年里看到它们变成现实。我们必须为这三个未来做好准备,因为
每个未来都蕴含着非常不同的意义。

/ 如何应对? 在变革时代有所为 /

最后,探讨了这个变革时代的一些关键的启发,解释了三组重要的
行为者——企业、领导人和全球公民——对美好未来承担着很大的责任,
并给出了承担责任的方式和原因。

关于未来,不可能有"完整的证据";我不指望本书把未来十年这个
创立新世纪的阶段所面临的重要问题都囊括进来。不过,我相信这本书
在了解未来方面是一本非常有用的入门书,它为了解这个充满变数的世
界提供了有力的框架,并激励我们把全体的力量和热情投入到未来的机
遇和挑战之中。

1

Powerful Times

正在发生什么？预测现在

> 错误说法的反面是正确的说法。
> 深奥真理的反面很有可能是另一个深奥的真理。
>
> ——尼尔斯·博尔（Niels Bohr），诺贝尔物理学奖获得者

如果不首先对影响未来的现在动态进行反思和深入理解，我们就不可能对未来进行预期。在动荡的时代我们更应该意识到这一点，因为过去的经验有可能会误导我们，我们根深蒂固的想法可能已经过时或者与现在毫不相关。记得马歇尔·麦克卢汉（Marshall McLuhan）曾经这样说过：如果用对待生活的方式来驾驶汽车，那么在每个街角都会发生事故。当我们用受过一半训练的眼睛通过后视镜对现在进行审视时，会有很多即将发生的画面被关于过去的镜头过滤掉——这个习惯既会分散我们的注意力也会歪曲事实。所以，如果说我们有时对现在根本不了解，这种说法一点也不令人感到意外。

"对未来进行预测"需要我们推翻自己的一些根深蒂固的假设，不应该只看到轻松确定的东西，而要看得更远。此外，我们可以撇开众多博学家给出的"正确思维方式"而另辟蹊径，对重要的问题进行多方面的考察，希望在避开"分析过多而无法行动"这个陷阱的同时能够考虑更广一些。无论是作为个人还是集体，这都不是一个小的挑战。我认为，

如果我们不仅仅希望在阅读晨报时对那些既吸引我们又让我们费解的事件和事态发展走势有很好地理解，而且还要搞清决定那些事件和事态发展的深层动向，那么做到这一点是至关重要的。能否从全局来认识世界是我们在未来十年面临的最大挑战之一。本书的目的就是让你做好准备，随时应对这个挑战。

○ 从"不是……就是……"到"……和……都……"的思维转变

我是在苏格兰的佩斯利（Paisley）度过童年的，那时我总遇到一个名叫卡思伯特（Cuthbert）的人。他好像总在大街上游荡，而且疯得很厉害。他的白头发乱蓬蓬的，脖子上总系着领结，穿着方格花纹的马甲，晃动着一根像卓别林拿着的拐杖。他看见谁就和谁搭话。大人们总想极力躲开他，可我们这些小孩常常凑到他跟前，入迷地听他无拘无束地说话、讲理论。我觉得他用词很巧妙。他明显失去了理智，情绪烦躁，不过他也充满了诗意，而且很奇特的是，他的话颇有见地。

故事是这样的。卡思伯特上小学时曾是一名优秀的学生，被认为是很有前途的孩子。可是，当他准备上大学时突然精神失常，再也没有康复。是什么原因导致他精神失常曾有过很多猜测，而且各种说法相差甚远。而镇上人最喜欢的说法很文雅也很简单。卡思伯特被自己的聪明才智所害：有一天，在复习准备考试时，他头脑中"一瞬间出现了两种想法"。这让他永远地疯了。

F·斯科特·菲茨杰拉德（F. Scott Fitzgerald）曾经写过一段著名的话："如果对一流的智力进行测试，就会发现它有一种能力，就是能在头脑里同时拥有两个相反的想法，而且能让这种能力发挥作用。"卡思伯特没有通过测试的后半部分。然而，我们大多数人甚至前一部分都通过不了，就是做不到首先在头脑里拥有相反的想法。不过，我相信，随着对这个日益复杂和充满矛盾的世界的了解不断加深，我们需要通过努力拥有这种能力，而且使之得以提高。

　　当然这不是说，西方经典的辩论和隔离的思维过程以及对立辩证法没有可取之处。恰恰相反，可取的地方很多。在产生深入的见解、深化知识和加强理解等方面，"不是……就是……"是一种极其有力的思维方式，而且得出的合题比起点丰富得多。这种方式在很多情况下都是必要的，譬如，当只有一个正确观点、只有一个正确答案可供查找，或者借用博尔（Bohr）的话，当我们必须区分"错误的说法"和"正确的说法"时都要运用这个方法。

　　不过，在面临严格选择一个"深奥的真理"而不选择另一个的问题时，"不是……就是……"这种心态往好里说是无益的，往坏里说是灾难性的。举个例子，遗传与环境究竟哪一个才是影响一个人性格和智力的决定性因素？在这场激辩中，对立的两派争论了几十年，但毫无结果（更不用说父母们因此感到的困惑和内疚）。汉斯·艾森克（Hans Eysenck）和本杰明·斯波克（Benjamin Spock）的理论最有影响力，但它们几乎都单一地建立在遗传或环境之上。现在回想起来，无论是遗传因素还是环境因素都毫无疑问地在我们的成长中发挥作用，而且是相互作用的。因此说，"遗传还是环境"的争论是一场虚假的、无用的基于二分法思想的讨论。

　　事实上，我们生活的这个世界有很多相互矛盾的强大力量是彼此相关的，并同时发挥着作用。当我们了解身边发生的事情时，"……和……都……"的思维方式极为有价值、有效，因为它能使我们开阔视野来认知复杂的多面世界，这是"不是……就是……"的思维模式在本质上做不到的。

动态矛盾

　　在本书的开始，我首先对一些影响现在和推动未来的关键不确定因素进行思考，然后在这些因素内部和它们之间寻找反复出现的主题和模式。最后，我提出了六对力量，它们最有效地捕捉和解释了当今世界上多种令人困惑且相互矛盾的力量，我把它们称为"动态矛盾"。这些深奥并相互冲突的真理看起来相互矛盾，但每一对矛盾在未来的十年间都会发挥越来越重要的作用。世界同时朝着每一对矛盾的两个方向发展；这就是复杂的现实。"一次只思考一种想法"，包括断然选择事物的某一面或者承认一个深奥的真理而否认另一个，对我们认识自己所居住的世界和预测这个世界的未来，几乎没有帮助。

　　这些相互冲突的动态非常重要，它们同时存在于现在，而且还会在未来共同携手发展。如果清楚了解了这些相互矛盾的影响因素，我们这个强势时代就不会变得那么令人费解。接下来，我会对这些动态矛盾逐一进行探讨。

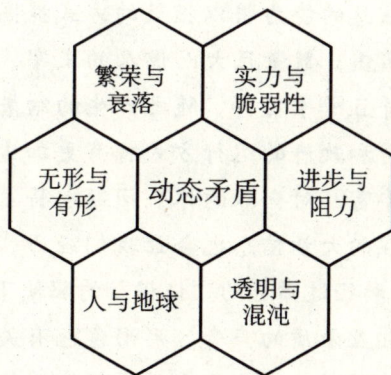

繁荣与衰落　实力与脆弱性　无形与有形　动态矛盾　进步与阻力　人与地球　透明与混沌

第 2 章　透明与混沌

未来十年，我们这个世界会变得越来越透明。我们收集、整理、诠释和发布信息的能力将以指数的方式提高；传感器、关联和监视技术将全面覆盖；数量巨大而惊人的文字、图像和音响将在全世界范围内传播并且唾手可得。随之产生的结果也将矛盾丛生。一方面，我们对公司和政府的运行方式将有更加透彻的理解；我们的科学知识将更加丰富；对全球的体制问题也将了解地更加深入。另一方面，无处不在的大量信息也会让我们经历"恐惧和困惑的大爆炸"。在意识形态和经过筛选的"证据"的驱使下，我们在重大的国际事务上将听到相互矛盾的声音。形形色色有关阴谋活动的说法和谎言将同时在全球蔓延，而连通手段在提高透明度的同时也会带来日益复杂的盗窃和欺骗行为。

透明

当世界和头脑都透明时，我们看到的才是真正的景象。

——菩提达摩，把禅宗从印度带到中国的印度佛教徒（公元 520 年）

世界变得越来越透明，它带来的快速而非凡的变化将改变我们的生活，使之更好，或使之更差。这种透明的趋势不是刻意的。由于我们只

是支离破碎地经历它，故此，它没有引起人们的过多关注。很难想象
（更不用说描述、细化和评估）它所带来的是怎样显著的系统性变化。我
们正进入一个全新的、未知的国际社会的未来属地——我们没有未来的
地图，也几乎没有参照物。

/ 造成透明社会的因素 /

几个因素的共同作用创造了这个透明的世界。第一个因素是数量惊
人、唾手可得、传播广泛的资料和信息。仅在 2002 年，全球产生的存储
信息量就相当于 3.7 万个新国会图书馆的藏书量，30 英尺高的书籍才能
容纳世界上每年每人产生的记录信息。实际上，我们通常是无意识地制
造了信息。每次我们在杂货店使用信用卡或者在高速公路用电子通行证
缴费时，关于我们的习惯、品位和喜好的信息会同时上传，并等待分析。

多亏了计算能力的不断加速提高以及宽带网络连接的普及，才可以
异常准确地获取所有这些信息，并对它们进行仔细的检查和准确判读。
在互联网上，搜索引擎打开了信息仓库的大门，很多信息都能立刻被查
到，要不是搜索引擎的巨大功能，我们是看不到这些信息的。只需敲几
下键盘，用几秒钟的时间就可找到所需的信息，而在十年前，这得需要
几周时间坚持不断的搜索。这么快能获取这么多的信息，也使信息之间
得以产生新的关联和交叉，更多的知识和信息也由此产生。

人们获取和联系信息的能力已不仅仅局限于书面文字，还包括其他
形式的信息。各种新的数据可视化工具让人们能够获取和理解事物之间
复杂的关系和联络。现在，像 TiVo 这样的筛选技术能让我们对电视内
容进行控制和编辑。不久以后，我们会准确地在互联网上查找图像和录
像，而不再局限于词汇。谷歌和雅虎已经提供了这类服务。

**你知道你的孩子在哪儿吗？用新的"语音识别"技术能保证孩子
的安全**

得克萨斯州一个校区的做法在注重隐私的人们当中引发了一场
争论。原来，这个校区让 2.8 万名学生佩戴一种配置了无线射频识别
（radio frequency identification，RFID）电子标签的身份徽章，这种标

签在学生上下学校班车时能被识读。随后，被识读的信息被传送到警方和学校管理者那里。

🔲 在日本的一些地区，校服安装了具有全球定位系统（GPS）功能的追踪器，父母们由此可以知道孩子的行踪。此外，夹克衫上还特别安装了一个紧急按钮，一旦按动按钮，保安就会来到身边。装有GPS功能的背包也非常流行。

🔲 位于丹麦比隆的乐高主题公园（Legoland）提供一种腕套，里面植入了RFID设备，父母们可以把它戴在孩子的手腕上，并通过移动电话进行跟踪（距离在5英尺范围内）。

资料来源：*The New York Times*，CNET News.com, *CIO Magazine*.

造成社会越发透明的另一个主要原因是人们普遍使用监视技术，几乎所有事物都在被监视之中。在英国，有400多万个闭路电视镜头安装在公共场所；在伦敦，一名购物者的行踪一天能被监视镜头捕捉几百次。在我们的上空，有越来越多的卫星在录制和转播清晰的图像，并且"倾听"地球上的声音。各国政府积极牵头部署这些卫星。不过，商业卫星也被发射升空，它们发挥的作用很广泛，可以为农民、土木工程师、地质学家、城市规划者以及其他人群服务。

如今，前所未有复杂（但也前所未有便宜）的跟踪和传感技术得到了广泛应用，卫星在这方面所发挥的作用是非常关键的。29颗美国导航卫星支撑着GPS技术，而GPS则被安装在世界各地的车辆里，并且越来越多地被嵌入到移动电话和其他设备中。欧洲正在规划自己的GPS系统，这个更强大的系统被叫做伽利略，它包括30颗更新且功能更强的卫星。与此同时，能够识别扭矩、热感、振动和张力的无线传感器也已投入使用，可以用来监测诸如车流量和云图变化等复杂系统。

传感器，传感器，无所不在的传感器

"从事市场调研的Harbor公司说，到2008年，应用之中的无线传感器将从现在的20万个增至1亿个。它还说，无线传感器的全球市场将从今年的 1 亿美元增至 2009 年的 10 亿美元。"

——*Information Week*，January 24，2005.

科学应用跨国公司（Science Applications International Corp.）正在开发微型无线传感器，这样，美国国防部和国土安全部就可以安装几百组这种传感器来检查边境、船只和桥梁上的可疑行为和危险货物。

Gentag 有限公司开发出"智能"手机传感模块，并获得了专利。这种传感器可用来监测一氧化碳浓度是否达到危险水平。此外，这家公司还在开发一种"智能"皮肤贴，能让父母通过移动电话远距离监测孩子的体温。

耶鲁大学的应用物理学教授罗伯特·D·格罗伯（Robert D. Grober）开发出了一种高尔夫球棒，他把监测移动的传感器嵌在了手柄里。传感器把球棍的速度读取出来，并转换成声频反馈，高尔夫球手可以通过戴在头上的收话器进行接收，从而能够大大改善击球动作。

Connection One 是位于亚利桑那州的国家科学基金研究中心，那里的研究人员正在研制一种无线传感器，能够帮助肢残人士更加轻松地控制假肢。

位于伯克利的加州大学的研究人员设计出了一种无线传感器网络，对远离缅因州海岸的一座岛屿上的筑巢鸟进行监测并录像。这个网络能让科学家在没有人为影响或干扰的情况下收集实地资料。

资料来源：*Information Week*，SecureIDNews，AZCentral. com，*CIO Magazine*，U. C. Berkeley Department of Electrical Engineering and Computer Sciences.

毫无疑问，所有这些事例都表明会有一个规模更大、范围更广的现象即将出现。下一个透明浪潮将在飞速发展的新技术的推动下涌现，特别是生物技术和纳米技术的发展。在过去十年间，我们已经看到生物技术帮助我们呈现真相的能力越来越强。例如，通过 DNA 检测，可以对多年前发生的案件进行侦破，或者在疾病发作的很多年前对其进行诊断。

未来十年，基因科学能帮助我们越来越准确地预测每个人患某种疾病的可能性。这就造成了有趣的两难困境：谁应该获取这个信息，哪些方面会受到严重影响，例如，保险费和就业机会。纳米技术（关心极其微小物质的科学）有着更加惊人的未来。通过设计极其微小的电路系统，我们在收集和破解最微小层面上的信息的能力会在多方面得以提升，这种情景以前只在科幻小说里读过。

/ 透明社会的前景 /

对于人类走向更透明世界所能带来的好处，几乎怎么期盼都不为过。从微观角度讲，我们已经看到了像"海神号"（Poseidon）这样的新设备，这种溺水监控系统应用计算机视觉技术为游泳池的救生员和父母们提供了"第三只眼"：一旦水里出现异常情况，此系统运用镜头就能进行传感和报告。另一个例子是 VeriChip，它是如米粒大小的 RFID 设备，可以植入人的表皮下面。2004 年 10 月，在获得美国食品药物管理局（FDA）批准之后，它已被植入了 1 000 多个人的体内，有意思的是，其中包括墨西哥的检察长及其 160 名下属，目的是在人们进入他们的办公大楼时加强监控。另外，如果发生绑架案，可以利用此手段进行跟踪。

向透明的海洋进发

位于加利福尼亚州的蒙特利湾水族馆研究所（Monterey Bay Aquarium Research Institute）将首次启用水底实验室。此实验室能够连续不断地对海洋底下的活动进行监控并收集资料。这个名为"火星"的实验室将被放置在距离海岸 20 英里、4 000 英尺深的峡谷上部边缘。它将拥有一系列新技术，其中包括：

▣ "水底漫游者"，一种小型的类似坦克的漫游设备，它将首次并长期收集关于海床沉积的数据，并通过声学调制解调器把资料传给科学家。

▣ 水下自控潜水艇将利用声呐绘制出高分辨率的洋底地图，并能"偷偷靠近"并研究水中生物。

📋 三个 1 000 英尺深的 "钻孔"，里面装满了先进的测量仪器和传感器，将对通过沉积物的流体运动进行研究。其中有一个钻孔装有地震仪，这是圣安第列斯断层以西安置的第一个地震仪。

📋 有一个中心 "节点" 用钢缆连接到陆地上的实验室，被用来充当水下发动机，以高速宽带的速度把数据传回地面。

资料来源：*Outside Magazine*，February 2005.

在宏观层面上，越来越高的透明度让我们在将来能对全球社会和物质世界有更透彻、条理更清晰的了解，也会让我们更好地理解发生在我们居住的星球上的环境变化。2002 年，NEC 公司把当时世界上最强大的超高速向量并行处理系统交付给日本地球模拟器研究中心。这台巨型计算机每秒能够运算 35 万亿次，令人瞠目（目前世界上运行速度最快的超级计算机是由 IBM 和美国能源部开发的 "蓝色基因/L"，其运算速度达到每秒 270 万亿次）。如今，这台计算机被用来预报全球的气候变化，还能模拟未来 1 000 年的地球环境。这样的预测是可以做到的，因为有关这个星球的微观且详细的数据越来越多。价格低廉的传感设备急剧增加，从天气系统到冰川流动，使曾经不透明的自然界过程变得越来越透明。随着解读数据能力和模拟数据能力的提高，我们了解地球的能力也会越来越强。

/ 企业创造（和利用）透明度 /

世界变得越来越清晰、越来越透明，这带来了非凡的可能性，无怪乎世界各地的企业和政府对此都很关注，并且开始利用这些可能性。信息是企业的生命力；在任何一个行业，搜集、跟踪、整理、解读和运用信息的能力成为关键的成功因素。每年，企业花巨资在信息技术的开发上面；据市场研究机构 Gartner 预测，到 2005 年，全球信息技术的开发费用将达到 1.75 万亿美元。在过去几十年中，如此巨大的投资已经极大促进了生产力的发展，也促使经营模式和行为习惯发生巨大的变化，而这种趋势只会继续下去。信息技术产生和利用的很多资料是与基本情况相关的，如库存、物流、竞争对手和市场情况。不过，也有相当一部分资料是和顾客相关的，包括现有顾客和潜在顾客。

多年来，企业在顾客知情或不知情、允许或不允许的情况下，对后者的信息进行收集、使用甚至出售。消费者在交易过程中产生了大量关于购买习惯、经济状况和生活方式的信息。如对这些资料进行分析，它们是相当有价值的，而对这些资料的需求也非常大。企业通过运用复杂而强大的"信息挖掘"技术，可以获取和利用的资料越来越多。这些技术被用来梳理那些大型数据库，并从中发现隐藏着的复杂的模式和规律。此外，企业根据这些资料提供的顾客购买模式来调整自己的产品或服务，从而大大增加收入。尽管现代信息挖掘技术在 20 世纪 90 年代中期才出现，不过，根据互联网数据中心（IDC）的研究结果，预计到 2006 年，全世界对这些技术的需求将达到 18.5 亿美元，比 2001 年增加 343%。

沃尔玛是透明技术最高效的运用者之一，它很早就开始使用电脑条形码和电子数据交换技术，而且在推动使用 RFID 电子标签方面表现得非常积极，这已经引起注重隐私的团体的强烈不满。沃尔玛积累和判读的数据比其他任何一个零售商都多，而且卓有成效。例如，在 2004 年飓风季节的开始阶段，公司挖掘了大量数据库来帮助预测在飓风到来之前飓风区的居民习惯购买的商品种类。根据过去的购买习惯，答案令人意外——谁能猜到上面撒有草莓的小圆饼在飓风期间的销量竟翻了七番？根据这个结果，沃尔玛适当增加了库存，并通过确保顾客能够买到需要的商品来增加利润。

/ 政府收集情报与实行监视 /

政府也在有效利用透明技术。很多政府综合利用监视和数据挖掘技术来更多地了解本土的人民，还有其他国家的人民。这种做法有时被称为"数据监视"，它的主要目的就是提高安全性，把危险和易受攻击性减少到最低程度。无怪乎，在 2001 年 9 月 11 日之后，这类技术在世界的很多地方都得到了高度的重视，此时也恰逢支持此类监视活动的技术得到爆炸式的发展，一方面，这为信息的收集、分析和传播提供了更广泛的交流空间，另一方面，也让人们逐渐意识到这么做的必要性。

不过，资料监视存在一个有争议的说法：本来收集某些信息是为了一个明显的用途，结果却被挪作他用，这种倾向越来越明显。最近，伦敦对进入市中心的车辆征收"拥堵税"。为了加强执行力度，政府在市中心安装了几百个监视交通状况的摄像头，这些摄像头用来识读汽车牌照，以便和登记在册的驾驶人员的资料进行核对。然而，人们很快发现摄像头还有其他用途。通过摄像头获取的图像可以传给军方和执法部门的数据中心，利用脸部识别技术查出已被确认的恐怖分子和罪犯。在美国，《爱国者法案》（Patriot Act）的通过颇具争议，这部法案加强了政府收集和分析资料的能力，而不管是什么目的。此举清楚地表明，资料监视的方法已被大规模地使用。

生物测定技术

假冒另外一个人的做法已经成为过去：

▣ 截至 2005 年末，美国发放的所有新护照都将是"智能文件"。它们将包括一个"智能芯片"，上面有护照持有者的正面肖像。欧盟发放的护照也将具有生物测定功能，它们的芯片上有视网膜和指纹识别系统。泰国计划在全国将近 6 400 万人口中发放生物测定身份证。

▣ 恺撒宫酒店（Caesars Palace）是拉斯维加斯最大的酒店和赌场之一。它正在兴建一座塔楼，客人们将用指纹识别系统打开套房，而不用钥匙。

▣ 在亚洲，有 400 多万个指纹识别传感器已被应用在手机、个人电脑和门禁系统设备中。此外，手背静脉形状识别系统也得到了比较广泛的应用，尤其在银行中。

▣ 2005 年所做的一项调查显示，在沙特阿拉伯，56％的公司打算在办公大楼的安保措施中引入虹膜扫描和指纹识别系统。其中，有半数公司有望在两年内实施这项计划。

资料来源：*The Christian Science Monitor*，*The Register*（UK），Precision Biometrics AB，silicon.com，Authen Tec，SecureIDNews，AME Info.

与此同时，美国的情报和国防部门在"反恐战争"中积极探寻和挖掘提高清晰和透明技术的潜能。在未来十年，人们会格外关注"9·11"事件调查委员会建议的实施情况。该委员会指出，美国在未来面临两大重要的情报挑战：获取信息，以及如何解读信息，换句话说，如何把"点"联系起来。为了回应"9·11"事件调查委员会得出的结论，有关部门把目光集中在了加强情报合作和信息共享上，此外，它们还齐心合力对信息进行"挖掘"，以寻找其中埋藏的金矿。

无论是现在还是将来，提倡保护公民隐私权的组织不可能不会注意到此类行为。例如，命途多舛的"整体情报识别"（Total Information Awareness, TIA）项目是 2002 年国防高级研究项目署（Defense Advanced Research Projects Agency, DARPA）发起的，很快被重新命名为"恐怖分子信息识别"（Terrorist Information Awareness）项目，但它遭到了严厉的批评，2003 年秋被终止。这个项目实施的范围非常广泛，目标也很远大，它让我们看到了我们拥有的巨大潜能。其中一项任务是开发一种能力，即"使不同种类的多个数据库能够像逻辑意义上'几乎'一体化数据库那样被查询和访问"，以此在全球所有的信息洪流中更加有效地识别关键情报。简言之，TIA 系统是一个史无前例的尝试，它试图开发一种功能，通过对公共、私人和政府数据库进行异常复杂的交叉参照，在我们日常生活中留下的大量个人信息线索中找到潜在的恐怖活动。但美国政府打算享有特权去获取国民的大量个人信息，这个想法极富争议，直接导致此计划流产。正如加利福尼亚州参议员黛安娜·范斯坦（Dianne Feinstein）所说："这是为构建乔治·奥韦尔（George Orwell）式的美国制造的盔甲，但这副盔甲却没有被小心管理。我觉得美国人无论如何也没有做好准备。"

美国国防部也在积极研究透明技术带来的军事潜力。有两个事例值得思考。第一个是专为美国军方开发的名为"第二个因特网"的系统。这个监控和分析系统以卫星、传感器、电脑和可靠的宽带接入网络技术为支撑，能让军事策划者观察、跟踪到很小规模部队的活动并做出反应；实时对战场上的情况进行观察和判定；对全世界的可疑地点进行监视，可监测到从恐怖分子训练到生产核武器的所有迹象。

在更加微观的层面上，通过使用"智能微尘"（smart dust）来获得特殊场所的"完全觉察"的实验正在进行。在这个实验中，数以千计的微型麦克、摄像头、温度和振动传感器被放置在具体的地区，通过彼此无线联系，把实时信息进行分程传递。这种技术优势不仅对传统战场的情况极有帮助，同时，它在非传统的情况下也具有无法估量的价值，包括在人口密集的城镇进行的军事行动，这在几十年前要消耗很大的军事力量。

/ 隐私权有未来吗 /

现在，人们获取、收集和整理资料、图像及其他信息的能力达到了前所未有的水平，这把我们带向了一个行动更容易被跟踪和被监视的未来。尽管人们呼吁要保护隐私权和公民自由，但对地区、城市空间和人群进行监视的情况有增无减。我们似乎有理由怀疑没有人能够逃出监视范围，而且关于个人行为的信息总是在不经本人同意的情况下被传播和评定。毫无疑问，在未来十年，这些发展无论在公司层面还是在公共层面都将涉及道德和隐私方面的严重问题。例如，尽管公司可以通过自由的挖掘数据来更好地服务客户，但是，为了公司和客户共同的利益，我们是否应该允许公司把这些资料卖给他人或者让他人使用呢？在谷歌免费提供邮件服务 Gmail 时，它就附带了条件：为了获得免费服务，用户需要接收它们所发送的含有针对性广告的邮件。电脑通过"阅读"邮件的内容来寻找与之匹配的广告。谷歌在提供这种服务后不久，31 个隐私权和公民自由权保护组织联合发表了一封公开信，要求谷歌公司终止 Gmail 服务，信中说，浏览私人信件并插入相关广告的行为损害了用户对于网站的"固有信任"，并且，在此过程中收集的信息有可能在未经授权的情况下被另作他用。

类似的争论越来越普遍，而它们往往和安全问题直接相关。例如，2003 年，捷蓝航空公司（JetBlue Airways）被迫向公众致歉，原因是有消息透露这家公司在国防部的授命之下把 500 万名乘客的信息提供给了一家国防承包商。这家承包商把捷蓝航空公司提供的信息和社会保障号码、收入水平、车辆所有权以及其他个人信息进行了对照，目的是调查开发民航乘客特征描述系统是否可行，此系统将给每个乘客设置危险等级，从绿色到红色，从而把可疑的恐怖分子和要犯查找出来。捷蓝公司的行为遭到了强烈反对。

然而，我们的生活和社会的所有领域都变得越来越清晰透明，要想做出意义深远的一点退步都是不可能的。可以肯定的是，我们将对不受欢迎的侵扰行为进行一些限制，但在未来十年，随着技术对个人行动进行越来越多的识别和跟踪，我们的隐私意识和对隐私权保护的期待肯定受到挑战，而且也将被改变。正如《华盛顿时报》（*Washington Times*）社论说的那样："工业化之后，大批人群涌向了各个城市，只有在那短暂的一段时间，几百万分之一的无名感觉给人以一种真正的隐私感。电子革命仅仅是终止了工业化产生的这一暂时的现象。"太阳微系统公司（Sun Microsystems）的首席执行官斯科特·麦克尼利（Scott McNealy）也曾说："总之，你没有隐私可言。别难受了，忘了吧！"

/ 避免形成一个圆型监狱式的社会 /

18世纪后半叶，英国社会改革家边沁（Jeremy Bentham）受到当时刑罚机构普遍存在的非人道条件和行为的警示，设计了一座新奇的监狱。这是一座环形建筑，有几层楼高，每一层都有一圈牢房，所有牢房都朝向环形中央，每间牢房的外墙都有一扇窗户。在环形建筑的中央矗立着一座瞭望台，囚犯看不到里面的看守，看守却能对每个牢房的情况一览无遗，因为牢房的外窗把房间照得很亮。囚犯不知道什么时候被监视，但他们知道自己可以随时被监视。边沁推断说，每个囚犯总认为自己正在被监视，所以他会遵守监狱的规定。正如法国哲学家米歇尔·福柯（Michel Foucault）在1975年问世的作品《规训与惩罚：监狱的诞生》（Discipline & Punish: The Birth of the Prison）中描述的那样，这样设计出的监狱的主要作用是"使得每一个囚犯都处于永久的可视状态，并且让他们永远能意识到这一点，从而保证权力的自动实施"。

边沁把他的设计称为"圆形牢房"。今天，有人担心边沁给囚犯设计的东西正是所有消费者和公众所面临的命运——被监视，但看不到监视的人。人们的担心是有证据的。例如，2003年，布什政府保护了1 400万份文件免遭解密，这个数字自2001年以来增加了39%。根据《信息自由法案》(The Freedom of Information Act)，1997—2003 年间，要求获取联邦材料的请求增加了 3 倍，达到了 320 多万例，而处理这些请求的联邦政府资源却没有增加。尽管也许我们必须重新思考隐私和透明问题在未来十年的状况，一个建立在单方向的、从上至下的监视和监督之上的社会总是令多数人大为反感。这确实与追求自由、自治、尊严和尊重等基本的人类要求相矛盾。

在某种程度上，通过对透明化的趋势进行规定和约束，我们也许能够减少被侵犯和不断受到监视的感觉。例如，欧盟对公司如何使用和传播所收集的信息进行了严格规定，类似的规定在世界其他地方也不断出现。不过，如果信息获取和行为监视不仅"从上而下"，也"从下而上"进行——换句话说，如果对透明也实行民主化——那么，前景会很光明。

/ 双向解决方案 /

现在，公众能够运用的透明技术是很多的——我们也有使用这些技术的倾向，有人为此感到乐观，也有人为此感到忧虑，这都是有原因的。2003 年美国做的一份调查显示，14％的美国人愿意签署一项服务协议，允许他们通过和互联网相连的摄像头对自家进行监视。如用来监视保姆的"隐形保姆摄像头"已经得到了广泛应用；在很多国家，父母们可以在互联网上看到孩子在幼儿园玩耍的情景。随着 GPS 逐渐成为手机的一项普通功能，一些父母甚至用此跟踪十几岁的孩子。在辛辛那提，监视摄像头被安装在某些著名的犯罪多发区，监视他们的不是"老大哥"①，而是当地的居民。这些人在特殊的网站上登录，注册成为社区反犯罪小组的成员。一些天文爱好者创建了"天堂在上"（HeavensAbove）网站，他们使用倍数很大且买得起的望远镜，把卫星运行轨道和卫星拍到的城市面貌图像传到网上，只要你轻轻一点，就可浏览这些信息。谷歌现在提供的地图服务可以包括建筑物和社区的卫星图片；只要输入你的地址，轻点鼠标，你家房子的鸟瞰图就会展现在眼前。

由于人们在工作中越来越习惯使用透明工具，他们也将越来越善于

———

① 指警察。——译者注

要求公司和政府表现出透明的姿态。实际上，早就有证据表明这个趋势已经开始双向发展了。现在在世界上很多地方，企业都被要求公开更多关于公司活动的信息，对于那些不主动提交的信息则通常由信用度很高的非政府组织（nongovernmental organizations，NGOs）利用它们的监视系统予以曝光。有越来越多的独立组织在监视跨国公司和政府的行为，并把它们的行为向公众公开。例如，Scorecard. org 网站把造成当地污染的企业资料制成可供查询的数据库，而且提供邮政编码和电话热线，把抗议言论传给企业和当地的政治人物。Fundrace. org 网站把公共场合能够搜集到的政治捐款的信息搜集起来，并把它们按照地理位置编码进行整理。这样，它们可以辨别出某一项捐款来自哪个区域或者哪座大楼。例如，可以显示出，共和党在纽约收到的最大额度捐款来自百老汇大街85 号，也就是高盛公司（Goldman Sachs）所在地。有些关于透明度的事例来源于"人民的力量"，也推动了"人民的力量"的发展。它们实际上是由企业发起的。越来越多的网上零售店把商品反馈和评论作为自己的服务内容之一（如 Shopping. com 中的网上商店"epinions"），从而把公司广告人和消费者之间的权力进行了平衡。

透明性的影响不仅将以一些显著的方式适用于个人，也会越来越多地适用于机构。关于"谁来监督监视人"这个古老的问题，罗德尼·金（Rodney King）被警察殴打的录像非常清楚地给出了答案——我们。WITNESS（目击者）是由音乐人彼得·加布里埃尔（Peter Gabriel）发起的非营利组织，它宣称利用"视频和技术为人权而战"。该组织把摄像机发给世界各地的人权活动家，以便他们能够把践踏人权的情况记录下来。现在，这个组织的网站存有大量影像资料，甚至包括阿布·格莱布（Abu Ghraib）监狱"虐囚"的恐怖镜头。尽管这些镜头是由作恶者自己拍摄的，但照片毫不费力地在全世界快速传播，使美国在很多穆斯林国家的声誉和地位遭受了不可估量的打击。

"从下至上"的透明政策也带来了积极效果：企业和公共机构知道自己的行为在受监督和记录，便通过履行社会和公民责任努力使自己免遭批评。例如，2004 年秋，默克（Merck）公司决定把销量巨大的止痛药Vioxx 从市场上撤回，因为有越来越多但未经证实的数据表明这种药可能增加患心脏病的危险。默克公司在监管部门尚未要求、公众尚未施压之前抢先采取了行动。在现今这个做错事越来越容易被发现和受到惩罚的世界，默克公司"做了正确的事情"。

不过，社会日益清晰透明的趋势在未来十年会让人们越发不安。已有迹象表明了人们的这种担忧。现在，越来越多的手机带有照相或摄像功能，这是在以全新的方式挑战我们的隐私。登载有手机拍摄的黄色照片的网站大量涌现；能在公共场所被"逮"住的不仅仅是名人，镜头后面的拍摄者也不仅仅是专门偷拍名人的摄影师。不久我们将可以买到非常廉价的微型相机，体积大概只有邮票大小，能够放置在任何地方，同时可以把图像无线传输给电脑——这毫无疑问又会掀起新一轮挑战隐私的浪潮。

放眼未来，现有的约束条件似乎不太可能解决我们被随处监视的问题。我们或他人获取的资料和图像越多，它们被别人利用的可能性越大，我们就越来越受困于与这个透明世界的新奇事物的斗争。在这个世界中，我们了解了这么多，能够解决这么多问题，能够抓住这么多新机遇，然而，技术却让我们无处藏身。

◯ 混沌

还没等真理穿上衣服， 谎言已经满街跑了。

——温斯顿·丘吉尔（Winston Churchill）

然而一切导致清晰透明的东西也能为混沌的产生创造条件——为极度的曲解和误判创造条件。换句话说，我们的信息量在不断扩大，收集信息的手段在不断更新，这在使事情变得更加清晰的同时也造成了混乱。

我们每天在以林林总总的方式遭到信息的轰炸，这些信息不仅来自新闻媒体，也来自演艺界人士、广告商，同时来自我们自己的经历以及人与人之间。在"信息超载"的背景下，要想在噪音之中找到所需的信号难度非常大。我们接收的很多信息往往没有多少价值，而"有用的"信息单凭它的信息量就把我们淹没了。这种无尽的信息流让我们接触了很重要的资料和问题，但超出了我们能够合理掌握的范畴。结果，我们不得不采取"认知分类"的方式去选择看起来更重要的信息，而把剩下的内容全部抛弃。于是，"窄播"媒体的出现成全了我们，作为消费者，我们能够越来越准确地选择自己的过滤器和信息来源。这反过来带来了与"咨询超载"恰恰相反但同等重要的难题，即有太多的信息支持我们已有的偏见。

越来越多的信息使清晰度得到了很大的提高，与此同时，它也产生了令人信服的证据用以支持差异很大甚至截然相反的观点。当我们在努力了解世界时，对于"意义"，我们不得不比以往任何时候都要做出更多的选择。不论评估的信息数量和质量如何，也不论通过多少手段和角度来理解这些信息，我们最终都将根据主观因素包括自己的世界观来强加一些含义。因此，即便那些最博学、满怀善意的人也会在理解和判断上犯错误。

此外，随着越来越多的"证据"为不同的观点而产生，或者源于不同的观点，关于这些证据的解释将受到各种限制，用来支持不同的程序和信仰体系。在这个多元化的世界里，没有单一的"真理"，也没有唯一的解释。如果问一位南非的贫民，什么是大规模杀伤性武器？她可能会说，它是保护制药企业知识产权的专利权。"生化恐怖"对南太平洋岛民来说也许很快就会意味着全球气候变化造成的物种灭绝。在哥伦比亚的很多地方，毒品交易被视为是"合法贸易"，也是全球经济的前沿。21世纪，关于现实的各种不同版本的说法被用来支持不同的观点，它们交织在一起，无止无休，令人头晕目眩，而且影响巨大。此外，由于有"证据"支持，这些关于现实的说法也越来越"透彻"。

/ 阴谋理论无处不在 /

G. K. 切斯特顿（G. K. Chesterton）曾经说过："当人们不再相信上帝时，他们不是什么都不信，而是无所不信。"确实，日益强烈的不信任氛围能够荒谬地导致前所未有的轻信。全球环境也是这样，在这里，事情发生得似乎毫无道理。对于杂乱随意的事件，阴谋理论却能提供有条理的框架，这多么具有讽刺意义。在这种情况下，恰恰是获得信息和观点的轻易性使透明度和清晰度有了新的作用，就是造成对现实不同的而且常常是愚昧的解读。互联网提供了广泛的连接和轻易获取信息的可能性，它使得这种现象尤为明显。菲利普·普莱特（Philip Plait）是加州国立大学的天文学家，也是登月阴谋理论（moon landing conspiracy theory）的主要揭穿者。他在接受《休斯敦纪事报》（*Houston Chronicle*）采访时解释了这种猜测继续蔓延的原因。他说："我知道登月骗局的说法有很多年了，不过这件事很荒谬，而且微不足道，我并没有为此担心过。可是，阴谋理论在网上散布开来，单就依靠曲解照片而来的阴谋理论来说，网络就是细菌培养皿"。

他的分析当然是正确的，但不仅仅针对登月阴谋理论而言。例如，关于"9·11"事件，有很多各异的说法，多数都有"多媒体"资料——文字、图片、录像和录音带的支持。这些理论大多认为美国和/或以色列政府要么直接发动了那场袭击，要么就是有意地不去阻止。更有人声称，根本没有飞机袭击，全世界几十亿人看到的图像是复杂的全息摄影。另外一些人则认为，飞机不是既定航班的飞机，而是带有吊舱的特制飞机，里面装满了炸药，由远程遥控指挥。还有人说，炸药设备安在了双子塔的地基深处，双子塔的倒塌是其他倒塌的大楼造成的。另外还有人说，所有这些理论都是政府特工散布的荒谬的、难以信服的假情报，目的是不让人们相信试图唤起他们注意力的"真实"情况——是美国政府发动了袭击或者授意发动了袭击，目的是让公众在为保障未来的石油供应而对中东采取的激进干涉政策上形成舆论的统一口径。这些听起来似乎很荒谬的理论本应得不到支持，然而每种说法都有高声为之呐喊的支持者。关于"9·11"事件还有其他无数的阴谋理论，它们也一样有各自的支持者。在"9·11"事件发生数月后，盖洛普民意调查显示，有86％的巴基斯坦人、74％的印度尼西亚人和43％的土耳其人不相信发动袭击的恐怖分子是阿拉伯人。

即便是自然灾害也能立刻引起阴谋理论的爆发。2004 年 12 月，印度洋发生了海啸，很多人猜测是美国进行的水下核试验引发的。这一理论在很多网站和博客上得到了支持。还有人有针对性地提出，海啸没有危及位于迪戈加西亚岛（Diego Garcia）上的美国军事基地；这个事件甚至被英国广播公司（BBC）作为一个讨论的话题放在了自己的网站上。

另外一个快速传播的阴谋理论是关于 RFID 电子标签———一种透明技术。一些理论家认为 RFID 电子标签是条形码的险恶阴谋的一部分，或者是为了通过给人们的右手或额头打上印记来实现这样一个预言：撒旦把他的国度里带有"兽印"的人识别出来进行"买卖"。这个理论很牵强，但生产 RFID 技术的公司只有对这些说法进行回应。商家必须对谣言的力量有更加清醒的认识，因为它们有可能作为真理而被社会化——进而演变成都市传说。阴谋威力和谣言具有破坏性，并且很难消除。

六大都市传说

Snopes. com 是专门搜集、证实或者揭穿都市传说的网站，它把时下"最热门的 25 个都市传说"放到了网站上，并定时进行更新和排名。排名是根据都市传说在邮件、网络和媒体的流通量统计出来的。Snopes 网站把都市传说定义为："流传广泛、以不同的细节（或者存在多个版本）被重复讲述并且据说是真实的故事。故事中描述的事情是否确实发生过与它属于都市传说的性质毫无关系。"

2005 年 4 月 22 日开始的一周的六大都市传说：

（1）为了防止电话销售者拨打你的手机，你必须在全国的"不要呼叫"名单上签字。（假）

（2）如果联合抵制从中东进口石油的公司生产的天然气，恐怖分子的资金来源会被切断。（假）

（3）一位女性通过拨打电话"＃77"（或者"＊677"）成功逃脱了装扮成警察的强奸犯。（强奸故事——未定；＃77——在一些州确实存在）（假）

（4）比尔·盖茨、微软和美国在线公司（AOL）向那些转发邮件的客户赠送现金和礼品。（假）

（5）潜伏在停车场的窃贼准备用含有少量乙醚的香水把受害者熏昏。（假）

（6）星巴克拒绝给在伊拉克服役的美军提供免费咖啡。（假）

资料来源：http://www.snopes.com/info/top25uls.asp.

全球性的大品牌往往是阴谋瞄准的对象。例如，哥伦比亚工会指控可口可乐公司和它的瓶装合作伙伴支持骚扰和袭击工会成员的"右翼死亡小分队"。可口可乐公司很快进行了驳斥，并称这一指控为"可耻的"。

然而，这个谣言却成为可口可乐公司年度股东大会的热议话题，导致一
名股东从会议室里被逐出。即使是那些更加脆弱的小企业也难逃阴谋之
手。以驯鹿咖啡公司（Caribou Coffee）为例。在我写这本书时，如果你
在谷歌上输入"Caribou Coffee"，搜索结果中排在最前面的网站中有好
几家都贴着这样的谣言："这家咖啡连锁企业资助伊斯兰恐怖分子"。这
个阴谋理论的散布导致驯鹿公司的产品销量在犹太人口居多的地区急剧
下降。对那些效果最为显著的谣言来说，问题的关键在于，它们总是围
绕着一丝哪怕微不足道的事实编造而成。驯鹿公司88%的股权由总部设
在亚特兰大的新月资本投资公司（Crescent Capital）所有，这是第一伊
斯兰巴林银行（First Islamic Bank of Bahrain）所属的投资机构。这使得
上述谣言更加令人信服，正如公司的首席执行官迈克尔·科尔斯（Mi-
chael Coles）说的那样："网上的东西从不会消失。"

/ 政治交易和商业政治中的假情报 /

由于受到严重误导和欺骗，一些散播谣言的人对自己传播的这些阴
谋理论信以为真，另外一些人则是出于自身利益而有意操纵了别人的信
仰和看法。在政治宣传领域，用来影响信息超载时代的舆论的复杂技巧
被发挥得淋漓尽致。很多民意调查发现，人们不喜欢负面宣传，如让他们
选择，往往更倾向于正面的信息和交流。在小组座谈会上，人们也表现出
同样的偏好。如果把某一政治候选人的正面宣传和负面抨击的广告给在场
的人看，绝大部分人更喜欢看到正面信息。不过，四天后，当问起能够回
想起什么时，他们大都记住了负面的宣传。有大量研究证实，负面的图像
和信息更容易让人回想起来，换句话说，这类信息有一种黏着度。

阴谋理论的社会作用

马库斯·利布瑞兹（Marcus LiBrizzi）是缅因大学（University of
Maine）教授英语的副教授，他在《基督教科学箴言报》（*Christian
Science Monitor*）发表文章，解释自己鼓励学生讨论阴谋理论的原因。
他说："即使违反常规的阴谋理论也能显示出人们理解世界的方式。这
些理论具有社会功能；它们折射出对于被疏远的反应以及对于被隔离

的感受。阴谋没有偶然性，因为所有事情都是联系在一起的。能把事情搞清楚的人感觉到了自我的提升。这个人会分析说'你们可能被难住了，可我至少了解了真相。'"

资料来源：Marcus LiBrizzi, "Students Are Highly Motivated in Class? It Must Be a Conspiracy," *The Christian Science Monitor*, April 9, 2002. Reprinted by kind permission of the author.

政府和政府机构在运用阴谋理论时都要进行权衡，但这不仅仅局限于政治运动。我们看一下伊拉克战争中对列兵杰西卡·林奇（Jessica Lynch）戏剧般的营救故事。故事的原版连同戏剧般的夜间英勇突袭的镜头，讲述了她如何在和敌人交火之后被俘、遭到敌人的毒打以及被从防守严密的医院解救出来的经过。后来人们发现，这个故事似乎在很大程度上经过了美国军方和媒体的精心制作和幕后策划。林奇是在她所乘坐的车辆被撞时受的伤，并失去了知觉；她并没有参加战斗。根据她自己的描述，她受到了很好的对待。而遭到"突袭"的那家医院里敌军早就撤走了。美国国家广播公司（NBC）播放了一部关于林奇故事的两小时的电影——有很多明显与事实不符之处。林奇自己写了一本书，重新讲述了一个截然不同的故事。这本书被恰到好处地安排在 NBC 电影掀起公众热潮的时刻出版，从而将不少的销售额收入囊中。关于这个事件的真相尚不明了，但有一点很清楚，林奇的很多经历被故意地歪曲了。

虚假事实的威力

我们记住什么，取决于我们相信什么……斯特凡·柳安多斯凯（Stephan Lewandowsky）是位于克拉雷的西澳大利亚大学（University of Western Australia）的心理学教授。他解释说："人会形成思维模型。在最初的错误信息被修正之前，错误信息已经变成了他们思维模型或者世界观的一个组成部分。如果让他们无视之前的错误信息，那么他们的世界观将摇摇欲坠。"因此，他和他的同事在论文中得出这样的结论："即使人们表现出他们记住并且理解了一个对错误信息的修正，他们其实还会继续依赖那个错误的信息"……甚至那些记住后来对错误信息的修正的人们也仍然把原来的说法视为是正确的。

资料来源：Sharon Begley, "People Believe a 'Fact' That Fits Their Views Even if It's Clearly False," *The Wall Street Journal*, February 4, 2005. Reprinted by permission of *The Wall Street Journal*. Copyright © 2005 Dow Jones & Co., Inc.

公司有时故意对传播错误信息合法化推波助澜。在意识到病毒式营销（viral marketing）的强大力量之后，一些公司的营销部门和游说团体精心安排了"人工草皮"（astroturf）运动，围绕一个由公司自己或者公关公司虚构的民间组织、临时联盟或者一个事件来推动某一具体的议程。其中往往涉及由根本不存在的组织写给政客的信件，发展在自助网站上的帖子，以及组建没有真实成员的空壳组织。据估计，"人工草皮"运动已经是一个年均产值达到 10 亿美元的行业。尽管这些运动起源于用来应对不满的（或者带有恶意的）客户意见的"游击式营销"，但它们却发展壮大到意图压制公众的舆论批评，无论这些批评是多么正当。

非政府组织从政治和商业领域里曾经的"隐形说服者"（hidden persuader）那里得到启示，也在学习如何控制和包装信息以便构造舆论。例如，运动团体学会了如何用自己的解读方法来推翻"官方"说法。2003 年，花旗集团发动了全球广告运动，主题是"这是花旗集团"，里面包括世界各地微笑的人们的照片。"雨林行动网络"（Rainforest Action Network），是一家环保组织，它也同时发起运动与花旗对抗，它模仿花旗的广告，使用的却是花旗集团投资兴建的工程的图片。"雨林行动网络"认为这些工程破坏了生态系统。

现在，很多人和组织被一个模糊的趋势所纠缠：人们无力区分真实的信息和复杂的虚假信息，而这种弱势却被利用。这次，互联网再次被证明是这一领域滋生"披着艺术外衣的骗子"的温床。"网络钓鱼"（Phishing）利用电子邮件和看似官方的网站来欺骗人们交出个人财务信息资料，这种情况在不断增加；国际数据集团（International Data Group）最近进行的一项研究表明，在受访的 459 位 IT 企业的安全主管中，96%的人认为钓鱼骗局只能越来越多。确实，要想消除这种行为实在太难了。

银行是钓鱼骗局的首选目标，看似官方的邮件诱导客户进入一个让人不能不信的假网站，假装为了管理的目的，迫使他们输入含有自己账号的详细情况。就连广受欢迎的拍卖网 eBay 的用户也曾经被欺骗邮件所误导，透露了自己的账号信息、口令和其他个人信息。这类新的"身份盗窃案"在不断上升：市场研究机构 Gartner 提供的数据显示，截至 2003 年 6 月的一年里，有 700 万美国成人成为此类案件的受害者，比前一年增加了 79%。

/ 相互信任的必要性 /

在未来十年，我们将毫无疑问地面临与日俱增的怀疑、错误信息、假情报、曲解和阴谋理论以及欺诈行为。由此带来的重要结果就是声誉和信任对个人、组织和政府来说越来越重要。

eBay 取得了非凡的成就，其中之一就是把与之做过交易的客户的反馈汇集起来，通过这一复杂方式，让远隔大洋的陌生者之间建立起信任感。久而久之，所有公司将不得不更加重视"信任"这个问题。对多数公司来说，这意味着保障客户对它们继续保持信心。"品牌"的概念正在变成声誉和尊严的代名词，这种趋势将毫无疑问地在未来十年继续下去。

政府面临着同样的压力——即便美国的民主进程也受到了越来越多的监督——我们希望这种情况继续下去。2000 年总统选举的结果产生了大量的阴谋理论，同时也造就了一个全新的研究行业来检查投票人登记机制、活动记录（或者活动记录的缺乏）和电子投票系统。2004 年的总统选举激起了更多的阴谋理论，其中一些理论和四年前流行的理论如出一辙，而另外一些则是全新理论。正如保罗·克鲁格曼（Paul Krugman）在 2004 年总统大选前三个月在《纽约时报》（*The New York Times*）上比较准确地预测出："我说大选结果会令人怀疑，不是说选举结果已被私底下事先约定好了。（对此我们也许永远无从知晓。）我的意思是说，有足够理由怀疑计票的诚实性，世界很多地方的人和很多美国人都会对此深表怀疑。"

信任从来都没有如今天这么重要——它也从来没有受到今天这么多

的威胁。把声誉和真相作为战略资源进行保护无疑将具有更大的困扰。

世界变得越来越清晰透明，混沌和虚假情报也在不断扩散，而两者之间的冲突与理智和信仰、信息和信念之间的相互影响密切相关。

第 3 章　实力与脆弱性

在未来十年，随着全球新秩序的逐渐形成，实力的积累和运用更加富有战略意义。美国必须面对并解决自己在全球的军事优势所带来的挑战，它也将继续努力处理"硬"实力和"软"实力之间的微妙关系，这两个实力都可以用来实现外交政策的复杂目标。在美国的压力之下，许多国家也不得不重新审视自己的军事政策和国防开支；在全世界范围内，所有国家都必须十分清楚地区分"反恐战争"的比喻意义和实际意义。与此同时，实力与脆弱性之间自相矛盾的关系会得到很大缓解。美国和其他国家继续会受到恐怖主义——真实的同虚幻的——带来的伤害。其他的脆弱点也将被人类越来越深切地感受到。有组织犯罪的触角延伸到世界各个角落，对我们越来越重要的网络连接技术也存在着脆弱性，加上新疾病的不断出现以及快速蔓延，这些因素以及其他因素都使全球面临着越来越大的威胁。

○ 实力

好话加枪得到的东西比只说好话得到的要多。

——阿尔·卡彭 (Al Capone)

冷战结束后，人们都很乐观，认为新的世界秩序即将形成。这个秩序不是由一个单一的因素造成的，而是通过无形的历史力量的汇聚演化而来的，而这些历史力量是与市场的威力、民主的盛行以及人类对自由和自治的本能要求相连的。其中最重要的是，未来似乎主要是受到经济因素或者市场力量的影响。财富和机遇的扩散是先锋，政治和社会变化会随之而来。亚当·斯密（Adam Smith）的"看不见的手"正悄悄地以西方的形象改变着世界。正如弗兰克·福山（Frank Fukuyama）说的那样，在自由民主和市场经济胜利的基础上形成的新秩序是不可避免的。

冲突和战争仍然在世界很多混乱的地方爆发，世界和平依然是人类遥远的梦想。然而，我们有足够的理由相信，在人类历史上发生过的持续时间长、规模大的暴力以及给20世纪留下永久创伤的战争会被我们抛在身后，取而代之的是建立在竞争开放的贸易基础之上的新的经济秩序。因此，我们希望传统力量——通过以军事实力为支撑的政治力量来强制实施意图的能力——的重要性会由此下降。受到这种理念的影响，欧洲把军费开支从1990年占GDP的3％下调到2000年的2％。与此同时，美国也兑现了丰厚的"和平红利"，把军费开支从GDP的5.6％削减到3.2％。

然而在21世纪初，军事力量的重要性又得到重树。正是这种力量，而非市场力量，将再次影响未来。美国是历史上最强大的国家，尽管这个说法存在争议，但它正好位于这次复兴的中心位置。美国如何选择运用它的军事实力——以及别的国家会如何反应——将在未来十年成为一个有决定意义的主题。它将确定未来几十年内国际事务的发展方向和全球秩序。

/ 不愿充当帝国的帝国 /

1776年，亚当·斯密在《国富论》中论述说，美国的建国者和建设者们"被雇去为大帝国设计新形式的政府，他们自以为会变成世界上最伟大并且最强大的帝国之一，看起来也的确有可能如此。"2004年，另一位苏格兰人尼尔·弗格森（Niall Ferguson）也评价说，美国实际上已经变成了帝国，尽管它不愿意接受这个称谓："美国在官方角度上一直否认帝国的身份……弗洛伊德把'否认'定义为对伤害表现出的一种原始的心理防范机制。因此，'9·11'事件之后，美国人比任何时候都强烈否认自己的国家具有帝国的特征，这种态度也许是不可避免的。然而，确定帝国的确切性质也许有助于美国人自我治疗——因为从各个方面来说美国都是一个帝国，除了名字以外。"

美国主要通过它的企业家才能、卓越的创新精神、经济实力和文化的普及取得了在世界的中心地位。因此，它在很大程度上避开了 19 世纪多数与"帝国"的理解相关的问题和憎恨情绪——干涉太多带来的危险，被奴役国家的痛苦，发展道路被毁掉的国家表现出的依赖性，以及它自己的官僚政治表现出的傲慢自大。然而在未来十年，美国将面临曾经让其他世界强国失败过的考验。美国能否明智地运用它的实力，避免帝国的外在标志和责任，最重要的是，不播下自己失败的种子，这是这个时代最关键的问题之一。

在这一点上，美国有相当的优势。在过去几百年中，强国都有目的地进行征战和扩张。今天，在全球扩张势力的主要原因不是进行殖民，而是缓解争端。美国要的不是征服领土并承担相应责任这个意义上的"帝国"。它渴望安全，希望使那些对稳定的世界秩序造成威胁的没有法制的地区得到控制。

就这一点而言，"9·11"恐怖袭击事件的影响怎么说都不算夸张，因为它带来的是对外交政策目标的根本性调整——对于目前极化美国和世界的战略的转移和调整。尽管新的调整的侧重点在于防止针对美国领土和利益的恐怖袭击的发生，它背后的抱负要远大得多——即要把西方的自由、民主和经济发展的观念传播到世界的各个角落，尤其是能够引发矛盾、混乱和危险的分裂地区。

托马斯·巴尼特（Thomas Barnett）在他所著的《五角大楼的新地图》（The Pentagon's New Map）中巧妙总结了美国对其优先考虑的安全战略的重新评估，并概述说，他所指出的"混乱地区"将吸引美国外交政策的大部分注意力。巴内特指出，如果一个国家不能参与全球化过程，它可能会对世界体系和美国的利益造成威胁："如果一个国家输给了全球化，或者拒绝接受全球化的发展所带来的东西，最终很有可能导致美国向它出兵。""9·11"事件调查委员会的最后报告阐述了类似的观点：

"20 世纪，战略家重点关注的是世界的主要工业核心地带。而在 21 世纪，关注点则恰恰相反，是那些偏远地区和落后的国家。"

这个处在变化之中的世界给这个孤独的超级大国提出了新的挑战，而其中之一的挑战更容易应对：建立并保持真正的军事优势。其他挑战如：适应新的敌人和新形式的矛盾；对"软"、"硬"实力的平衡运用；和其他国家保持强有力的协作关系；在世界范围内保持友善的形象。这些挑战会更加严峻。我们将在下文对每个挑战进行简单的介绍。

/ 美国的军事优势 /

在未来十年，美国在保持甚至建立自己的军事优势方面具有很好的条件——不仅仅是优于潜在的敌人，也优于世界的其他地区。美国的军费预算是古巴、利比亚、伊朗、伊拉克、朝鲜、叙利亚和苏丹这七个国家总和的 30 倍还多，而这几个国家是被美国视为最有可能成为敌人的国家。美国的军费开支是欧洲盟友的两倍多，而后者作为"北约的欧洲支柱"的作用越来越与军事不相关。现在，每年全球的军费开支达到 9 050 亿美元，而美国就占总额的 43%。

20 世纪 90 年代美国削减了军事和安全开支，而 21 世纪初美国完全逆转了这种形势，大幅度提高军费预算以应对恐怖主义的威胁。在 2001 年（"9·11"事件前的最后一个财年）至 2004 年财年期间，美国用在国防、国土安全和国际事务上的费用上升了 50%。到 2002 年，这方面的费用已经超过了冷战时期的水平，而且仍在增加。2004 年，美国的军费开支是 3 991 亿美元；2005 年的军费预算则要求达到 4 207 亿美元，其中不包括和反恐战争相关的"追加"费用；单就美国在伊拉克的军事行动就有望花去 1 500 亿美元。这些数字与布什总统制定的国家安全战略是一致的，战略声明美国不允许任何对手建立与美国相当的军事力量，并保留进行"必要的"先发制人的打击的权利。

不过，美国的军事优势不单纯依赖开支，而是源于四个因素的共同作用。首先是美国在火力、设备、军需品和人员方面具有绝对的军事规模。其次是它的军事部署；美国军队主要部署在远离国土的地方，而不是保护本土。相比之下，其他国家很难把自己的军队投入到遥远的战场

国家	军费开支 (10亿美元)
美国	420.7
中国	51
俄罗斯	50.8
日本	41.4
英国	41.3
法国	34.9
德国	27.4
意大利	22.3
沙特阿拉伯	22.2
印度	16.2
韩国	14.8
以色列	9.9
澳大利亚	9.9
巴西	9.7
土耳其	9.2

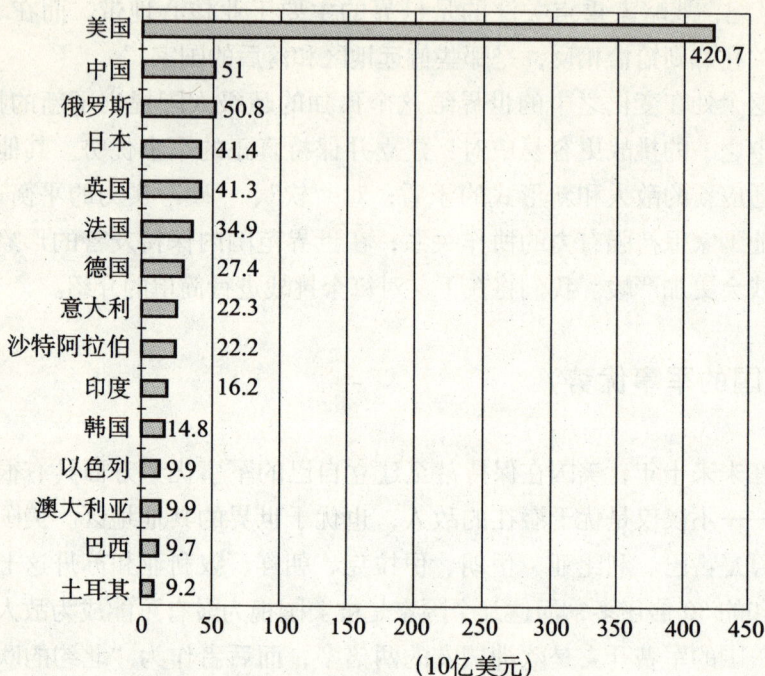

军费开支：美国与世界其他国家的对比情况

资料来源："World Military Spending," Center for Arms Control and Non-Proliferation, February 2004. Reprinted by permission of the Center for Arms Control and Non-Proliferation.

上，而美国把这视为自己的天职，在 20 世纪的大部分时期它都是这么认为的。

第三，美国强劲的军事实力还得益于其不断的技术进步，这在很大程度上扩大了美国军事力量的规模，提高了军事行动的成功率。由于美国掌握了精确打击、信息控制和准实时确定目标的技术，战争技术不断被革命性改变。激发这些以及其他技术创新的动机是为了避免伤亡，通过从安全的地方发动准确的攻击，或者通过当地面部队到达战场时给他们以足够的保护。这使美国在伤亡很少的前提下调兵遣将更加容易。（这对征兵也起到了积极的作用，军事优势仍然需要人力，这是一个很重要的考虑因素。）

"五角大楼正在设想为战争建立高价值的网络"

五角大楼正在建立自己的网络——为未来的战争建立军事互联网，目的是给所有的美国指挥官和部队提供所有外国敌人和威胁的动态画面——"上帝眼里的战争"。空军副秘书彼得·蒂茨（Peter Teets）对国会说，这个"天上网络"能使海军陆战队队员在悍马车里、在遥远的地方，在暴风雨中都能打开笔记本电脑，从间谍卫星上获取图像，并在几秒钟内下载。五角大楼把这个安全网络称为全球信息网（GIG）。6 年前开始构思，6 周前才开始首次连接。要想建立这个新的战争网络和组件，可能需要 20 年，花费数千亿美元。

资料来源：Tim Weiner, *The New York Times*, November 13, 2004. Reprinted by permission of *The New York Times*. Copyright © 2004 The New York Times Co.

美国的第四个优势是情报部门：集监视、渗透、监听和译码等复杂的能力之大成。正如国家安全局局长迈克尔·V·海登（Michael V. Hayden）中将在《华盛顿邮报》（*Washington Post*）上说的那样："高质量的情报是美国 21 世纪版的士兵人海，我们已用知识和精确性取代了战场上的大批士兵。"尽管美国情报部门在"9·11"事件之后受到了严厉的批评，但它仍然在所触及的范围、能力、规模以及复杂的技术等方面在世界舞台上独占鳌头，而这些优势继续朝着新方向发展。

这四种力量结合在一起给了美国以无可匹敌的全球布兵的能力。在未来十年，无论其他国家做怎样的投资，美国的可持续的优势不会受到任何传统军事力量的挑战；单就赶上美国的技术水平来说也不是其他国家所能做到的，更不用说所需要的规模。问题不是美国能否保持对其他国家的军事优势，而是仅凭这个优势能否保证美国在未来获得成功和安全。

/ 适应新的敌人和矛盾 /

未来战争在很大程度上是非传统意义上的矛盾，涉及的是非常规武器和目标，打击的是非传统的敌人——不是国家而是网络，不是基于地理位置，而是基于意识形态。美国军队将怎样迅速良好地适应这个新现实？发生了怎样剧烈的变化呢？

第一个重大变化已经显现出来。美国重新调整了政策，把焦点放在混乱无序的地区这幅"新地图"上，这能让人们了解美国在未来十年的军队部署情况。布什总统宣布，有意削减在日本和欧洲的兵力，这与全球威胁的动态分析相一致。然而，美国资源的这些变化会极大改变更为宏观的世界军事和经济体系；它们将对亚洲的力量平衡以及欧洲和其他地区对美国的看法产生长期影响。而且，美国能够多快并且多彻底地进行调整仍有待观察。

但是，这个挑战比移动棋盘上的一枚棋子要大得多。游戏规则在随时发生变化。"9·11"事件调查委员会建议，整个美国政府及其军事力量的规划甚至构想都应该进行改变以应对冷战后的环境，委员会说："美国人不应该满足于为几十年前设计的体系进行逐步的特殊调整，因为那个世界已经不存在了。"在这方面应该考虑一个基本的但严重的问题，即美国的传统军事优势和力量在解决新世界的新威胁时到底有没有用？

也许最紧迫的问题是制定有效的政策、方法，产生有效的解决新矛盾的战斗力来对抗非传统的敌人。这些敌人运用的是非军事战术和武器，并在惯常的战场外围开展军事行动。有迹象表明这个问题越来越重要。当非传统敌人被拘留时，如何制定关于他们地位和法律权利的新政策，以及如何使用"轻度刑法"在某些场合来挫败恐怖袭击，在这些问题上，美国好像表现得准备不充分、反常，有时反而把事情弄得很糟。在关塔那摩监狱对囚犯的扣留和对待问题以及阿布格莱布监狱虐囚事件上，这种问题最终导致了混乱和憎恨。

在美国军方内部，似乎从下至上出现了应对非传统冲突的新方法和新能力，也就是以网络化的方法应对来自网络化敌人的威胁。正如丹·鲍姆（Dan Baum）于 2005 年初在《纽约人》（*The New Yorker*）上报道的那样，年轻军官们正以网络为主要渠道来寻找共享信息和快速获得重要的战地情报。Companycommand.com 是两名陆军指挥官于 2000 年创办的网络平台，目的是让同级士兵能对情报和建议进行实时沟通；第二年，他们创办了 Platoonleader.org，与前一个网站有着类似的目的。通常，军方传递情报是通过上下级很正规地进行，但这些网站彻底打破了这种传递方式。这些网站，以及它们带来和提倡的灵活的思维、快速的沟通方式，在伊拉克被证明非常有效，因为那里的新型战争需要新形式的沟通交流。能够预见，在未来十年，从这些经历中获得的经验将会影响美国的战术和行为。

另一个关键问题就是让美国国内对它在动乱地区进行的军事干涉一直给予支持，而那些地区往往是"遥远而鲜为人知的国家"。现在，我们面对的是一个充满国际化的无形威胁的新世界，美国对这个世界持有的抽象而复杂的看法是美国消耗资源和人力的理由。此外，传统的军事行动是在有序的国家里对抗明确的敌人，相比之下，对"动乱地区"进行干涉难度要大得多，而且非常有可能造成伤亡，干涉也常常旷日持久，终点在哪里并不明确。成本（金钱和生命）与收益（保护和平、传播美式民主自由）之间的复杂等式在伊拉克被慢慢地解开，但很不稳定。随着时间的流逝，从那里得到的经验将有助于判断公众是否愿意往别处派兵，以获得持久的和平。

/ 维护强有力的协作关系 /

美国军事优势带来了一定程度的政治影响。即使美国在很多国际组织中并不担任领导职务，即使别的国家和团体认为美国的价值观和观念并不都是无可非议、令人十分信服，美国依然会继续在世界上发挥政治主导作用，这源自它的军事力量和战略力量。当美国说话时，整个世界一定都在倾听。

不过，服从和协作、互惠和伙伴关系之间存在着差异。如果没有共同的目标和决心，在未来十年，美国的军事优势及其伴随而来的政治影响不足以构建美国安全。单凭美国的力量是改造不了世界的。正如"9·11"事件调查委员会说的那样："我们应该和那些能够提供帮助的国家接触，倾听它们的声音，和它们合作。"

很多国家是美国的忠实追随者，如东欧国家，那些国家是第一次建立民主政治，它们把美国视为自己创造未来的最可靠的盟友。不过，美国与被布什的第一届政府成员称之为"老欧洲"的那些国家的关系却变得紧张起来。部分原因是：第一，欧洲对美国所具有的不可动摇的军事统治地位和美国炫耀实力的张扬感到越来越不舒服；第二，欧洲不愿意支持美国认为必要的坚定行动，美国对此很不满。欧洲往往把美国的实力想当然地认为是世界秩序的有利来源；是美国的军事力量在冷战期间维护了和平，是美国的军事力量继续对其他国家实行军事冒险主义的行为形成威慑。

罗伯特·卡根（Robert Kagan）在《天堂与实力》（Paradise and Power）一书中指出，今天的欧洲奉行的是软弱战略，这是因为它在两次世界大战的军事力量冲突中遭到了毁灭性的破坏。欧洲在努力把欧盟——这个给开战的大陆带来"永久和平"的机制——推广开来，与此同时，它觉得自己的未来主要依靠悄悄巩固经济实力。相反，美国追求的是强国战略：它既拥有武力也愿意使用武力。平衡美欧二者之间的关系需要进行微妙的重新定位，但重大的分裂会给双方造成严重的损失。如果这些天然盟友之间的紧张关系演变成更为严重的分裂，那么，把混乱的世界变得更加安全的努力会遭到极大的破坏。因此，我们有希望在未来几年看到大量的跨洋对话和外交。其中，重点是很好地平衡欧洲喜欢用的"软实力"和美国近年来比较频繁运用的"硬实力"。

/ 平衡"硬""软"实力 /

多年前，外交政策分析家约瑟夫·奈（Joseph Nye）提请人们注意国际事务中"硬"和"软"实力之间的区别。"硬实力"指的是使用武力，而"软实力"则是运用外交、影响和对话来打造同盟，建立联系。多年来，欧洲在耐心地建立同盟、合作和互相干涉的过程中把实施"软实力"发展成为外交艺术。现在，欧洲人往往认为，未来的矛盾只有当运用"武器"而不是武力的情况下才能解决，而这些所谓的"武器"是观念、援助、经济支持、教育和实现一体化的手段。相反，美国相信，有必要在世界面前摆出强硬的姿态，并表示愿意用强有力的行动去阻止威胁。

美欧在运用实力方面存在的这种差异在我撰写本书时非常清楚地体现在它们在伊朗及其发展核武器问题上的立场。欧洲——主要是法国、

◼ 表示忧虑   ☐ 表示不忧虑

印度尼西亚	26	74
尼日利亚	27	72
巴基斯坦	23	72
俄罗斯	26	71
土耳其	27	71
黎巴嫩	41	58
约旦	44	56
科威特	44	53
摩洛哥	52	46

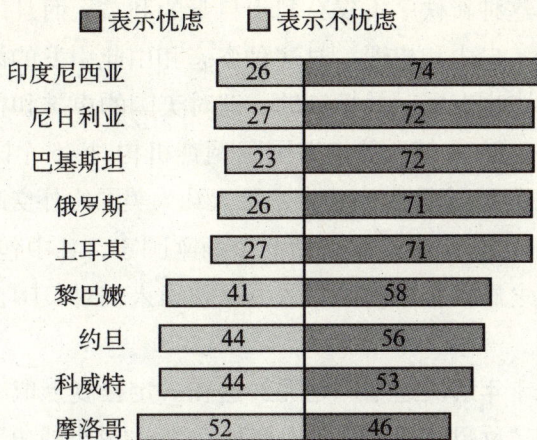

是否对美国潜在的军事威胁表示忧虑

资料来源：Pew Global Attitudes，2003. Reprinted by permission of The Pew Global Attitudes Project.

德国和英国——在这个问题上勤勉地开展着工作，和伊朗进行谈判，规劝它放弃核武器的研制计划，从而能够进行贸易，获得经济援助以及先进的技术和工业设备。美国不愿意和欧洲一道提供这样的"胡萝卜"，而是用军事干涉来威胁伊朗。欧美都担心对方会破坏自己行事方式的有效性。

这种进退两难的境地是显而易见的。一方面，如果软实力没有明显的硬实力来支持很快就会贬值。正如罗伯特·卡根总结的那样，如果欧洲人质疑美国行为在国际上的合法性的行动带来的净效应是"自由民主世界用来捍卫自己和自由的整体实力下降"，那么，欧洲人就应该小心行事。另一方面，如果过多地运用硬实力，软实力会遭到破坏；面对"恃强凌弱"的战术，谈判能力和影响力都会消失。此外，运用硬实力不仅有引发极端反应的危险，也会增加军事力量正在力图消除的那些危险。除了伊朗，还有几个国家想得到核武器，这在一定程度上是对美国积极使用武力的一种反应，而这种武力是常规武器和战术无法比拟的。

/ 是自由斗士，无赖的超级大国，还是两种身份兼有 /

美国发现自己处在十分有趣的位置。一方面，它往往把自己视为新秩序的斗士，而这种新秩序不仅有利于自身的利益，而且能为世界的每个地区提供安全、自由和机遇。对这种姿态和由此引发的派兵需要，国际社会有支持的，也有反对并抵制的，这对美国的声誉和行使软实力的能力造成了威胁。2002 年，盖洛普国际调查机构对 36 个国家做了一项调查，调查发现在 23 个国家中，大多数人认为美国的外交政策对他们的国家有负面影响（这 23 个国家包括 9 个西欧国家，其中包括英国）。在美国入侵伊拉克之后，全球的民意依旧反映出人们对美国在新世纪的战略深感不安。

如何在未来十年解决这个问题呢？这在一定程度上取决于美国和其他国家如何理解"反恐战争"并采取何种行动。"反恐战争"这种表达方式在力度和简洁方面效果很好，这是一个定义明确的措辞。但在今天这个复杂的环境里，它可能会让人感到困惑。我们习惯将精力和资源聚集在一起以实现想要达到的目的行动比喻成战斗，如消灭贫困的战争、打击毒品的战争、抗击疾病的战争。但在字面意义上，"反恐战争"融进了传统战争、牺牲、力量和胜利这样古老的认知模型，而所有这些在当今世界里都必须要重新诠释。"恐怖"与其说是一类敌人，还不如说是一种战术。在人类历史上，那些力量弱的国家在对抗力量强大的国家时往往采取这种策略。恐怖主义的复杂性、表现形式的多样性以及它起源的差异性都表明，依靠硬实力发动全面战争注定是要失败的。在美国，这种表述方式和措辞有可能提高对成功的期望值，但这种期望被证明是很难实现的，而在世界的很多其他地方，这种措辞会带来担忧，而这种担忧很难被平复。

未来十年，美国将继续面对来自世界很多地方的批评和抵制，包括来自其天然盟友的批评，这些批评中有一些是必然的。美国将会受到的指责包括：对国际事务的分析过于简单；对文化和其他方面的差异不敏感；傲慢自大；做事前后矛盾。这样的指责是任何一个享有巨大武力优势的大国都无法回避的。假设你是操场上年龄最大的孩子，有时人们就把你看成一个恃强凌弱者，尤其当旁证正好适合这种默认的看法。此外，依据这些看法做出具体的反应也是不可避免的，包括一些拥有非常规武器并想和美国实力抗衡的国家，以及一些想要抵制美国力量的网络化的

美国	21 3		69
英国	45 5		41
德国	70 3		24
俄罗斯	53	21	14
约旦	56	28	7
摩洛哥	66 8		15
法国	78 3		16
土耳其	73 9	9	
巴基斯坦	57 5 5		

0% 10% 20% 30% 40% 50% 60% 70% 80% 90% 100%

▬ 信心下降   ▬ 没变   ▬ 信心增强

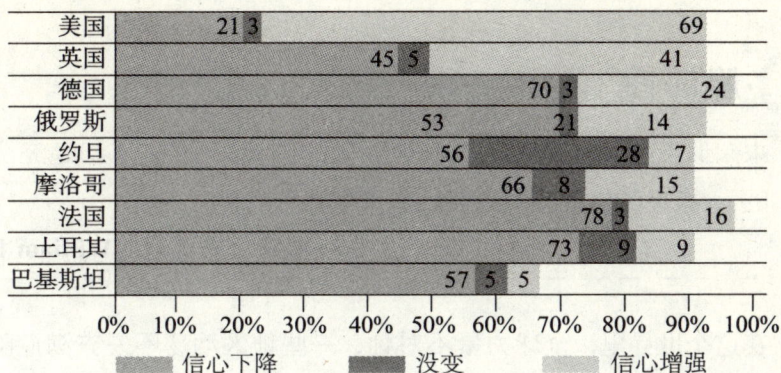

战后对美国想要推行民主是否有信心

资料来源：Pew Global Attitudes，2004. Reprinted by permission of The Pew Global Attitudes Project.

团体。

　　美国所拥有的强大实力还存在自相矛盾的地方，即这个实力也是造成美国脆弱性的原因。这两方面相辅相成，历来如此。从戴维和歌利亚（David and Goliath）的故事到合气道①大师借力使力，我们凭直觉就知道强大的体系也有自身的弱点；仅用一点力量，只要熟练地运用，就会使它们崩溃。我们的体系技术性越强，变化越快，相互关联性越紧密，越容易出现小故障，从而引起连锁反应，造成灾难性的破坏。一些个人和组织花费大量精力找出这些弱点，然后利用它们。在这个世界里，美国的军事力量可谓无敌，但却不一定带来安全。从某种角度来看，美国在这个世界上是孤独的。伴随真正实力而来的是真正的弱点，美国在未来十年对此会有深切的体会。在这个方面，至少不会只有美国有此感受。

_____

①　日本的一种徒手自卫术。——译者注

◯ 脆弱性

> 未来似乎蕴含着无数可以导致毁灭的因素，这从来都是无法抗拒
> 的；极度的悔恨会在燃烧的怒火中吞噬现在。
>
> ——威廉·布莱克（William Blake）

在这个世界里，全球力量不对称，一些地区动荡不安充满危险，无形网络的分布力量不断上升，所有这些都让我们——无论是个人还是集体——越来越感到脆弱。脆弱性是一种感觉，是对危险的一种预感，正因为如此，脆弱性很难找到攻克的办法。这在当今的世界里更是如此，因为新形式的力量、威胁和抵抗在我们并不认识的人们当中涌现，在我们看不到的地方出现。让我们容易遭到袭击的不仅仅是强大的实力，还有林林总总很难看到、很难想到的势力在偷偷地对我们下手，给我们意外的打击。在这个世界上，恐怖的威胁和事实一样可怕。

两种严重的人类反常情况加剧了我们脆弱性的感受。一是我们往往对危险的感觉表示恐惧，不管这种危险存在与否。巴里·格拉斯纳（Barry Glassner）在他的《恐惧文化：为什么美国人害怕错误的东西》（The Culture of Fear: Why Americans Are Afraid of the Wrong Things）一书中阐述了这种现象。格拉斯纳说，我们的恐惧在一定程度上是人类的本性使然；当我们得到警告说可能存在危险，危险就可以变得无处不在，恐慌由此乘虚而入。媒体没有阻止这种情况，因为恐慌给了它们以报道的素材，反之亦然。最近，英国进行了一项研究，把媒体对具体的健康危险的报道量与这些危险造成的死亡人数进行比较，发现媒体对那些危险小或者没有被证实有危险的健康威胁和疾病的报道要远远多于对"主要杀手"，如烟草和肥胖的报道。"当有 4 444 人死于吸烟，846 人死于饮酒，2 538 人死于肥胖，报纸上才会有一篇相关的报道，相比之下，每有 0.375 人死于麻疹……22.5 人死于艾滋病，就会有一篇相关的报道。"媒体在报道非健康问题时，如恐怖主义，也出现了同样的"倾斜"。20 世纪 90 年代，全世界大约有 2 500 人死于恐怖主义；仅在美国，一年

死于谋杀的就有 1.5 万人，另外有 4 万人死于交通事故。

第二个反常情况可以被称为"关紧马厩的门"（closing the stable door）综合征。人类往往对旧的危险给予过多关注，而对新出现的危险却关注不足。例如，"9·11"事件调查委员会发现，布什政府在任期的第一年十分关注来自中国的假想威胁，而对基地组织的情报却关注甚少。这种强化旧的思维模式和思维习惯的倾向，也是形成脆弱心理的另一个原因——想象力的失效，从而那些思维比较敏捷的人能够而且也会利用这个弱点。以战争世界为例，美国及其盟友在它们无法控制的敌人面前露出前所未有的脆弱——这些敌人能够抓住恐怖活动开支减少和破坏可能性提高的有利形势，而且能够获取开发中的技术去研制新型武器（有时令人感到意外）、新的运货方式以及从事恐怖活动所拥有的更加有效的全球通信和合作。布莱尔的一位外交政策顾问十分恰当地写道：今天的美国可以被形容为"日益强大，日益脆弱"。这种说法也可以推广到其他国家。

/ 恐怖主义 /

当今世界，有很多新因素让人们感到脆弱，显然，恐怖主义是其中最突出的一个。我们只能猜测发达国家的人们会怎样应对不断出现、无所不在的威胁，如爆发的天花疫情、食品源遭到投毒的报告，还有购物中心遭到自杀性炸弹袭击。不过，下一个冲击力很大的事件所带来的威胁却是实实在在的，也可能是无法避免的。例如，哈佛大学教授格雷厄姆·艾利森（Graham Allison）在《核恐怖主义：最后能够阻止的灾难》(Nuclear Terrorism: The Ultimate Preventable Catastrophe) 一书中详细罗列了证据，证明基地组织可能从俄罗斯那里得到了 10 千吨的核武器，若在纽约投放，能够轻而易举地杀死 50 万人，并导致美国瘫痪。阿利森认为，未来十年在世界的某个地方发生和不发生核恐怖袭击的概率为 51：49。不过，只是相信会发生这样的爆炸，也会对心理和经济造成严重的影响。

各国政府、企业和其他机构应该在如何处理和发布这类威胁的信息方面变得更加练达。记得历史学家菲利普·博比特（Philip Bobbit）说过，在充满恐惧的环境里，这个环境本身就会对经济造成损害，我们应该以更加明智的方式把情报信息提供给公众。他对告知（把信息置于公众范围）、警告（把具体的指令下达给政府官员和政府机构，让他们提高警惕）和警报（发布具体的措施以改变公共行动）做了区分。出于对政治困境的恐惧而共享一切的做法需要得到完善，应该在两方面做这项工作：一是如何从干扰中确定有价值的信息；二是如何共享这些信息以及它们可能蕴含的意义。

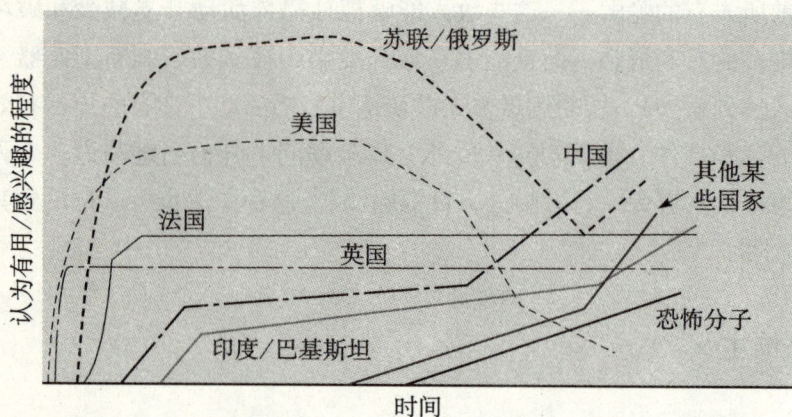

对核武器的认识：认为有用/感兴趣的程度

资料来源："Tracking the Global Spread of Advanced Technologies," *Science and Technology Review*, September 2001. Reprinted by permission of the University of California, Lawrence Livermore National Laboratory, and the Department of Energy.

不过，恐怖主义只是造成不安和忧虑的一个原因。地缘政治环境的不稳定是造成不安的另一个原因。朝鲜的核威胁越来越严重，已经成为东北亚地区十分令人关注的问题，但它也只是威胁到核扩散的众多因素之一。巴基斯坦是一个拥有核武器的国家，与周边国家的关系比较紧张，国内派别林立，矛盾丛生。中东地区的局势——伊拉克战争、反美情绪的高涨、以色列和巴勒斯坦之间持续的暴力冲突、受到质疑的政府以及这个地区的混乱状态——给全球冲突投下了阴影。

/ 非法活动 /

全球化带来的一个不是很明显但危害很大的后果就是非法活动的
规模越来越大，越来越复杂。莫伊塞斯·奈伊姆（Moises Naim）指出，
各国政府都在竭力应对"全球化的五个战争"：非法毒品交易、非法武
器贩运、非法盗版、非法跨国走私和非法洗钱。奈伊姆说，随着世界
联系越来越紧密，犯罪分子"有着非常精密的关系网络，而且技术非
常娴熟，结成了复杂而难以置信的战略联盟，跨越不同的文化和大
洲"。

斯本思（Spence）非法洗钱网络

纽约曾经出现过一个非法洗钱网络，不很复杂但为哥伦比亚毒枭
洗钱超过 7 000 万美元。这个组织的成员包括一名出租车司机、一名
保加利亚的名誉总领事、一名纽约的警官、两名犹太法学专家、一名
消防员和一名律师。此组织在洗钱手法上非常不专业，定期把大量现
金——也就是贩毒的收入——带到花旗银行的一家分行，因此，他们
的活动引起了相关人员的注意。那些存款被转移到苏黎世的一家银行，
在那里有两名银行职员把钱打到哥伦比亚的一名大毒枭在加勒比海地
区的账户上。尽管涉案人员的身份各异、运钱过程成功地绕过了监管、
获得了苏黎世银行官员的帮助，并且最终收款账户选择得不错，但这
个洗钱组织仍然暴露出很多问题。

资料来源：*Networks and Netwars：The Future of Terror，Crime，and Mil-itancy*，J. Arquilla，D. Ronfeldt，eds.（Santa Monica，California：RAND Corporation，2001），p. 84. Reprinted by permission.

"人口贸易"是非法活动的又一个例子。每年估计有 400 万人跨境走
私或被贩卖。他们往往受到更好的工作和更好的生活的诱惑，却被逼卖
淫或者陷入更惨的境地。根据联合国新闻处提供的数字，每年贩卖人口
的收入达 100 亿美元，这使贩卖人口成为跨国犯罪组织的核心业务。

2004 年 10 月，联合国负责人权事务的高级官员说，贩卖人口是当今世界违反人权的最严重的表现形式之一。在湄公河流域，人口走私现象十分严重，最近来自柬埔寨、中国、老挝、缅甸、泰国和越南的代表签署了一项协议——这是亚太地区首个此类协议——宣布它们将通过跨境合作共同致力于消灭贩卖人口现象。澳大利亚拨付 2 000 万美元的专项资金帮助消灭人口走私现象；2004 年初，美国答应提供 1 亿美元用来打击人口贩卖。

根据国际刑警组织的报告，2003 年，仿冒商品交易超过全球贸易的 7%，达到了 5 000 亿美元。这个组织估计，10% 在欧洲销售的汽车零部件、10% 在全世界范围内销售的药品都是黑市的假冒伪劣商品。

/ 疾病 /

本书罗列了很多令人感到恐惧的东西，其中也包括可怕的新疾病带来的威胁，这些疾病是由于日益紧密的全球联系和全球旅行造成并传播的。近几年，令人恐慌的禽流感、马堡病毒（Marburg virus）、非典型性肺炎以及抗生素日益下降的功效，都让人们感到焦虑。世界卫生组织最近发表了一份报告，对此提出了严重警告："在并非遥远的过去，可以依赖抗生素来治疗细菌感染。那些日子几乎已不复存在，因为对现在市场上任何一种抗生素都产生耐药性的细菌已经出现。这个趋势可能会继续下去。"

最近有一本书，它的题目道出了这一切：《新疾病杀手：变异细菌令人恐慌的演变是如何威胁我们人类的》（The New Killer Diseases: How the Alarming Evolution of Mutant Germs Threatens Us All）。我们让全世界都能用上廉价的抗生素，当我们成功做到这一点时却使自己成了受害者，因为这个成功使得老细菌生出了新变体。例如，肺结核几乎被最新的药物消灭了。然而，据估计现在有 20 亿人患有这种疾病，其中 6 000 万人患的是致命的抗药式肺结核。具有讽刺意味的是，医院成为过多使用抗生素而产生新病菌的场所。在美国的医院里，每年有 2 万人死于新型的葡萄球菌，需要投入 290 亿美元的卫生预算来研制对抗药物。

在英国，耐甲氧西林金黄色葡萄球菌（MRSA）每年使1 000名住院病人死亡，卫生官员把应对所谓的"医院超级病菌"作为首要任务。在未来十年，将有更多的证据表明，我们可能正在进入一个令人担忧的后抗生素世界。

禽流感

在这个世界上，很多新老病毒可能会感染（如果不是致命的话）数百万人，现在，这些病毒呈现出新的力量，其中最令人感到忧虑的就是禽流感病毒。世界卫生组织十分关注近来出现和传播的新型禽流感病毒H5N1——这种病毒常规疫苗是控制不了的，所以，可能很快会产生在人类之间迅速传播的能力——有可能造成一种新型的禽流感爆发。上一次流行病爆发是在1918年，造成5 000万人丧生。据世界卫生组织估计，将有20%～30%的世界人口受到21世纪第一次新型流行疾病的影响。按照最乐观的估计，此次流行疾病将造成700万人死亡，上千万人患病。多数专家认为，新型流感不是是否会发生的问题，而是什么时候发生的问题。世界卫生组织已经成功劝说50个国家制定预防流行疾病的计划。

资料来源：Alison Abbott "What's in the Medicine Cabinet," *Nature*, May 26, 2005; the World Health Organization.

/ 电脑病毒 /

技术领域的发展带来了不同形式的威胁。现在，每月大概有80种新的电脑病毒出现（2003年是一个病毒年，共发现7 000多种新病毒）。根据计算机安全软件厂商赛门铁克（Symantec）提供的资料，现在世界上大概有8万种"活跃的"电脑病毒，而它们的队伍每天都在壮大。当然，多数病毒只是令人感到恼怒而已。如果它们被很好地设计和执行，会对经济造成巨大的破坏，而这样的破坏仅仅发生在人们打开一封电子邮件的一瞬间。

电脑病毒在未来十年很有可能危害更大，对经济会造成更加广泛的破坏，两种迹象表明了这一点。其一，病毒袭击会更加复杂。在"9·11"事件之后传播的尼姆达（Nimda）病毒是一种"混合式威胁"——一个包裹含有五种不同的自身复制和在互联网上传播的方式。它还能够变异，为的是抢在安全软件之前发动袭击。2003 年 8 月发行的"大无极"（SoBig）是一个"特洛伊木马"病毒——这种形式的病毒本身不进行复制，但能在主机上打开一个后门，使之从外面受到控制。根据安全研究机构 mi2g Intelligence Unit 发表的报告，"大无极"病毒发动的袭击给全球经济造成了 55.9 亿美元的损失。

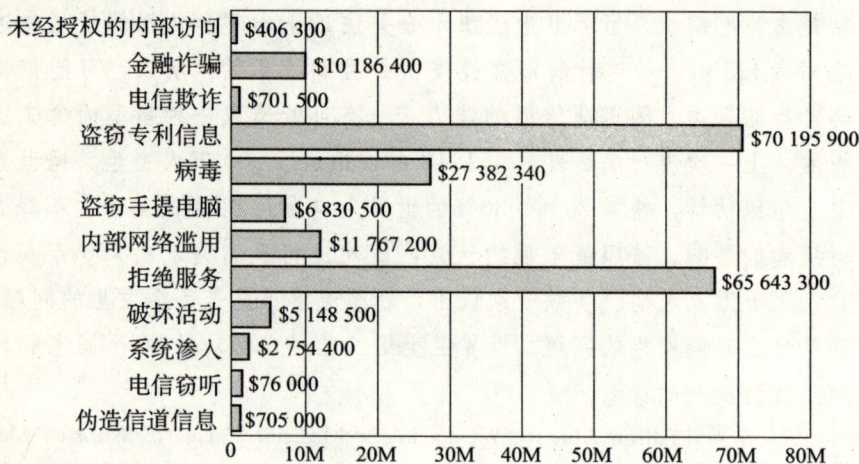

类型	损失金额
未经授权的内部访问	$406 300
金融诈骗	$10 186 400
电信欺诈	$701 500
盗窃专利信息	$70 195 900
病毒	$27 382 340
盗窃手提电脑	$6 830 500
内部网络滥用	$11 767 200
拒绝服务	$65 643 300
破坏活动	$5 148 500
系统渗入	$2 754 400
电信窃听	$76 000
伪造信道信息	$705 000

横轴：0 10M 20M 30M 40M 50M 60M 70M 80M

计算机犯罪和安全：按类型给经济造成的损失

资料来源："2003 CSI/FBI Computer Crime and Security Survey，" 2003. Reprinted by permission of the Computer Security Institute.

　　大无极病毒突出了另一个发展趋势。这种病毒是第一个用来赚钱的病毒，但也有人怀疑这种说法。大无极病毒把受它感染的每台电脑都变成了一个垃圾邮件的磁场；病毒的制造者把受到感染的邮件地址卖给地下的群发邮件者，于是那些人就轻易地得到了传播信息的对象。制造病毒过去是孤独的黑客的一个业余爱好，这些人后来往往成为电脑安全顾问。现在，从事它的都是动作迅速、组织严密的国际团队，这些团队把它变成了一个各自追逐利益的行业。被木马病毒控制的电脑可以被连接起来，形成一个大规模的对等联网（peer-to-peer），充当诈骗的平台，如果通过合法的互联网服务提供商，这是根本做不到的。至少有 1/3 的垃圾邮件都是通过为此目的而遭到绑架的家用电脑发送或者传递的。现在，用非法手段接近或进入别人的电脑系统正成为一个行业，可以预计这个行业将发展到一个新水平。

《数据库的国度》（Database Nation）一书的作者西姆森·加芬克尔（Simson Garfinkel）一直密切地关注病毒的发展趋势，他把制造计算机病毒和研制武器做了比较。新型武器首先要寻找可以利用的漏洞，然后设计一种途径去到达可被攻击的目标，最后装上强大的弹药，造成最高限度的破坏。迄今为止，我们看到在电脑病毒方面进行的创新都是关于识别运行系统中存在的漏洞，并设计出越来越有效的传播引擎，包括休眠病毒，这种病毒藏在电脑里不会被发现，等待着被激活的时刻到来。下一个创新浪潮可能出现在弹药式破坏上——也就是在病毒进入电脑之后造成的破坏。病毒可以对经济、金融、贸易、交通控制、应急服务、电信、基础设施和其他关键和重大的网络造成严重破坏。正是因为这些网络具有复杂性、关联性以及绝对的规模，它们才变得如此脆弱，容易受到攻击。

/ 感悟和回应 /

这些根深蒂固的弱点——真正存在的或是潜在的——毫无疑问让人们日益感到新威胁的存在，对安全也越来越关切。应对这些威胁的成本对企业和政府来说非常巨大。然而，"9·11"事件预示着经济秩序在个人层面上发生了变化。例如，美国政府的交通安全管理局（Transport Security Agency）得到国会 500 万美元的拨款，用来测试新的"注册游客"程序，旅客需要额外缴费才能通过机场的快速安检程序。安检需要时间，而用金钱来交换时间的市场将会发展起来。我们也看到了另一种等级系统，把那些安全级别高的旅客与级别低的区分开。

显然，我们生活在一个恐惧感和焦虑感日益增强的社会思潮中。在未来十年，我们会越来越清楚地认识到自己的脆弱，也会认清克服这些弱点的新方法，以及它们所代表的危险。安全注定成为社会、企业和个人的关注焦点，同时也需要很大的投入。当多数努力都被放在防护和应对紧急情况时，我们也很有可能看到公众和企业越来越致力于解决根源问题，为棘手的全球问题寻找解决办法，为稳定这个多变的世界共同努力。

　　要想拥有实力优势，一定要开发和运用日益高端的技术，但与此同时，我们越来越感到自己的脆弱，这其中包括对技术触及的范围太广表现出的恐惧。这样的恐惧将给发展带来巨大的阻力。下一个动态矛盾探讨的是技术的新前沿，以及这种态势所产生的焦虑情绪和抵制行为。

第 4 章　**技术进步与阻力**

在　未来十年，新技术会继续快速地激增，创造新的机遇，成为价值的来源。在下一个十年，我们将看到三大领域的技术会得到进一步发展，即计算机技术、生物技术和纳米技术，它们"相互催化的作用"更加明显，彼此促进。这为传感和互联、模仿和改变自然界提供了令人惊异的新机遇，也为人类自己的快速提升提供了新机遇。然而，我们看到这个"进步"会日益受到一些人的质疑，这些人害怕技术发展带来的最终后果事与愿违，其实这并不令人奇怪。因为缺乏基本的共同思维模式、语言体系和知识基础，科学家、技术人员和诋毁他们的人之间的紧张关系将会恶化，我们需要想出新办法来应对这些问题。

○ 技术进步

我刚买了一台苹果电脑来帮我设计下一台 Cray 电脑。

——西摩·克雷（Seymore Cray），当被告知苹果公司购买了一台 Cray 公司的超级计算机，来帮助设计下一台苹果电脑

在人类历史上，我们一直以日益加快的速度创造和利用新型的强大技术。距今约 30 万年前，我们学会了制造石器；约 3 万年前，我们通过原始农业学会了如何开发自然；约 3 000 年前，我们学会了如何从岩石

中提炼金属；约 300 年前，我们学会了如何利用和运输能源；约 100 年前，我们学会了大规模生产；六七十年前，我们学会了如何使生产系统自动化；二三十年前，计算机的出现让人们看到了难以置信的新希望。

毫无疑问，在过去 25 年间，最伟大的技术进步直接来源于日益强大的通信与计算的发展，以及摩尔定律（Moore's Law）的指数影响（摩尔定律认为，每平方英寸的集成电路上的晶体管的数量大概每 18 个月增加一倍）。这种力量使我们拥有了运行越来越快的计算机和手机这样保持不间断联络的设备，日常生活的各个方面也因此受到了很大影响。不仅如此，各式各样的更小、更便宜的设备也不断涌现，让我们更加有能力监管和理解这个世界。几年前，传感器和无线网络部件都是体积很大的硬件，现在在微小、廉价、几乎一次性的包装里都可以找到——它们已经变得沙粒一般大小，每个部件只需几美分。从"智能尘埃"———一种无所不能的无线微机电传感器，从跟踪人的运动到感应原来检测不到的细微震颤——到能够耐住冰川挤压的传感器组件，再到射频识别（Radio Frequency Identification，俗称电子标签）——从沃尔玛的商品到石油管道没有什么东西是它不能够监视的。这些能让我们了解物质环境的设备越来越便宜、越来越普及，也日益网络化。随着这些传感网络在规模和范围上日益扩大，它们为获取新的经验和知识提供了可能。

技术为我们提供了广阔的前景。但在很多方面，我们只是处在初级阶段；动力、观点和潜能还在持续不断地显露出来。很多科学家认为，由于受到物理材料的制约，摩尔定律到 2020 年会突然失效。这些用来制造芯片和传感器的物理材料，尤其是硅，已被使用了几十年，但它们的数量毕竟有限。

不过，很多人都有信心认为将很快突破以硅为基础材料的传统运算技术，而进入一个全新的运算平台构造的领域——现在正在对新技术进行不断的研究和测试。例如，生物运算取得了令人欣喜的成就，在研制新运算技术时（从生物硬件到 DNA 运算），生物原则和过程被运用其中。除此之外，量子算法的出现也显示出了令人吃惊的发展前景，我们只是在 20 世纪 70 年代的科幻小说里看过这样的描写。量子比特能够充当处理器和存储器，通过控制原子与其他原子结合形成量子比特的能力，

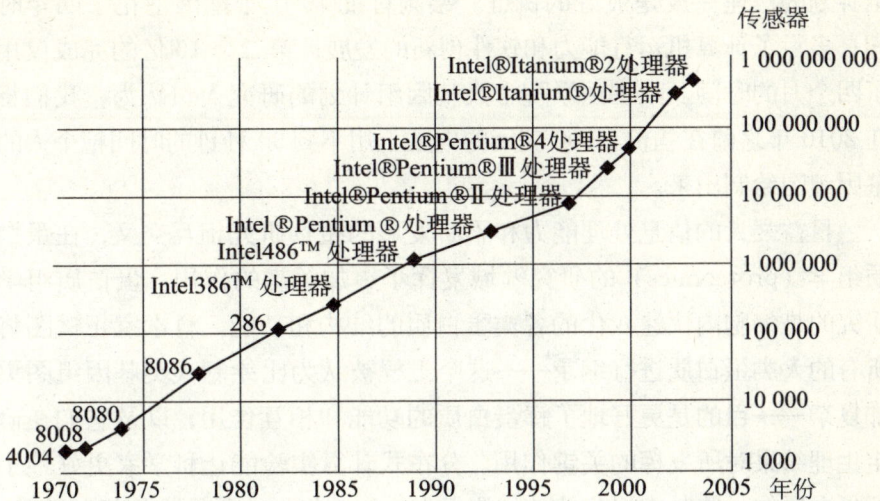

传感器

Intel®Itanium®2处理器
Intel®Itanium®处理器

Intel®Pentium®4处理器
Intel®Pentium®III 处理器
Intel®Pentium®II 处理器

Intel ®Pentium ® 处理器
Intel486™ 处理器

Intel386™ 处理器
286

8086

8080
8008
4004

1 000 000 000

100 000 000

10 000 000

1 000 000

100 000

10 000

1 000

1970 1975 1980 1985 1990 1995 2000 2005 年份

摩尔定律

资料来源：Intel.

量子计算机能比现在最快的计算机快上千万倍，这极大挑战了我们的想
象空间。尽管量子计算机现在仍处于试验阶段，但这门科学已经开始发
挥作用，数千名来自大学、政府实验室和公司的研究人员也正加紧推动
量子计算机的研制工作。正如惠普公司的量子科学研究中心主任斯坦·
威廉斯（Stan Williams）所说："这个领域就像发生了宇宙大爆炸。它令
人窒息。它的潜能太大了，有可能会是颠覆性的，可能会彻底改变某些
运算方法。"

　　未来十年，科学家和技术人员将极大推动运算技术的进步，而且方
向比以前更加多样化。似乎可以肯定，一种截然不同的更加强大的运算
模式即将出现。

/ 生物技术 /

　　日益强大的计算机给我们带来的好处之一就是它充当了催化剂的角
色，极大促进了其他技术的发展，这在生物技术方面表现得尤为突出。
未来研究所（Institute for the Future）的保罗·萨弗（Paul Saffo）曾经
说过："计算机成为生物技术研究人员的个人智力的推土机。"人类基因组计划的快速完成是最好的例证。绘制首批 10 亿个基因型花了四年时间；多亏了计算机运行能力和软件创新的发展，第二个 10 亿的完成仅用了四个月的时间。哈佛医学院个人基因组计划的研究人员认为，我们将在 2010 年之前在售价 1 000 美元的电脑上用不到 90 秒钟的时间把个人的基因组图绘制出来。

日益强大的信息处理能力和不断发展的生物研究相互交叉，在蛋白质组学（proteomics）的研究领域发挥了更加关键的作用。蛋白质组学研究的是细胞内快速变化的各类蛋白质的结构和功能。科学家正试图将所有的人类蛋白质进行编录——这个工程被认为比绘制人类基因组图更加复杂——目的是更好地了解蛋白质的功能和相互作用，以及它们在确定生理结果时所发挥的关键作用。分布式计算实验能让科学家更好地了解蛋白质的一些基本但依然神秘的行为，如一些蛋白质是如何复制繁殖，并使自己变得异常，变成被称为朊病毒（感染性蛋白质）的致命构象。朊病毒能够引发无法治愈的脑疾病，如慢性消耗性疾病（Chronic Wasting Disease，CWD）和克雅氏病（Creutzfeldt-Jakob，又称亚急性海绵状脑病），也就是人类版的"疯牛病"。

生物技术本身就是一个极其重要的领域，显然它也将在未来人类世界的发展中扮演革命性的角色。目前，我们对生物技术产业的关注主要集中在药物开发、生物信息的"挖掘"以及农业应用上面。然而此时，更具有革命性的变化正快速向我们走来。这些变化将会变革医学的发展，但同时其中很多变化也提出了发人深省的道德困境问题。干细胞研究大有希望提供治愈很多以前无法治愈的疾病的方法；基因知识和蛋白生物学知识的爆炸能够制造出没有先天缺陷的孩子，或许还可以带有"设计者"的特征；随着"婴儿潮"一代慢慢到了退休年龄，如何延缓衰老——甚至完全停止衰老过程——这个问题使得本来就发展很快的生物治疗工作更进一步加快了发展速度。

/ 认知科学 /

除了生物技术，还有一个重要的技术学科将在未来十年取得突破性进展，那就是认知科学。例如，自核磁共振成像技术（magnetic reso-

nance imaging，MRI）应用以来，人类在神经科学领域取得了重大进步。
当大脑正在执行具体命令时，功能磁共振这种先进的技术能拍到非常详
细的大脑图片。功能磁共振已被用来更加准确地诊断大脑功能障碍。由
于它可以绘制出大脑工作图，因此也被运用到研究身体魅力和政治倾向
的科学中，以解开其中错综复杂的谜团。

神经营销学

尽管人们从 20 世纪 80 年代末才开始使用功能磁共振（fMRI），但
在过去的几年中这种技术已经跨越了医学领域进入了营销领域。这个极
富争议的新领域被称为神经营销学。它运用功能磁共振揭示顾客潜意识
的态度，确定他们最可能购买哪些商品。机器跟踪大脑的血流量，观察
人们对不同的刺激物如商品品名、电影片段或者一小口可乐做出反应时
大脑血流量的变化情况。实际上，这是 2004 年贝勒医学院（Baylor Col-
lege of Medicine）做的一项"可乐与百事"味道测试，测试显示产品以
不同的方式刺激大脑的"奖赏中心"（reward center），这让广告商异常
兴奋。然而，这种做法也受到了消费者和隐私倡导者的强烈反对。一位
消费者权益保护者对《纽约时报》说："如果企业的营销商和政治顾问能
确实窥视我们的大脑内部，以不同的手段绘制神经活动图，以此来改变
我们的行为以服务他们的利益，这个国家将会变成怎样？"

资料来源：Sandra Blakeslee，"If You Have a 'Buy Button' in Your Brain，What
Pushes It？" *The New York Times*，October 19，2004；Mary Carmichael，"Neuromar-
keting：Is It Coming to a Lab Near You？" *Frontline*，November 9，2004.

随着对大脑的了解越来越多，提高或者恢复它的功能的能力也日益
增强。人造耳蜗已经帮助越来越多失聪的人听到声音；能够帮助盲人恢
复视力的人工视觉系统目前也处于测试阶段。各种"神经假肢"不断发
展，从斯坦福大学的人造突触芯片到德国英飞凌科技公司（Infineon
Technologies）的神经芯片——这种生物传感器芯片能够测出活细胞的电
子活动，"为神经科学提供了新的技术手段，并且提供了在活神经元上测
试并研发新药的能力"。在这个纷繁复杂、信息超载的世界里，想象一下
大脑处理大量信息的能力得到提高将带来多么强大的威力。脑科学能让

我们深入了解如何更加系统地进行思考，如何把毫无关系的因果联系在一起。

/ 纳米技术与分子融合 /

很多在数字、生物和认知科学的趋同演化方面取得的突破性进展都是在能够想象的最小层面上发生的，也就是原子和分子水平。这个趋同演化的核心就是对生命物质本身进行控制和改造，这是第四个决定未来的技术，即纳米技术，关于极其微小物质的科学。关于这个新兴领域，有各种各样的定义，但纳米技术通常涉及的是1～100纳米的物质（一纳米相当于百万分之一毫米），包括通过操控分子和原子微粒来制造新的物质和过程。

纳米技术已经取得了很多突破——如桑迪亚国家实验室（Sandia National Laboratories）的移动机器人，它有脚和可盘卷的尾巴，这个尾巴实际上是一个分子，被称为"动力蛋白"——几乎没有实用价值，但却暗示着令人惊叹的发展前景。迄今，纳米技术比较有实际价值的应用都很普通，例如，纳米技术能够生产出新型的防晒霜和"自净的"服装以及其他智能纺织品。不过，纳米技术的长期发展前景可观：由原子级别开始自下而上制造食品和其他必需品，模仿自然过程，几乎不使用能源，也不会对环境产生负面影响。对这一前景的思索不禁让人想起了阿瑟·克拉克（Arthur C. Clarke）那段著名的评论："任何真正先进的技术都难以和魔法区分开来。"

未来十年，关键科学技术在纳米层面上的融合将从根本上对世界进行重新调整——它掀起的这场革命甚至比技术的"数字融合"意义还要深远，后者在过去的25年中极大影响了这个世界。对这个新融合有一个缩写词：BANG，它代表的是字节（信息技术）、原子（纳米技术）、神经元（认知科学）和基因（生物技术），表明了这种融合具有爆炸性的潜能。更为重要的是，这些技术领域相互具有催化作用，每个技术都会促进其他技术的快速发展。举个例子，纳米技术在分子水平上的方法越来越依靠生物学过程。合成生物学（synthetic biology）——实际上是把DNA像计算机代码那样进行编排——是一门新兴的学科，已经被用来构

每年美国颁发的与纳米技术有关的专利权，以千为单位

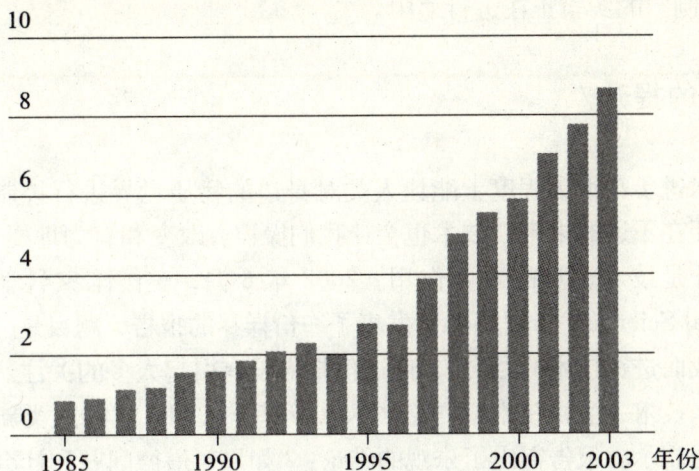

纳米技术专利权的增加情况

资料来源：The data used in this figure comes from "Longitudinal Patent Analysis for Nanoscale Science and Engineering," Huang et al.，*Journal of Nanoparticle Research* 5：333-363，2003. Reprinted by kind permission of Springer Science and Business Media.

建新病毒，为靶向性基因疗法（targeted gene therapy）提供了巨大潜能。仿生学（biomimicry）是致力于开发出模仿生物活动的技术，它也具有巨大的发展前景。依据仿生原理进行的设计利用有机模型，运用基于自然选择的算法对新的软硬件进行"进化"。

与此同时，对材料和生物学的分子尺度了解得越来越多，数字技术也越来越便宜、越来越智能，也越来越网络化，许多处于开发阶段的设备利用了我们在这些方面的优势。例如，在医学领域，在癌组织中发生异常的血管中经常堆积一些纳米大小的金色颗粒，有了这些先进技术，我们可以提前检测出来，并通过红外线激光器很快地进行识别甚至清除。在国土安全方面，已经发明出一种能够嗅闻空气的生物传感器，无论哪里需要，它都能够检测到微量的化学毒素和生物毒素，并发出预警信号。我们甚至可以看到与计算机网络无线联系的脑植入，能通过思维控制把身边和几百英里之外的实物移开。你可能会说后边这个事情好像有点不太可能发生，但我们可以考虑这个事实，有一种技术已经开发出来，并用在了猴子的身上，让猴子单凭思维力量就可以玩电子游戏或者控制

600 英里之外的实验室里的机器人胳膊的摆动。给瘫痪病人以类似的"思维控制"的实验正在进行之中。

/ 人类的提升 /

技术进步在很大程度上能让人类对身边的物质世界进行控制和施以改变，而在不远的未来，技术也会让我们操控、改变和有力地提升自己，这也许才是技术进步的主要作用。2002 年 6 月，美国国家科学基金会（National Science Foundation）发表了一份详尽的报告，题目是"为提升人类自我而进行技术的融合"，但这份报告没有引起太多的关注。报告研究了纳米技术、生物技术、信息技术以及基于认知科学的人类新技术平行发展的启示。报告得出了乐观的结论："如果对道德问题和社会需求给予足够的关注，融合技术能够极大地提高人类能力、社会产出、国家生产力和生活质量。"

那么，在哪些方面我们有望在未来看到人类得到提升发展呢？同往常一样，在美国军方和国防部所做的工作中，可以搜索到技术前沿的一些线索。例如，在麻省理工学院的军事纳米技术研究院，研究人员在军装材料中缝入了 GPS 导航系统、空调装备、无线电脑和其他通信设备、监测穿用者身体状况的生物传感器，以及能够自动护住伤口的模拟肌肉的布料，还有其他很多装置。能让举起重物、跑和跳这些任务变得更加容易的军装也在研制之中，并且离研制成功只有一步之遥。实际上，美国军方甚至有一个"增强人体机能的外骨骼"（exoskeletons for human performance augmentation, EHPA）项目，致力于开发出提高作战能力的服装，里面配有用来读取和放大每次肌肉活动的传感器和放大器，能让穿用者"掌握更多的火力，穿着更加防弹，携带更大口径的武器和更多的弹药，携带补给品到更远的距离"。也许很快会有那么一天，我们只需穿上军装，就会像 20 世纪 70 年代电视剧《无敌金刚》里那个虚构的超人一样。

/ DARPA 效应 /

上面提到的这些技术是美国国防部高等研究计划局（DARPA）授权

或者直接进行的研究，令人难以置信的是它们却是所有研究项目中最保
守的。美国国防部高等研究计划局始终处于科学的前沿，投入研究的项
目在很多科学家看来似乎是不可能完成的。但它的成功记录显示，它处
于领先的领域都是未来发展的方向。就是 DARPA 在 20 世纪 60 年代缔
造了互联网的先驱者（就是世人所熟知的 Arpanet）；此外，DARPA 的
工作对于那些具有变革力的新技术的发明也起到了至关重要的作用，如
GPS、蜂窝式便携无线电话、精简指令集计算（RISC）和先进的燃料电
池。在帮助美国军方取得实质性的技术优势之后，DARPA 把注意力转
向美国军事铠甲中最大的裂缝所在：士兵。为了把脆弱的人重新塑造成
摧不垮的资产，它启动了各种令人称奇的项目，简言之，就是要帮助制
造出"超人"型士兵。

　　我的朋友、《华盛顿邮报》记者兼作者乔尔·加罗（Joel Garreau）用
了两年时间对 DARPA 的最新工作有了深切的体会。我是近水楼台先得
月，提前听到了乔尔的发现经历，而那时，有关的故事还在一个接一个
地发生。我这本书里很多有关 DARPA 的内容都直接来自乔尔，现在他
已经把他所了解的东西提炼了出来，著成了一本非常优秀的书《突变：
提高我们智力和身体所蕴含的希望和危险——人意味着什么》（Radical
Evolution：The Promise and Peril of Enhancing Our Minds，Our Bodies—
and What It Means to Be Human）。乔尔亲眼目睹了那些令人震惊的项
目，并把它们写了出来。这些项目包括开发一种"疼痛疫苗"，在受伤之
后 30 天内依然有效，还有一种剧烈的加速伤口愈合技术，它基于一种使
用了近红外线的技术。DARPA 的研究人员还在研制止血的方法，指挥
大脑控制身体。甚至还有一个相关的研究项目，就是搞清蝌蚪能够重新
长出被切断的尾巴而青蛙却不能的原因——最终目的是弄清人要怎样才
能再生出断肢或者其他身体部位。还有更多的 DARPA 研究人员正在调
查人类能否像海豚一样生成永远不睡觉的能力——至少大脑的两个半脑
不同时睡觉。他们正在开发一种药物，能够攻击和破坏任何一种细菌或
者病毒感染，在这方面已经取得了很大成就。他们已经研制出一种备选
药物，能对付天花、疟疾，甚至流感，正准备进行人体安全试验。似乎
这些还不够，DARPA 的研究人员正试图改善人类细胞的功能，这样士
兵可以一连几天不进食，靠自己的脂肪生存，且不会感到疲劳。另外，

他们还试图让体内的特定器官恢复功能，从而避免器官移植。除此之外，他们还在研究如何让受重伤的士兵进入假死状态，即便在没有氧气的情况下也能生存一段时间。

/ 供需平衡 /

DARPA 的研究无论在范围上还是在动机上都令人眼花缭乱。不少项目毫无疑问会失败，但它的研究让我们深刻地认识到，在未来，极大提高人类能力的愿望不仅仅是在理论上有实现的可能，而且是真正地有可能实现。人类自我强化的故事将在未来十几年中以非凡的速度和力量展现在人们面前。在供方，我们似乎激起了速度更快、分布范围更广的创新浪潮：我们已经看到一些必备的工具成本下降，而且得到这些工具也容易起来。在塔吉特（Target）公司，花 39.99 美元就可以购买宝宝DNA 存储器，你可以对孩子的 DNA 采样并储存起来（"为了未来医学发展和安全保障"）；另花 100 美元就可以买到其 DNA 密码的基因图，以及一个把孩子的 DNA 密码和其他不同人群的基因密码进行比较的对照图。基因组测序的资料可以免费拿到。在世界的某些地方，对于基础的基因操作和研究的监管机构几乎不存在。有些地方即使有规章制度，分类的流动和合并（如将药物归入食品）使监管制度很难跟上市场的走向。

现在，有一种趋势，把"非医学问题用医学方法处理"，过去把某些人体变化看作正常变化，现在从医学角度看，这是能够治疗也应该接受治疗的紊乱。在过去，有些男性到了一定年龄只是被视为"已过盛年"，现在看来却是患有勃起功能障碍，开的处方是万艾可；有些孩子过去被认为在学校"坐立不安"，现在他们被诊断出患有多动症，开的药物是利他林；有些人过去被认为天生个子矮小，现在被认为患有可医治的"非生长激素缺乏性矮小症"，开的处方是人体生长激素（HGH）。

看起来，各种各样的改善需求是无穷无尽的（而且不顾危险的）。越来越多的"认知增强"药物进入市场，包括莫达非尼（modafinil），这种药被批准用来治疗嗜睡症，当健康的人吸收之后，他们能够保持清醒思维活跃 90 个小时，注意力非常集中而不嗜睡。想想体育官员和运动员玩的"赶超"游戏，没有止境也没有结果，它被认为是从科学实验室里出来的提高运动成绩的新方法，更加有效，更加不易被检测出来。在黑市上，提高运动成绩的兴奋剂数量每年都在增加，人们无视其中的很多药物已被证明对生命是危险的这个事实。我们也可以想想另外一件事，为了让自己看起来更漂亮，人们花在化妆品上的钱是多么惊人。根据《经济学家》（*The Economist*）的说法，美国人花在美容上的钱比花在教育上的多。在过去几年中，美国人做整容手术的数量增加了一倍多；2003年，美国人花在吸脂手术上的费用高达9.91亿美元，进行隆鼻的费用是6.67亿美元，隆颏手术为5 400万美元……不胜枚举。随着在婴儿潮中出生的那批人的年龄越来越大，他们想彻底改变衰老，正如他们彻底改变生命的每个阶段一样——他们将用科学挑战命运。

生物技术与衰老

对早亡的恐惧萦绕在每个人的心头。从来就没有解决的办法。然而，避免早亡的前景非常具有吸引力。在人生的旅程中，有一段时间非常适合生活，但没有一段时间适合死亡；没人敢站出来说，人类不应该活到120岁。因此，有一个尚未开垦的社会领域。随着人口日益老龄化，我们觉得生物技术在这个领域可以有所作为，而且不会带来什么弊端。如果你想向运动员销售（药物），应该首先把它作为改善老年人握力衰减的药物去推广。生物技术产业已经向人们展示了技术如何能够用金大米①拯救孩子，"我们将挽救这些第三世界的孩子，不让他们失明"。问题是这些孩子没有影响力。但富有的老年人会用所有的财富来换取延长5年的生命。如果有一种灵丹妙药让生命延长100年，教皇会是第一个吃药的人。当然，在老年人身上有效果的东西在年轻人身上的效果会更好。先在老年人身上试验，然后再正式生产，重新包装后提供给年轻人。

——布鲁斯·斯特灵（Bruce Sterling），科幻小说和技术作家
资料来源：Global Business Network.

---

① 世界知名的转基因作物金大米，富含维生素A，提供给第三世界的儿童，以治疗维生素A缺乏症。——译者注

在技术的推动下，人类全面提升自我的征程已经开始，随之而来的有各种不确定的契机与危险，进退两难与权衡取舍，不可避免的公平与不公平。在未来十年，这个问题将成为公众讨论的焦点，它一方面让人感到耳目一新，另一方面也会招致激烈的争论。

/ 不可预测的未来技术突破/

在技术的推动下，我们经历了难以想象的变化，在这方面我们已经超前了，并处于一个让人深思的境地，于是我们开始思考：人意味着什么。不过，所有这些进步都是在我们已有的科学范式上发生的，是可预测的。如果我们也能看到自己的科学知识和实践科学的方式取得基本性的突破，那会是怎样呢？对于这个展望，必须谨慎考虑。今天，全世界有无数科学家在从事研究工作，这比人类历史上的科学家总数还多。他们正跨越传统的科学领域进行研究，这种趋势越来越明显；他们相互联系，跨越时间和空间携手合作，共享观点和发现，这让以前每一代科学家都会心生嫉妒。正是通过这种知识的重新组合，突破性的创新才会不断涌现。

也许最重要的是，在今天的每个科学领域，我们会遇到异常现象，而目前的理论不能充分地给予解释。从历史角度看，这种情况总是发生在科学知识的重大新发现和飞跃之前。也许问题不是我们能否看到又一轮深奥科学发现的大浪潮，而是何时能够看到。正如我的同事彼得·施瓦茨在他的著作《不可避免的意外》（Inevitable Surprises）中写的那样："50 年后，物理、生物、化学、天文学，也许还有地球科学，这些学科的知识与今天的知识会非常不一样——把我们现在的知识与 50 年前相比，那种差异性会大得多。"

◯ 阻力

我并没有设法去描写未来。 我是在设法阻止未来。

—— 雷·布拉德伯里（Ray Bradbury）

今天，技术在不断进步，但随之而来的阻力也越来越大，这并不让人感到意外；如果进行大胆地预测：这个阻力仍将存在且力量会更大。
人类与他们创造出的技术的关系一直是充满矛盾的。在过去的几百年间，
新工具和应用能力给发达世界的生活方式带来的变化如此深刻，难以想
象没有它们我们的生活会怎样。然而，在这个过程的每一阶段，人类也
付出了代价，技术进步遭到了很多人的抵制，也引起了恐慌。18 世纪英
国发生了勒德分子（Luddites）的反抗运动，表明人们越来越担忧工业
化技术给社会带来的冲击。玛丽·谢利（Mary Shelley）那部脍炙人口
的小说《科学怪人》（Frankenstein）反映了 19 世纪初欧洲对医学技术和
能源技术似乎无法控制的进步表现出的忧虑。蘑菇云代表着 20 世纪强大
的战争和毁灭性新技术背后蕴藏的令人恐惧的潜在能力，这促使阿尔伯
特·爱因斯坦说出这样的话："十分明显，我们的技术已经超越了人性。"
什么会代表 21 世纪技术的黑暗面，我们将拭目以待。

就是那些让研究领域感到振奋的因素——加速、不断增强的连通性，
以及越来越多的融合——也引发了新的不安。随着不断学习和试验，我
们开始对自身的安全、人类和星球的命运感到担心，而这些担忧令我们
越发不安。这种不安有三个不同的起因：道德忧虑、对不确定性和未知
危险的忧虑，以及担心新技术会落到不负责任的人手里。所有这些担心
置于令人畏惧的复杂科学背景之下，共同制造了恐惧和怀疑的氛围，而
且日趋严重。

/ 道德忧虑 /

人们觉得突破性科学和技术创新打乱了人和其他形式的生命与生俱
来的东西，由此产生了很多道德忧虑。尽管这个领域中多数科学研究的
目的显然是为人类谋福利，但在一些人看来，其中的很多技术也体现了
令人厌恶的傲慢自大，缺乏谦卑，和对神圣的生命之大不敬。在未来十
年，随着社会、政府和个人关于干细胞研究、孩子的基因选择，以及保
险公司和执法机构等部门进行个人基因筛查这些问题的对与错的斗争，
生物伦理学注定成为加速科学发展的领域。

举个例子，2005 年 5 月，韩国科学家黄禹锡宣布他已经成功制造出
十几个克隆的人类胚胎，并得到了它们的干细胞，可以用在病人身上，

此消息一出，在国际上引起了轩然大波。这是一个历史性的突破，但黄禹锡的成功所带来的治疗前景却被迅速、激烈而广泛的批评所淹没。人们担心的是，黄禹锡把篡改人的生命的做法推到了新水平，带来了道德上的忧虑，人们担心科学距离全面的人类克隆仅几步之遥了。黄禹锡自己也认为，克隆出人类"在技术上是不可能的"，也是"不道德的"，并强调说，他的目标是制造干细胞而不是克隆人。然而，反对他的这项研究的声音依然很大。美国总统布什谴责黄禹锡的研究，宣布要对任何有关放宽对胚胎干细胞研究的限制的联邦立法都予以否决。梵蒂冈也进行了公开指责，甚至为黄禹锡和天主教官员安排了会议，要求就科学和道德"互换意见"。毫无疑问，类似的很多会议还会在全世界的教会、实验室和立法机关召开。

繁殖克隆与治疗性克隆：欧洲的观点

请告诉我你是赞成还是不赞成	繁殖克隆是指繁殖出完全一样的人类		治疗性克隆是指繁殖出完全一样的人类细胞	
	赞成（%）	不赞成（%）	赞成（%）	不赞成（%）
德国	6	94	43	57
西班牙	7	87	79	18
法国	4	96	57	42
爱尔兰	4	93	37	59
意大利	4	95	65	33
奥地利	3	94	39	54
葡萄牙	10	85	72	22
瑞士	4	91	51	44
英国	7	92	47	46
匈牙利	2	95	59	37
罗马尼亚	11	85	49	47
斯洛伐克	18	81	51	49
土耳其	17	73	36	54

资料来源：The European Omnibus Survey, EOS Gallup Europe, January 2003. Reprinted by kind permission of EOS Gallup Europe.

对很多人来说，在道德上让他们感到反感的是科学有意混淆了人类和其他生命形式之间的界限。造出"嵌合体"（chimeras）——杂种生物，一部分是人，一部分是兽——的想法毫无疑问会日益成为未来十年

的热门话题。2003 年，中国科学家把人类细胞和兔子的卵子混合在一起
（几天后为了从胚胎中提取干细胞，这些东西被毁掉了），以这个项目为
起点，这类制造杂交体的试验可能会急剧增加，用以帮助测试药物，研
制新的治疗方法，加速理解人类主要器官（包括大脑）的工作原理，甚
至为人类移植培育备用的器官。加拿大已经禁止任何涉及把人类细胞植
入非人类胚胎或者把非人类细胞植入人类胚胎的实验。2005 年 4 月，美
国宣布了新的联邦指导方针，允许制造人兽杂交体，但禁止它们繁殖。
毫无疑问，其他国家也将在不久的未来讨论类似的措施。

/ 担心事与愿违的结果 /

当我们致力于革新，而那些革新又远远超出我们的理解范围时，我
们会越来越担心人类搞乱自然界的本质将带来事与愿违而且不可逆转的
后果——利益也许很大，而危险可能更大。我们来看一看有意思的历史
比较：核动力的开发。20 世纪 50 年代，在艾森豪威尔"原子为和平服
务"计划的乐观时代，核动力是一种丰富而且洁净的能源，具有很大的
发展前景，因此得到了公众的广泛支持。但随着核辐射的危险和安全储
存核废料的长期挑战日益明显，人们对于核能的支持率也急剧下降。今
天，随着炭燃料给环境造成的破坏日益明显，人们又开始强烈地支持核
能的发展。对于新一代改变生活的技术，公众的看法也许还会出现类似
的迂回曲折。

现在，全世界有几十个实验室正在研制新的有机生物，这将是未来
讨论的一个焦点。在美国、欧洲和日本，那些资金充足的研究小组开始
了雄心勃勃的计划，都想首先造出人工生命，以赢得这场竞赛。有的遵
循"自上而下"的方法论，利用极其简单的现有细菌，通过反复试验，
搞清楚如何用简化的合成密码取代它的自然基因密码。其他研究小组则
把目光放在了更加令人瞠目的事情上：从零开始造出全新的生命形式。
虽然不知道哪种方法会成功，但现今科学敢于制造新的、完全人造的生
命形式这一事实一定会逐渐成为未来公众担心的问题。有些人肯定会问：
"如果事情走向了可怕的反面，我们该怎么办？"

人们日益增长的担心的轨迹很早就有所体现，而且很有趣，那就是麦

克尔·克赖顿（Michael Crichton）的《猎物》（Prey），这部畅销书是关于纳米技术的恐怖小说。小说虚构了纳米技术在未来的情况，故事的主人公是微小的成群纳米机器人，它们慢慢失控，把人作为猎物进行追杀。严肃的纳米技术的研究者认为这个故事情节是不可能发生的（至少在相当长的一段时间内），尽管如此，未来技术的黑暗面已经嵌在了大众的意识里。

非计划中的科学：从天花到"超级痘"

《病毒学杂志》（*Journal of Virology*）是神经病学杂志中声望最高的一个，在 2002 年 1 月刊上，澳大利亚的通用电气实验室的一个研究小组发表了他们的一项研究，这个研究被认为是用 mousepix（一种无毒病毒）做的简单实验。他们遇到了难题，老鼠疯狂地在田地里跑来跑去，吃光了所有的粮食，他们想给老鼠找到节育的方法。他们认为如果取一种"鼠痘"（一种不致命的良性疾病，和人类的感冒差不多），改变一个基因，再把它重新导入"鼠痘"里，老鼠就会绝育。他们原本以为这种疾病不会扩散开来，结果，所有老鼠都被消灭了，"鼠痘"扩散到了实验室之外的所有老鼠领地，由此引发了一场致命的流行病。

"这个实验的费用大概是 5 万美元，也许更少。现在，上千个实验室都可以做这个实验，因为那些研究人员已经把实验方法和详细说明都放在了互联网上。而这些数字没有什么意义，因为从现在计时，5 分钟后会有更多的实验室做这个实验，成本会更低。你完全可以把这个做法运用到天花上面，也可能运用到牛痘上面。你可以在新墨西哥州的某条路上找到一头死于牛痘的牛，得到牛痘病毒，进行突变，把它装入小瓶里，然后雾化。于是，你就得到了一种"超级痘"。

——拉里·布里连特（Larry Brilliant），曾任 20 世纪 70 年代末世界卫生组织消灭天花小组的成员

资料来源：Global Business Network.

/ 好技术落到坏人手里 /

有人担心，如果新能力落到不怀好意的人的手里，就有可能故意造

成灾难性的后果。极端的观点是，我们可以给自己和敌人提供如何把我
们自己彻底摧毁的知识，而不必懂得如何恢复原样。随着越来越多的人
能够获得曾经需要大量资源的新技术，这种技术的民主化反而让人们更
加担心。例如，如果说生物技术正走出理论范畴或者实验室，走进了狂
热者的后院，这不是不可能的事。现在，外行的普通人已经能够买到复
杂的实验室设备。甚至艺术家们也开始探索生物技术打开的新媒体——
西澳大利亚大学的欧隆·卡兹（Oron Catts）与艾奥纳特·祖尔（Ionat
Zurr）这两位"生物艺术家"一直在培育"半生物体雕刻品"，这也是
"组织文化和艺术项目"（Tissue Culture & Art Project）的一部分。正
如《连线》（Wired）杂志的创始人主编凯文·凯利（Kevin Kelly）几年
前评论的那样："我觉得生物技术对这个世界不会有太大的意义，除非它
到了修车厂的门口，在那种在十字路口的修车厂里面，两个工人摆弄基
因和生物学，而且还能搞出点有用的东西。当这些不可避免的事实发生
时，我们就会看到真正的革命发生。"现在看起来那场革命已经在进行之
中，但问题是，每个人都会选择"做出有用的东西吗?"

> 21世纪的技术——遗传学、纳米技术和机器人学——都很强大，
> 它们可能会导致前所未有的事故和技术滥用。最危险的是，这些事故
> 和技术滥用的可能第一次能被个人和小团体掌握。它们不需要大型设
> 备，也不需要稀有原材料，仅凭知识就能够使用它们。因此，我们不
> 仅有可能因为武器而导致大规模杀伤，也有可能因为知识而成全了大
> 规模的杀伤，而且这种破坏性因其自我复制的能力而极大地提高。
>
> ——比尔·乔伊（Bill Joy），技术先锋
>
> 资料来源：*What's Next?*：*Exploring the New Terrain for Business*，Eamonn
> Kelly et al.

例如，人们越来越担心制造人造病毒的技术。科学家报告说，2002
年埃博拉病毒（Ebola virus）是运用"反向遗传学"（reverse genetics）
造出来的。1918年爆发的流感致使全世界数千万人丧生，而流感病毒的
8个节段现在有3个节段的排序已经公布出来了，不久还会公布更多的
排序，这是位于华盛顿特区的武装部队病理学研究所（Armed Forces In-

stitute of Pathology）提供的信息。如果基因知识落到不怀好意的人手里，其潜在的危险是可想而知的。《新科学家》（*New Scientist*）杂志说："让（已经消灭的病毒）重新出现只需要知道它的排序就可以做到，在某些情况下，还要知道怎么让它更多地自我复制。"

作为生物武器的天花

使用生物武器对美国来说不是什么新鲜事。美国的第一起有记载的天花生物恐怖行动发生在 18 世纪法国和印第安人战争期间，英国将军杰弗里·阿默斯特勋爵（Lord Jeffrey Amherst）把满是天花疮痂的毯子作为"礼物"送给土著美国人。幸运的是，在人类历史上，大多数发动生物恐怖行动的企图都没有得逞。实际上，如果某个国家或者恐怖组织想实施生物恐怖活动，好像总会碰到一件奇怪的倒霉事发生。1962 年，美国打算把生物鸡尾酒送到古巴以推动它的侵略计划，结果鸡尾酒在转运途中丢失了。20 世纪 80 年代，萨达姆·侯赛因对伊拉克的库尔德人释放了"驼痘"（camelpox），却发现"驼痘"不感染人类。1993 年，日本奥姆真理教从东京的一个屋顶往空气里喷洒大量的炭疽，幸运的是，它们意外选了一种对人类无害的炭疽，后来它们在东京地铁释放了沙林毒气。

根据国际公约，天花只能在两个地方存放，即亚特兰大的美国疾病控制与预防中心（CDC）和俄罗斯的生物制剂实验室，但最近几年，很多人怀疑苏联时期储存的天花已经落到他人的手里。早在 1985 年，戈尔巴乔夫签署了"五年计划"，拨款 12 亿美元用来制造天花武器。这个"五年计划"规定每年制造 100 吨天花——足以杀死美国所有的男人、女人和孩子。苏联科学家还在研制一种"超级痘"，不会被疫苗破坏。后来苏联解体，资金枯竭了，科学家也走了，没人知道天花怎么样了。天花的一个显著特征就是传播迅速且容易：一两例天花就能导致恐怖的流行病。正如天花专家拉里·布里连特说的那样："一例天花就能让美国崩溃。它会让我们的经济系统停止运行，会让每个人感到害怕。在我们生活的这个世界上，在这个一直由 CNN（美国有线新闻网）主导的世界里，我们会落到利用天花对付我们的恐怖分子的手里。"

/ 政治和监管的反应 /

技术进步激发的反应和管理措施在世界各地明显不同，这有可能成为全球紧张状态的新起因。一些重要的科学调查和发现领域会陷入法律黑暗、道德失信的"灰色区域"，引发日益紧张的局势，使科学界内部以及与其他社会之间的信任感逐渐消失。

制定这些问题的全球性规则越来越成问题；研究团体早已具有全球性质，在某个政治司法体系下做出的决定可能会对别的政体有很大的影响。比如说，布什总统决定叫停干细胞研究，这极大地鼓舞了欧洲那些实施禁令的国家（如德国、爱尔兰和奥地利），也让那些实施比较宽容政策的国家更加大胆，它们看到了在新技术的一个核心领域里走在美国前面的契机（如英国、瑞士和芬兰）。结果，欧盟内部进行了异常激烈的辩论，提出一个解决办法还有待时日。

此外，在政策方面的不同选择和侧重点也会和开放的全球市场原则发生冲突。比如，在转基因农产品的接受问题上，美国的态度没有欧洲那么谨慎，2003 年布什总统在生物技术产业组织（Biotechnology Industry Organization，BIO）峰会上说："我敦促欧洲各国政府停止反对生物技术。我们应该鼓励传播安全有效的生物技术，以赢得对抗全球饥饿这场战争。"考虑到是自己的选民对转基因产品持敌视态度，欧洲各国政府愤怒地回击了声讨它们对未经试验的技术持谨慎态度的做法导致非洲人饿死的指控。

/ 复杂的未来之路 /

在这些敏感的领域肯定会出现矛盾的观点、加剧的冲突、误解和"扩音器外交"（megaphone diplomacy）。未来十年，科学技术的某些进步在一些方面会被视为不道德，在另一些方面则被视为短视和自大，尽管从历史的角度来看，科学是人类进步的源泉。可以预料，这种激烈的反应会造就一些超乎寻常、出乎预料的联盟，我们的能力与焦虑之间不断增强的冲突会成为社会的一个核心对抗态势。正在开发和利用前沿技术的企业会发现自己陷入了两难境地，一方面是技术带来的令人兴奋的光明前景，另一方面是伴随任何一个新突破而来的深深的恐惧。

这些问题使得民主机构的构成在很多方面都面临着巨大压力。由于它们依赖的科学常常是复杂而深奥的，因此，有水平的公众讨论不是很多。人们判断技术的好坏通常从道德角度出发，而不考虑技术、金融或者意识形态层面的问题，与此同时，我们的政府没有做好应对这些问题的准备。为公众利益而做的决策往往经过很长时间才能显现结果，因此我们不能做出任何精确的计算，而公共机构的存在时间传统上不超过下一届选举。故此，要把这些敏感领域取得的进步合法化，只简单阐述政府的政策是远远不够的。如果公众不信任科学或者那些掌握技术的人，无论政府说什么，他们都不会接受。从长远来看，这场战争不是为了赢得华而不实的权力游说，而是为了从情感和理智上赢得真正的舆论一致。

纵观历史，新技术带来的最重要的影响之一是引起结构性的经济变化。今天，通信和网络技术引发了工业化进程开始以来最重要的经济转变，即向"无形"经济转变。与此同时，这些新技术也注定会推动未来十年的另一个关键转变，即从破败脆弱的物质基础设施转向更加安全、不再支离破碎的基础设施。

第 5 章　无形经济与有形经济

未来十年，我们将看到工业时代进程迅速地向后工业时代转变。随之而来的是"无形"经济的进一步崛起，价值与重量之间的关系继续破裂，我们认为有越来越多有价值的东西会在我们把握不了的事物里找到：服务、体验和关系。不过，即使随着价值转移到无形世界，物质世界的基础设施会凸显它新的重要性，它们的维护会成为新的紧迫任务。物质世界的基础设施在世界的很多地方都面临着巨大压力，更加急切地需要更新和大修。基础设施在很多方面都非常脆弱，我们需要找到一种方法以阻止这方面问题带来的潜在危害，尤其是水利设施。

⬤ 无形经济

如果你能把它扔到地上，它就不是服务。

——某经济学家

20 世纪 90 年代，观察家们宣布"新经济"出现了。推动这种经济的是新规则、新度量标准、新模式和新玩家，看似可以抵抗地心引力的网络现象是这种经济的一个缩影。今天，人们往往认为对新经济的宣传过于夸大，觉得这是一个集体幻觉，所以对此不屑一顾，但实际上这是一个典型的归类错误。一些重要新闻的标题本应是互联网如何能够促进经济转变过程，很多人却把对网络的狂热误认为是重大新闻。几十年来，我们一直毫不动摇地从工业经济迈向后工业经济——这种经济和社会的转变如同十八九世纪农业时代转变到工业时代一样深刻。

迄今为止，后工业经济最重要的特点是物质与经济价值之间的关系日趋衰弱。正如艾伦·格林斯潘（Alan Greenspan）所言："我们现在全部国内产品的人均重量只比50年前或者100年前高一点。如果GDP或者附加值按不变价格计算，迄今为止推动它增长的最大力量是思想——影响物质现实的观点。"在后工业经济中，价值的创造越来越依靠知识、思想、才智和创新。现在，发达国家占主导地位的是服务业而不是制造业；体验和产品同样被购买和消费；在经济意义上，数字比特可以和物理原子媲美；联系与关系变得和持有所有权一样重要。

围绕互联网的运算和通信技术而建立起来的的体系正在经历更大的变革，而网络经济只是这个变革的一部分。同样，互联网经济只是正在进行中的后工业经济变革的一部分，在后工业变革中，价值进一步趋向思想和关系。

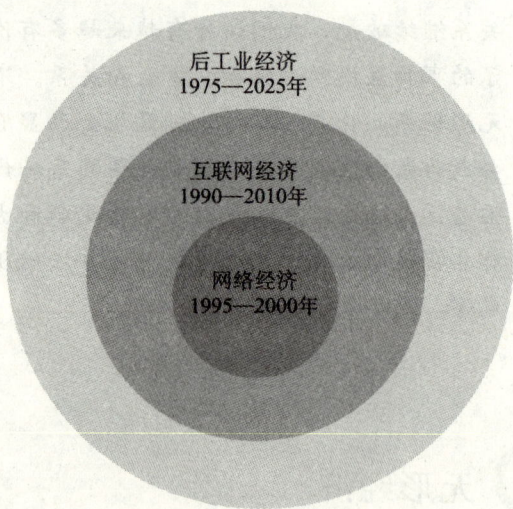

后工业经济
1975—2025年

互联网经济
1990—2010年

网络经济
1995—2000年

新经济的背后

换句话说，价值变得越发"无形"。这个现象得到了广泛关注，但有的东西仍然不够直观。有形商品与经济价值之间的联系已经根深蒂固，因此，人们依然普遍认为"真正的"经济应该围绕重工业和制造业，而"真正的"工作应该是生产有形商品。（令人感到好奇的是，在向工业经济转变的最初阶段也有类似的想法。很多备受尊敬的法国启蒙思想家，也就是重农主义者，认为只有农业才能将一把种子变成大丰收，所以只有农业才能创造出真正的经济价值。）然而，在本质上，经济没有那么神秘，它只不过是人们创造和满足相互需求的精密系统。长期以来，我们一直愿意为自己需要的有形和无形的东西埋单，但现在天平开始向无形商品倾斜。

/ 无形经济的兴起 /

无形经济有很多重叠的部分，其中有四个部分值得简单介绍一下，它们分别是：服务业日益凸显其重要性；很多产品和服务日益变得更加"知识密集型"；我们越来越有能力为高质量的体验付高价，而且也愿意这么做；美学和美作为经济价值源泉的地位日益得到提高。在经济性质发生重大变化的过程中，这几个部分共同起着推动和界定的作用。

服务业

服务业几十年来经历了快速的发展过程，现在被视为全球经济最大的行业，也是发展最快的行业。服务业现在占据了美国国内生产总值（GDP）的 75％还多，占全球贸易的 1/3 之多。此外，因为服务业越来越"可交易"，即使不能运输也可以像有形商品那样跨国界交易，它们在全球贸易中所占的比重越来越大。在过去十年间，美国服务业出口额翻了一番，现在占出口总额的 30％。无形商品如通信、物流和金融服务业正在为全球经济的持续发展（减少摩擦和交易成本）提供基础性的保障。

在发达国家，从制造业向服务业的生产和消费转变显得尤其明显。不过，服务业在发展中国家也已经占据了主导地位，已经占据这些国家GDP 的 50％左右。在很多国家，它成为发展最快的行业。当互联网使得越来越多的服务工作能够远程操作时，这个发展趋势肯定会越来越快。但随着越来越多的高技能的服务工作被外包，发达国家也越来越感到忧虑。

知识密集型经济

知识——庄稼如何生长，世界如何运转，如何制造和使用工具，如何制造出有用的产品——一直是人类经济体系的重要推动力。最初在父母和子女之间传递技能，现在已经深深嵌入日益复杂的技术之中，3 000年来，它一直是支持农业发展的基础。为了制造满足我们基本需求的耐用商品，人们开发出了更好、更专业的知识，在此基础上，兴起了工艺经济。工业革命是在对新老知识进行整理的基础上创造更好的、可升级的技术和生产过程。

过去几十年，知识对经济价值的推动作用史无前例；到 20 世纪 90年代中期，在经济合作与发展组织（OECD）的主要国家，"基于知识"的产品创造了多于一半的 GDP。在发达国家的多数商业部门，物质材料相对于商品价值（例如，一辆机动车的成本比例是由它所使用的钢材决定的）的重要性已经大大下降。我们可以随处看到这种现象。如今，一辆从装配线上下来的中等价位的轿车所具有的运算能力是当年阿姆斯特朗登月时"阿波罗 11 号"的运算能力的 1 000 倍。

尽管在过去 20 年间，大幅提高的运算能力很大程度上促进了经济和消费品及服务日益呈现出知识密集的特点，知识密集的趋势所具有的影响要更加深远和普遍。即便在几十年前，我们家里使用的商品看起来还很简单，要弄清楚餐桌椅是怎样制作的，收音机是如何发声的，这些都不难。然而，现在的产品要复杂得多。很难弄明白装有传感器和微芯片的录像机或者厨房电器是怎样制造的，以及卖多少钱才能获利。在制造这些产品的过程中，知识和塑料、硅这些原材料一样是基础。今天我们消费和依赖的东西很多都是依靠深奥的知识来支持着它们的创造，也通过知识来决定它们的价值。

知识就是价值

另一条发展道路就是知识密集。作为一家公司，在很多领域所拥有的技术知识和市场知识都是不可超越的……我们觉得这些知识所蕴含的潜在价值应该转换成实际的商业价值，也就是说，我们所了解的东西应该得到报酬。我们创造了一种度量可持续发展的标准，这称之为"每磅生产股东增值率（shareholder value added per pound of production，SVA/lb）"，它用来衡量企业为每单位的物质产出所创造的价值，而知识密集程度在提高得分上非常重要。我们对高 SVA/lb 的企业很感兴趣。不像过去的化工和材料企业，它们创造的价值与原材料、能源生产能力和生产的重量成正比，我们现在的目标是要把创造的价值与产生的产品重量成反比。知识含量既可以作为品牌反映在产品的设计和性能上，也可以作为信息成为出售品的一部分，知识含量是为每单位产量获取更多价值的一个途径。

资料来源：Excerpt of a speech by John Hodgson, executive vice president of DuPont, April 27, 2003. Reprinted by permission.

体验

我们注意到，发达国家的消费者不仅越来越愿意购买服务，也愿意购买体验。这种趋势在一些行业比较明显。以旅游业为例，它是一个提供精心设计的成套体验的市场，是世界上最大的行业之一，也是发展最快的行业。旅游业已经成为世界上最大的雇主，所雇佣的员工占全世界就业人数的 1/10。根据世界旅游组织（World Tourism Organization，WTO）公布的数据，2003 年，国际游客总量达到了 6.91 亿人，消费金额约为 5 230 亿美元。世界旅游组织预测，截至 2020 年，国际游客的数量将增加两倍，达到 15.6 亿人次。另一个有关体验的市场也快速发展，那就是观赏竞技运动，到 2008 年，这个行业的收入有望从 2003 年的 746 亿美元飙升到 1 025 亿美元。毫无疑问，体育明星们正在变成另一个体验行业的明星——那个体验行业就是娱乐业——而这些明星都是世界上最富有的人。

即使在经济中那些不太明显的行业，体验也成为价值的重要组成部分。正如约瑟夫·派恩（Joseph Pine）和詹姆斯·吉尔摩（James Gilmore）在《体验经济》（The Experience Economy）一书中解释的那样："新兴的体验经济要求把任何被顾客直接看到的工作都视为剧情……银行出纳、保险代理、房屋中介，当他们解释条款和说明条件时都在剧情之中。出租车司机在聊天时也是一样。甚至在交易池里交易商品也是一种特殊、引人注目的剧情。"

与此同时，上面那两位作者断定，经济从货物到商品、再到服务一路演变过来，下一站自然而然地将是体验，它作为一种独立的经济交易

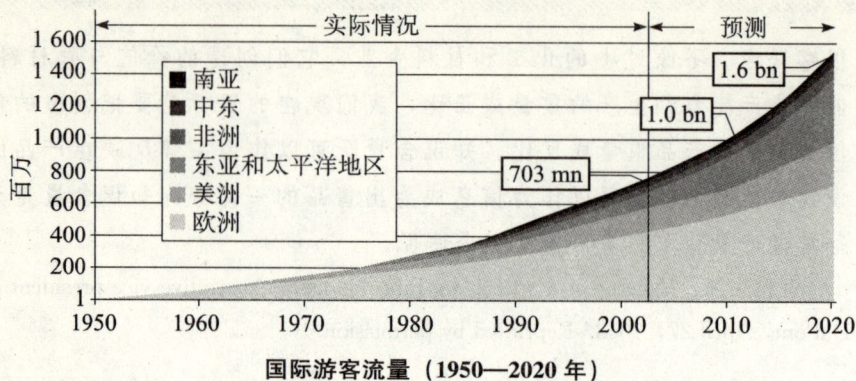

国际游客流量（1950—2020 年）

资料来源：World Tourism Organization（WTO）. Reprinted by permission.

形式将大行其道。他们用生日蛋糕的简单例子阐述了这一进程。20 世纪
70 年代以前，多数人自己制作生日蛋糕，调制各种配料（产品），后来
出现了包装好的蛋糕混合料（商品），这为人们节约了时间和精力。80
年代，人们普遍从面包房或者杂货店购买现成的蛋糕；那时人们愿意为
烤制蛋糕的服务付费。接着，出现了一个飞跃，人们从购买蛋糕跨越到
了购买相关的体验。90 年代，"外包"开始占主导地位：父母开始雇请
公司给孩子和客人制造"生日体验"。像查克·E. 奇斯（Chuck E.
Cheese）这样的企业成为最受欢迎的举办生日晚会的机构。查克·E·奇
斯的主要特点不是比萨饼，也不是蛋糕，而是体验。上面所说的这个过
程中的每一步，都会创造出新的、更高的经济价值，人们也热衷于购买
它们。

美学、美与艺术

如同体验成为决定经济价值的重要因素，美学也起着相同的作用。
我们希望身边的东西都是美的，这对人类来说似乎是天生的欲望。随着
经济日渐繁荣，满足这种需求的能力也越来越强。因此，人们越来越强
调产品或者体验的设计元素。设计的美学意义在一定程度上是与纯粹的
视觉吸引力相关的（可以考虑一下，一台怀旧风格的烤箱与款式平平但
功能相同的烤箱的价格差异）。美学的意义也可以推广到简单性和功能性
上面。例如，苹果公司的 iPod 音乐播放器轻松获得了成功，在很大程度
上应该归功于它的独特设计，把富有魅力的美学和视觉及功能的简单性

结合在一起。这款 iPod 不比同类产品便宜，在性能上的差异也不是很大，但它精致简约，使用起来很直观，界面设计非常友好，给人一种美的享受。

美在我们生活中越来越重要，这在很多方面都能体现出来，更不用说我们也越来越愿意为此埋单。例如，在过去几年中，沃尔玛和其他零售商在鲜花销售上取得了骄人的业绩——现在人们买花不仅送给别人，也送给自己。实际上，在过去十年间，人们越来越注重让自己的家变得更加美丽，这在文化层面上越发重要。新涂料和油漆技术层出不穷，围绕装修和室内设计的电视节目更是数不胜数。以前只注重功能的商品现在也加入了比美的竞争行列。塔吉特公司现在销售的茶壶是由著名的建筑设计师迈克尔·格雷夫斯（Michael Graves）设计的，而它的服装是由著名的设计师伊萨克·米兹拉希（Issac Mizrahi）设计的。我们有望在未来十年看到很多设计更为精良而且消费者又买得起的家用商品进入市场。

我们本能地向往美学价值和美的东西，我们与艺术之间的关系可能是这种情感的最好诠释。在人类历史上的大部分时间，艺术都被视为特权阶级的独占领域，但在最近几十年，艺术对发达国家及其经济越来越重要。20 世纪 90 年代末，英国政府根据"时尚英伦"（Cool Britannia）运动中的习俗，不仅认可了创新艺术的重要作用，而且给予了大力宣传。创新艺术已经成为英国发展最快的经济行业，每年创造出 1 850 亿美元的收入，200 多万雇员遍布全国（提供了伦敦 1/7 的就业岗位）。在这种背景之下，2005 年初在曼哈顿举办了题为"门"（The Gates）的公共艺术展览（这是新千年举办的第一场大型艺术活动），公众表现出异常的热情，这不仅证明了艺术家富有想象力和坚强的毅力，也说明人们普遍渴望体验美和高雅的东西。

/ 给企业带来的后果：值得仔细思考的资产 /

向无形经济的转变改变了我们对企业成功所应具备条件的理解。过去"成功"在很大程度上取决于数字——利润率和电子数据表格中的预定目标。然而，无形经济里的成功并不能如此轻易地被衡量出来，因为它既是定量的也是定性的。很多资产（相当一部分是无形资产）都对经济成功起着支撑作用。建立良好的关系——与员工、客户、合作伙伴、供应网络——越发显得重要。品牌、标识和宣传语的关系远远比不上建立和传递信任感和信誉那么重要，而后者越来越成为企业建立和维护声誉的手段。专利权、专有信息以及其他形式的知识产权统称为"知识资产"，它们的作用和通过它们的帮助创造出来的产品和服务一样重要。谁抢先获得某种创新或者产品的拥有权在很大程度上取决于谁优先具备了相关的知识。人类所具有的那些定性的能力，如创造力、投入力、灵活性以及学习和改变的能力，越来越被视为企业成功的关键因素。

在过去的50年间，我们通过很多大型企业转型的故事，也可以找到无形经济影响越来越大的证据。通用汽车公司从金融服务中获得的利润多于汽车制造带来的利润。耐克把它的生产环节外包出去，自己专注于高附加值的活动，如营销、设计和物流。IBM公司把个人电脑业务卖给了中国的联想集团，从而告别了自己留下的大型而有形的遗产，目的是致力于利润更加丰厚的服务和咨询业务。

与此同时，互联网继续改变着商业模式，这使一些传统行业大大提高了生产力，利润也得到了很大的提高。例如，PGR汽车保险公司(Progressive Corp)首先开展了网上售卖保险业务，并首先使用了数码摄像机和无线网络链接，帮助快速处理理赔业务，有时仅用20分钟就能处理完一宗案件。自1996年实现网上服务以来，公司的年收入增加了20%，而整个汽车保险行业的年均收入增长率仅为5%。转变的不仅仅是老牌企业，采取新模式的新企业也威力大显，其中离不开万维网这个无形的高手。十年前播下的种子开始发芽开花。对网络的狂热也许已经消退，但20世纪90年代的疯狂中最令人匪夷所思的事情——网上宠物食品零售业，依然给几个竞争企业带来了不菲的利润。

但在过去十多年出现的一些新模式也不仅仅是简单的网络零售(e-tailing)。想想这些家喻户晓的名字——Expedia、eBay、谷歌——所体现出的新商业业态。有些行业专注于"信息控制"，也就是控制客户需要、供应商想获取的信息，这些行业最先进入了无形经济。这在旅游行业反映得最为真切。Expedia是最著名的在线预订旅行的网站之一，1996年启动，2002年开始盈利，比预定时间提前了一年。此外，和其他网上宠物食品经销公司一样，Expedia主要为现有的产品和服务建立新的销售渠道。

与此同时，全新的无形市场已经建立起来。eBay 的主要业务是对大部分传统的商品和服务进行交易，但在网上进行这项业务却为买卖双方创造了一个全新的虚拟市场——"全球跳蚤市场。"eBay 建起了一个动态市场，商品种类丰富，它能让卖方进入一个可信赖的全球"消费社区"，能让买方买到几乎能够想象出的任何东西（包括一些与众不同或颇具争议的商品，如用来移植的人的肾脏，"不可思议的"已经烤制 10 年的带有圣母玛利亚肖像的奶酪三明治）。这种经销方式也给购买增加了竞争元素，因为买方竞相在合适的时间争取最好的价位。

谷歌代表了一种更为激进的发展模式：运用极其复杂的（无形的）软件把以前不存在的全新服务免费提供给任何地方的任何一个人，也就是让用户获取任何主题的各类（无形的）信息，并且通过在数百万互联网用户中收集（无形的）信息来对它们进行排序。在适当时候，谷歌通过把用户的（无形）关注力"销售"给那些愿意购买的人来获得收入。2004 年，因为上市需要，谷歌公布了其财务数据，很多分析家才惊讶地发现，这种业务竟如此充满活力。建立于 1998 年的谷歌从 2001 年开始盈利，即便它的业务扩展到新的领域，公司也依然获利颇丰；2005 年第一季度的收入达到了 13 亿美元。

/ 网络连接革命 /

促进无形经济发展的另一个因素是互联网的质量和不断提高的速度。人们关注很长时间的"宽带革命"正在如火如荼地进行，把更加快速的下载业务和一直在线的服务提供给越来越多的互联网用户。2005 年 3 月，宽带用户超过了 1.5 亿，与 2004 年初相比，增加了 5 100 万户。预计到 2009 年超过 4 亿户。超过 51％的美国家庭都拥有宽带互联网，而一年前是 38％。这个增长速度不会降下来，到 2009 年，美国的宽带用户有望突破 2.28 亿户，相比之下，2003 年才有 8 100 万户。提速的还有宽带自己。在未来几年内，美国的宽带速度有望从现在的 1.5Mbps～3Mbps提高到 25Mbps——这个天文般的增速幅度能够支撑所有更新、更大、更快的交互功能，包括新形式的"富媒体"（rich media）和数字录像。随着宽带的提速和范围扩大，它将继续推动各种新生事物的发展，也将继续改变和拓展我们与无形经济的关系。

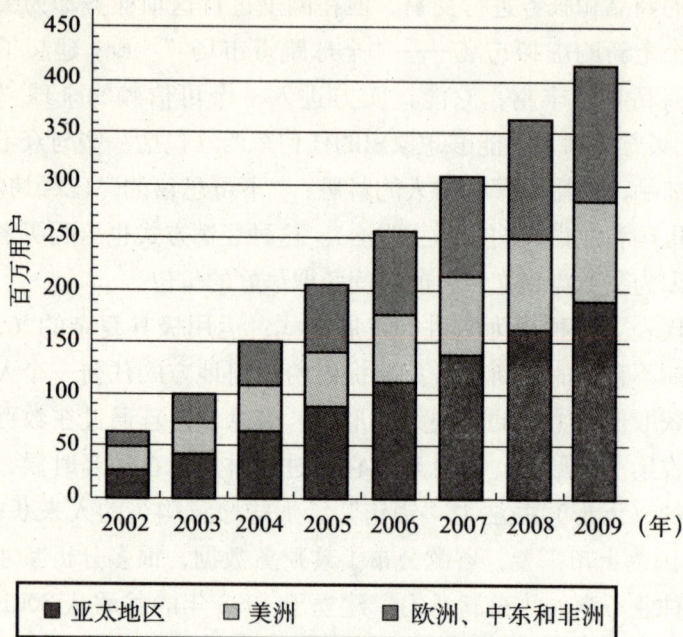

在地理区域上宽带用户的分布情况

资料来源：IMS Research. Reprinted by permission.

实际上，一些评论家认为互联网将很快达到"拐点"，高速宽带的使用更加深入，足以改变我们对互联网的看法和使用互联网的方式。"佩尤互联网和美国人生活项目"（Pew Internet and American Life Project）认为，我们将很快看到"宽带生活方式"的兴起，网上娱乐和购物日益重要，新商业模式进一步拓展互联网在商业和文化方面的潜在价值。正如我的同事安德鲁·布劳（Andrew Blau）说的那样："宽带的广泛应用——尤其在有经济实力的群体中，如家庭收入比较高的人群，或者年轻、受过良好教育的人群——将反过来影响企业的决策，企业由此做出的决策将会影响市场的未来，而这个市场正是建立在普及的高速互联网接入的假设之上的。"如果说 20 世纪 90 年代末是新技术爆炸的时代，是关于如何创造性地使用新技术的梦想时代，那么 21 世纪则是利用技术、把思想转化成实践、创造真正价值、赚钱的时代。

这种现象不仅仅在美国存在。仅在中国就有 9 400 万互联网用户，其中几乎有一半是宽带用户。新出现的联络方式如电子邮件、无线电话为全世界创造了更多的机会，使一些比较贫穷的国家也能够享受到"基础设施的跳跃发展"，有些发展还超越了较富裕的国家。仅仅是移动通信业的发展就令人震惊。1991 年，世界上只有 0.2％的人口有移动电话，截至 2004 年底，移动电话的用户达到 15 亿人，大约占世界人口的 1/4。

移动通信业在非洲

2003 年末，非洲每 100 位居民中就有 6.1 人是手机用户，与之相比，每 100 人中仅有 3 个固定电话用户。在世界的其他地区，手机的普及率要远远高于非洲——在亚洲，每 100 人中有 15 人是手机用户，美国有 48.8 人，欧洲有 55 人。即便如此，2003 年末非洲拥有 5 180 万个手机用户，5 年内增加了 10 倍之多。实际接触移动通信业的人要远远超过上面这个数字，因为每部手机和每个注册信息背后有很多的实际使用者。

资料来源："Africa：The Impact of Mobile Phones，"The Vodafone Policy Paper Series，March 2005. Reprinted by Permission of Vodafone Group. Copyright © 2005 Vodafone Group.

/ 新社区 /

无形技术也和人类价值观相互交叉，具体来说，无形技术融进了人类希望"有所属"的基本愿望。因此，我们看到社会关系出现了变化，涌现了"无形社区"，而社区成员从未谋面，也许永远不会见面。很多这类社区完全是用来社交的，创造出新的、意想不到的价值观、优先权和行为。短信在青年人中成为一种新的重要的沟通方式，并且创造出全新的语言（甚至课后作业有时也会出现即时短信中常见的简化语法和大量缩写）。

> 我们现在进入了社会软件开发的黄金时代……由此产生的新产品正在建立人类联系的强化网络，真正的社会网络。
>
> ——克莱·舍基（Clay Shirky），互联网倡导者
>
> 资料来源：*What's Next?: Exploring the New Terrain for Business*，Eamonn Kelly et al.

撰写博客，也就是维护一份大家都可以阅读的在线日记，成为颇受欢迎的自我表达形式，同时这种形式还有助于社区的建立。2004 年，仅在美国就有 800 万人建立了自己的博客，1 400 万人对别人的博客进行评论或者表达想法；3 200 万美国人是博客的定期读者。聊天室这个无形世界也产生了新形式的沟通、新语言，甚至是新型的关系。

无形社区的出现也带来了其他引人注目的后果。例如，持续蔓延的"开源代码"方法正在制造新的"生产社区"。今天，开源代码主要指免费软件，以及免费公开该应用程序的源程序代码，别人可以对获得的源程序代码进行改进。开源代码利用了数以千计的贡献者的精力和才智，创造出的产品往往优于传统商业企业开发的产品。最著名的例子就是 Linux，这是一家和微软视窗竞争的运行系统，它已拥有几千万用户。但正如我的同事，《开源代码的成功》（The Success of Open Source）的作者史蒂文·韦伯（Steven Weber）说的那样：这个概念注定也会改变其他行业，因为"它以一种全新的形式把人们组织起来，在知识经济中去创造复杂的产品"。这种共同创造的趋势现在开始在很多领域里出现，如生物技术研究和音乐创作。在未来十年，我们有望看到开源代码摆脱软件领域，开始在商务的很多方面起到改造作用。

技术创造了新的沟通和合作方式，也产生了新形式的激进主义和"实时"民主，其他社会行为和社会力量也将随之发生变化。霍华德·莱因格德（Howard Rheingold）描述了一种新现象，他称之为"智能暴民"，通过运用新技术，"这些人即使互相不认识也能在音乐会上配合表演"。他举了一个近年发生在菲律宾的例子，数百万民众发生暴乱，迫使约瑟夫·埃斯特拉达（Joseph Estrada）总统辞职，这些抗议活动完全是通过短信进行组织和协调的。把这个现象和基于互联网的倡议组织——

如 Moveon. org 和有望成为总统的霍华德·迪恩（Howard Dean）取得
的"闪电基金"——的势力联系起来，无形社区日益增长的势力变得更
加明显。

用来说明虚拟创造空间推动新社区和网络发展的最显著的例子就是
网络游戏。网络游戏在美国已经是一个繁荣的行业，在亚洲这个行业的
规模更大。到 2009 年，网络游戏市场可达 98 亿美元，是 2003 年的 4 倍
多。几乎一半的收入来自亚太市场，包括韩国、中国台湾、日本和中国
大陆，其中，中国到 2007 年会成为最大的网络游戏市场。

全球网络游戏

📷 韩国有 2.8 万多个网络游戏室，每 1 700 名韩国人就有一个。

📷 中国和韩国共有 4 000 万人注册网络游戏 "Mu"，任何时候都
平均有 50 万人在线网游。

📷 "美国军队"是一个战斗题材的网络游戏，于 2002 年设计并
初次作为美国军队招募新兵的手段而传播开来，现在拥有 500 多万个
注册用户；它是世界上流行程度排名第三的网络游戏。

📷 2003 年，泰国对网络游戏实行了宵禁，从晚上 10 点到第二天
早上 6 点，根据泰国专家的说法，目的是防止对韩国角色扮演的游戏
"仙境传说"（Ragnarok）的"上瘾"。这个游戏在泰国有 60 多万注册
用户，其中大部分是儿童。

资料来源：CNet News；America's Army website；GovExec. com；BBC News.

在像 EverQuest 和 Ultima Online 这样的游戏里，玩家可以占领虚拟
世界，创造并获得（虚拟）财产和稀有（虚拟）物品，他们通常需要在
此花费大量时间。与此同时，出现了购买和销售这些完全无形的"物
品"——力量、城堡、武器等——的大型真实市场。每周 eBay 都进行
2.8 万次虚拟商品的交易，总价值超过 50 万美元。《金融时报》（*Finan-
cial Times*）报道说："这些游戏里使用的货币也可以买卖。一组 10 万个
norrathian platinum 币（EverQuest 网络游戏里使用的货币）在 eBay 上
售价是 65 美元，意味着兑换率略大于 1 538∶1。"《金融时报》运用
EverQuest 在 eBay 上的销售额数据计算了 Norrath 虚拟世界的人均

GDP，每人 2 266 美元，这样 Norrath 足以成为世界上第 77 个最富裕的国家。

/ 新的经济挑战 /

显然，向无形经济的转变已经创造了很多新机遇。与此同时，它也给很多传统企业的经济模式带来了严峻挑战。最明显的例子就是 Napster 和其他文件共享服务给音乐界和娱乐业带来的问题，无论进行怎样的管理，无论它们的自我约束水平有多高，新技术总会对知识产权的传统观念提出严峻挑战，并且导致新商业模式的出现。这在互联网发展初期已经有所显现，当时常常把互联网称为新"礼物经济"的中心，也就是说，在互联网的世界里，人们可以相互帮助，但不存在经济收益。无所不在的互联网会继续破坏这种"生产—交易"的传统经济模式。

无形的未来世界依然在演变，当我们走到那个未来的前沿时，面临的经济挑战不仅仅是解决商业化问题。随着信息的扩散与流动，它加剧了竞争压力，加快了创新周期的速度，减少了很多商品和服务的半衰期，使最智能产品也快速实现了商业化。随着保障成功的资产变得日益无形，也日益依赖于关系而非所有权，企业战略也要求更加智能和更加灵活。我们将继续生活在无形世界里，但它蕴含的意义却刚刚引起我们的关注。

⬤ 有形经济

通往成功的道路总在修建中。
——莉莉·汤姆林（Lily Tomlin）

新技术和网络连通使无形经济得以运行，不过它们也有有形的基础结构，我们未来所面临的变化将对已经不堪重负的"有形"基础设施造成更大的压力，而这些基础设施为无形经济的运行提供了支持。经济发展从来不是从一个现实直接转到另一个现实，相反，它是一个演化过程，在此过程中，新秩序从前一个秩序中脱胎而来。就拿农业来说，尽管在工业革命 200 年后，它在经济活动和财富中所占的比例小了很多，但它今天依然是重要的行业。同样，有形世界——生产的产品、自然资源，各个行业的有形资产——在未来十年不仅依然重要，而且越发重要，并且也是优先考虑的事情。这在物质基础设施上体现得更加真切，因为基础设施对投资、创新和生活质量都有重大影响。没有基础设施，无形经济和它所有的美好未来也将戛然而止。

/ 发达国家的基础设施：前面是完美的风暴/

发达国家的人们对生活质量有很高的预期。物质基础设施——包括运输、健康、教育、水和能源——是高质量生活的核心因素。此外，当今的全球经济在很大程度上依靠发达世界的物质基础设施；其各个组成部分切实保证了商品和服务的国际流通。我们往往想当然地认为这个关键的基础设施会一直在那，也会不断发展和改善。然而，现在几个因素导致的巨大变动可能会否定我们的想法。

第一个因素很简单：即使很多基础物质系统——公路、航空和电网——都到了承载力的极限，我们对速度和效率的期望值依然会越来越高。第二，对安全提出了更高的要求，这需要发达国家改进现有的基础设施以符合新标准，这个过程耗资是巨大的。美国政府计划在 2006 年投入 1.5 亿美元来提高全国 350 个港口的安全级别，相对于一年的国土安全预算（包括大量机场改建工程，有望达到 47 亿美元），这个数字小多了。第三，对年久失修的基础设施进行维修是一项艰巨的任务。伦敦的地铁依旧在 19 世纪 60 年代建造的轨道中穿行。美国有 1.6 万个污水处理系统，很多已有百年历史了，其中有大量的水处理设备已经远远超出了它们的使用年限；美国 1/3 的桥梁不是已经毁坏就是差得不能通车了。然而，美国人对这些设施的使用量越来越大，基本的维修工作也难以进行。我们的很多设施都是全天候运行，找出维修的时间也越来越难。

2005 年美国基础设施成绩报告单

航空	D+
桥梁	C
大坝	D
饮用水	D—
能源	D
有害废物	D
可航行的水道	D—
公园和公共娱乐设施	C—
铁路	C—
公路	D
学校	D
固体废物	C+
运输	D+
污水	D—
美国基础设施 G. P. A. ＝D 总投资需求：1.6 万亿美元（预计 5 年的需要） 成绩划分：A＝优秀，B＝良好，C＝中等，D＝差，F＝不及格	

资料来源：American Society of Civil Engineers（ASCE）. Reprinted by permission of ASCE.

是对旧设施进行修补，还是彻底翻新，这也是一个进退两难的问题。比如说，随着教育和医疗变得越来越分散和"远程"，需要对学校和医院进行再投资的性质变得不那么直接了，由此常常造成投资迟迟不到位，设施也因此日益破败。最后一个也许也是最重要的，公众不愿意对没有明显出现问题的设施进行投资，而公共政策决策者常常顺从民意，因此无法解决迫在眉睫的问题，有时甚至都意识不到。与此同时，对高速公路、学校、机场、公路、海港和医院的使用量不断增加，普遍感到压力越来越大，此外，投资不足、自然老化的现象也很突出。实行私有化或许有助于缓解最糟糕的状况，但几乎从来未曾解决深层次的系统问题。长此以往，基础设施的情况将越来越令人担忧。

新的基础设施永远都无法建成

大规模基础设施项目做起来越来越难，同时也需要巨大的开支：

🔲 丹佛国际机场耗资 49 亿美元。它于 1995 年 2 月开放，比原计划拖延了 2 年时间，超出预算 3 亿美元。它是美国在 20 年里兴建的第一个大型机场。

   🖻 重建旧金山海湾大桥东跨被证明是加州历史上费用最高的建设项目。现在的预算是 55 亿美元，比最初估计的费用多 30 亿美元。工程有望在 2011 年完成，比原计划晚了 4 年。

   🖻 纽约城第三输水隧道工程建设已经 30 年了。到 2020 年竣工时，隧道将耗资 60 亿美元，建造时间为半个世纪。

   资料来源：Autodesk；*The San Diego Union-Tribune*；*Newsday*.

据美国土木工程协会（ASCE）估计，未来五年美国需要投入 1.6 万亿美元把基础设施的状况提高到可接受的水平。可以理解，人们不愿进行这么大的投入，但当基础设施超过了预定负荷，而且达到了"引爆点"，那么拥堵、事故、瘫痪与性能失常的发生频率会越来越高，规模会越来越大，也越来越明显。只有到那时，基础设施不断增多的缺陷才能被重视。

/ 无形经济拯救有形经济 /

如果过分强调经济增长的动力在很大程度上来自无形价值，我们便容易忽略迫在眉睫的基础设施问题。不过，要想找到解决这个问题的新手段，推动无形经济发展的技术也是非常重要的。也许最典型的例子是北美电网的延期升级改造项目。2003 年这个项目没有成功，于是美国东北部和加拿大南部的大片地区实行了拉闸限电，结果使 5 000 万人陷入黑暗之中。布什总统把这个事件恰当地形容为一个"叫醒电话"，称目前的电网已经"陈旧"。不过，新技术可以帮助电网以较为智能的方式运行。新技术包括让电网不间断保持通信通畅的分布式传感器，处理信息和保持电网平衡的软件，以及和能把发电量从电网的一部分转移到另一部分的快速数字化电闸，这些技术结合在一起，使得系统的适应性更强。用长岛电力局副局长的话说，这将让电网有效地"自我恢复功能"。

我们希望看到新经济技术在挽救旧经济方面有更多的成功范例，我们对此也应该给予鼓励。新材料技术和感应系统能给遗留问题提供"智能"新方法。比如，建筑公司已经能把装有微型传感器的"智能鹅卵石"镶嵌在水泥里，传感器能报告周围的水泥状况，在水泥塌陷之前发出警报，这个技术使维护和保养既便宜又有效。我们将在未来看到越来越多类似的情况，投资于智能基础设施将极大延长物质世界的寿命。

此外，新技术也能让现有设施应对更大的流量和负荷，尤其在交通和旅行方面。在洛杉矶有一个实验公交车车队，配备了和城市的交通控制系统包括红绿灯相通的传感器，以便让公交车运行更加通畅，提高车辆在街道上的通过速度。结果，车辆的运行时间缩短了25%，交通系统的可靠性和承载能力也有所提高。另一个与"动态定价"相关的重要创新是使用高速公路的特殊车道。在圣迭戈和明尼阿波利斯，某些特定的车道被称为"热车道"，装有交通传感器，能够识读拥堵和延误的实时情况。路边的大屏幕显示出使用这些特殊快速车道的价格变化，当价格和方便的比率以及它们之间的权衡取舍达到他们自己想要的水平时，司机可以选择进入（通过镶嵌在挡风玻璃上的装置进行电子付款）。这个措施的净效应是使总体交通流更加通畅，给那些愿意付费的人提供实时的有利条件。

/ 谁负责，又由谁付费 /

基础设施确实需要升级改造，这一点越来越明显，而能够做到这一点的技术也日趋成熟，即便如此，义务和资金问题却越发让人恼火，政治压力也越来越大，这个问题在发达国家尤其严重。这些不确定因素毫无疑问会减慢这些系统智能化的投资速度。2003年发生大断电之后，谁来为整个电网的状况负责，显然无人知晓。再举个例子。英国铁路系统实行私有化就造成了长期的混乱状况。20世纪90年代中期，英国政府把铁路系统的责任分给了不同的公共部门和私营企业。有些负责经营火车服务，另外一些负责铁轨维护，很多政府部门主管安全、合规和效率。这个政策造成了大规模的混乱，激发了对立情绪，也间接导致了一系列致命事故的发生。

谁为基础设施投资注资的问题也同样棘手。政府的税收通常是支付公共产品的最有效途径。但这个办法遭到了一些人的激烈反对，那些人

喜欢精简的政府，低税率，他们认为应该由使用者承担主要费用。为了
实现这一点，可以运用先进技术让政府度量出我们用了多少公路、桥梁
和其他基础设施，然后相应地收费。

改善物质基础设施意味着在税收和私人投资、集体责任和个人责任
之间不断产生矛盾。为了将个人资助的好处和明确的责任结合在一起，
新的解决办法还在不断探索之中。有些人提倡比较激进的私有化，而另
一些人则倾向共同融资的方式，如发行债券，或者像英国那样实行私人
筹资计划，把建设项目的很多风险从公共部门转移到私人部门。无论这
些争论会得到怎样的解决，我们将会看到，基础设施的投资问题在未来
十年成为政治不确定性中越来越关键的一环。

/ 发展中世界：跳跃式发展，还是发展滞后 /

在发展中国家，遗留的基础设施问题相对较少，这似乎给它们提供
了一些令人兴奋的发展机遇，尤其在电信领域。在很多国家，移动电话
在很大程度上已经超过了传统的固定电话。但如果考虑需要大规模建设
基础设施进行追赶这个事实，这种"跳跃式"发展的机遇还是很有限的。
很多发展中国家面临的挑战是几乎从头开始建设基础设施，有时候是在
自然灾害之后或者在冲突造成破坏的基础上重建最基本的设施。根据世
界银行的估计，在未来五年，发展中国家平均需要把 5.5% 的 GDP 投在
基础设施的建设和维护上，总金额达到 4 650 亿美元。

毫无疑问，规模如此之大、费用如此之高的项目会推动创新和实验，
而且有很大的机会取得成功，我们是为了新的世纪，而不是为了 20 世纪
而建造这些项目。不过，为了满足不断变化的需要，建设、维护和翻新
基础设施所面临的挑战不容低估，未来十年，很多发展中国家将会深切
体会到这种挑战。

这个问题在中国和印度都很明显，尽管这两个国家得到的经验教训
不尽相同。中国大力发展基础设施已有 20 年，这既是其经济持续发展的
原因，也是经济持续发展的结果。中国很多地方的环境都发生了变化。
在北京，建设如此之快，环境变化如此剧烈，以至于市政府网站提醒访
问者应该只使用最新的地图以防迷路。如此持续大规模的投资给社会带

来了剧变，这完全可以在北京这座城市中体现出来。在北京这个拥有千万人口的城市里，生活和工作着130万外地建筑工人。这种快速的工业化和现代化也给环境造成了巨大压力。

与此同时，中国在基础设施上的投资也带来了其他后果，包括对全球资源价格的影响，自相矛盾的是，随着新能源的需求得不到满足，新基础设施的数量依然短缺。20世纪80年代末以来，中国一直是世界上最大的水泥用户。迄今为止，它也是钢材的最大生产国和进口国，占全球钢材消费量的1/3。此外，对于其他许多商品，中国也是需求增长最快的国家，这给全世界的商品价格和供应带来了压力。

美国和中国对重要资源和消费品的年均消费和使用情况

商品	中国	美国
谷物（百万吨，2004年）	382	278
肉类（百万吨，2004年）	63	37
石油（百万桶每天，2004年）	7	20
煤炭（百万油当量吨，2004年）	800	574
钢材（百万吨，2003年）	258	104
化肥（百万吨，2003年）	40	20
手机（在使用的有百万部，2003年）	269	159
电视（在使用的有百万台，2000年）	374	243
个人电脑（在使用的有百万台，2002年）	36	190
轿车（在使用的有百万辆，2003年）	24	226

资料来源：Lester R. Brown, "China Replacing the United States as World's Leading Consumer," Earth Policy Institute, February 16, 2005. Reprinted by permission of the Earth Policy Institute (www. earth-policy. org).

中国在基础设施的扩展上进行了如此大规模的投资，正是因为这个原因，中国现在面临能源短缺问题。中国对能源的需求非常大，仅次于美国，是世界第二大能源消费国，尽管中国的人均能源使用量仅占美国的10%。这种需求超出了现有能源基础设施的承受能力，特别是新项目上马时没有考虑到能源供应问题，使得这种形势更加严峻。电力供应满足不了需求；能源效率低下的工厂已经关闭；公共场所的空调温度已经做了调整；为了降低温度，开始实行人工降雨——所有这些措施都是为了在全国面临能源紧张的情况下让电网保持运转。用途广泛但效率很差的移动式柴油发动机在很多地方缓解了动力不足的问题，但也进一步破坏了环境，提高了燃料价格。

如果其他发展中国家步中国后尘，怎么办呢？这是我们未来十年面临的迫切问题，通过密切关注印度，我们能够早点得到答案的提示。在过去的 20 年间，印度在基础设施方面的投资和开发相比中国要谨慎得多。然而，糟糕的公路、匮乏的能源供应、拥堵的交通状况、紧张的商业用地和住房面积都日趋成为持续发展的障碍。这些问题在印度的某些地方如班加罗尔表现得非常明显，而令人难以理解的是，正是那些地方在利用无形经济的发展所带来的机遇方面表现得最为成功。那里已经成为了高端外包业的中心，然而它们在有形基础设施上的投资却非常匮乏，这一点与它们在无形经济中的成功不相匹配。实际上，一些对那些地区感兴趣的西方企业已经自行投资兴建住房、交通和娱乐设施，甚至投资兴建了电信设施。但这些措施只是杯水车薪，在未来十年，印度有望成为发展中国家大规模投资兴建基础设施的先锋。

/ 水的问题 /

在面临的所有基础设施的挑战中，最严峻的是水的问题。这不是一个新问题，但它越来越突出。在 1900—1995 年间，全球对水的消费已经增加了 6 倍，比人口增长率高 2 倍。今天，世界人口是 1900 年的 4 倍，却消费了 9 倍多的水。引起与水相关的问题的因素很多，包括灌溉（占全球淡水用量的 70%），人口增长，气候变化引起不稳定的降雨模式，对地下水长期竭泽而渔式的开采利用所带来的累积效应。

联合国与生命之水

对水的需求在不断增加。预见到了全球发生的水危机，联合国大会宣布 2005—2015 年是"国际行动十年——生命之水"。这十年的目标是"更加关注与水有关的问题，强调女性是水的管理者，她们应该帮助实现与水相关的共同的国际目标"。其中的主要目标是，通过十年的努力，于 2015 年之前在世界范围内，将无法享用安全的引用水以及无法享受基本卫生条件的人口减少一半，并把 2005 年 3 月 22 日定为"世界水日"，由此拉开了这十年的序幕。

　　根据世界卫生组织公布的数据，现在有 10 多亿人缺乏安全的饮用水，几乎有 25 亿人缺乏足够的卫生条件。每年有 500 万儿童死于与脏水有关的疾病。在非洲的很多地区、巴基斯坦和印度的部分地区、中国北方和中东地区，还有美国，地下水位在下降。世界资源研究所（World Resources Institute）将水称为"世界上最迫切的资源问题"，当联合国教科文组织（UNESCO）总干事谈到"迫在眉睫的水危机"时说，"21世纪的战争是为水而战"。事实上，已经发生了这样的情况，水纠纷导致了暴力冲突和长期的地区争端，如印度河和幼发拉底河早已成为被争夺的水源。这个问题在短期内找不到简单有效的解决办法。

　　2025 年的水

　　全球的淡水消费在 1900—1995 年间增长了 6 倍，比人口增长率高 2 倍。大约有 1/3 的世界人口生活在"缺水"国家，也就是，消费超出总供给的 10%。如果目前的这种趋势继续发展下去，到 2025 年，地球上 2/3 的人口将生活在这种条件下。

　　　　　　——科菲·安南，"我们各国人民联合起来"，2000
　　■ 1989 年可供人类使用的水是：每人 9 000 立方米。
　　■ 2025 年可供人类使用的水是：每人 5 100 立方米。
　　■ 截至 2025 年，几乎有 2.3 亿非洲人面临水短缺；4.6 亿人将生活在缺水的国家。
　　■ 截至 2025 年，城市用水将比现在多出 1.5 倍。
　　■ 截至 2025 年，中国的工业用水将从 520 亿吨上升到 2 690 亿吨。

　　资料来源："We the Peoples：The Role of the United Nations in the 21st Century," Millennium Report issued by Kofi Annan in April 2000; United Nations Development Programme.

　　针对水问题在基础设施上有所行动是必要的。然而，这些建设项目常常带来事与愿违的后果。比如说，大坝会对周边地区造成破坏，剥夺下游居民的用水。西班牙有一个极其宏伟的规划，通过一个从北至东南干旱地区的渠道让埃布罗河改道，但在 2004 年，这个计划被推迟了，部

分原因是费用太高，另一个原因是，这么做将不可避免地摧毁湿地，将
必然给比利牛斯山的很多峡谷和村庄造成洪涝灾害。

在与水有关的问题上，我们将会看到三件事情在未来会日益凸显重
要性。其一，更好地保护水资源，尤其是美国。其二，发展小规模的地
方解决水需求的办法，并提供资金。其三，我们将会看到对新技术更多
的投资，从而以廉价、安全和可持续的方式改善水质。

无形经济的增长对世界的很多国家来说是一个重要机遇。在网络经
济中，工作具有很强的流动性，这给发达世界内部的某些部门和职业带
来同样的挑战。对物质基础设施的需求日益旺盛，而且也很普遍，这也
产生了经济和商业机遇。这些因素将会促成未来十年全球兴衰的新模式，
我们将在下一章讨论这一内容。

第 6 章　繁荣与衰落

未来十年，全球经济会得到快速发展，这将在全球范围内产生不同的甚至看起来是相互矛盾的经济形势。市场经济日益普及，新成员的加入带来新变化，都将给大众带来新的繁荣与机遇，自由贸易的支持者将专注于这些积极发展的方面。然而，这种经济动态也会造成摩擦。世界的一些地区肯定会出现衰退，特别是那些遭受冲突、腐败、疾病和环境灾难打击的地区。随着全球通信业的发展，地球变得越来越小，很多发展中国家的人们将逐渐意识到自己相对贫困的状况。对欧洲和北美的很多民众来说，相对衰落也是一个严峻现实。

⚫ 繁荣

上层阶级只是国家的过去。　中产阶级才是国家的未来。

——艾恩·兰德（Ayn Rand）

追求繁荣——常常过于简单地用国内生产总值的标准来衡量——是世界很多国家在和平时期优先考虑的问题。20 世纪，经济取得了极大进步；一个世纪的全球经济产量超过了以往人类历史的总产量。但大部分经济的快速增长发生在发达国家，由此产生了财富与消费上前所未有的

巨大差距。500 年前，全球财富的分配要均衡得多。那时，"新世界"还
没有稳定，中国和印度的平均收入和西欧国家的水平大致持平，而中东
则毫无疑问是地球上最富裕的地区。即使在 18 世纪末，崛起的欧洲国家
人均收入也只比当时世界上最穷地区多一倍。200 年后的情况与此之前
形成了鲜明的对比。截至 1973 年，富国与穷国之间的贫富差距已经扩大
到 44：1；到 1992 年，更是扩大到 72：1。

深层时间的经济增长

年度	人口（百万）	人均 GDP
一5000	5	$ 130
一1000	50	$ 160
1	170	$ 135
1000	265	$ 165
1500	425	$ 175
1800	900	$ 250
1900	1 625	$ 850
1950	2 515	$ 2 030
1975	4 080	$ 4 640
2000	6 120	$ 8 175

注：在一2000 年国际美元。

资料来源：Bradford DeLong, *Macroeconomics* （New York：McGraw-Hill，2004）Data from DeLong's estimates and from Joel Cohen, *How Many People Can the Earth Support?* （New York：Norton，1995）. Reprinted by permission of Bradford DeLong.

/ 普遍繁荣但差距加大 /

差距加大的原因是很直观的。在最近这几百年中，欧洲和西方世界
发展并完善了现代资本主义经济体系，这种建立在市场基础上的体系有
着牢固的财产权、相对开放的贸易、创新的技术、普及的教育、高效的
资本分配机制和明确的法律体系。发达国家制定了全球经济的游戏规则
（并通过帝国的力量在 19 世纪引入世界），所以，它们在这个游戏的第一
个百年里享受到了空前的成功并不令人感到意外。可如今，发达国家和
地区与欠发达国家和地区之间的贫富差距令人震惊，但这并不是不可避
免的，也不是注定就是这样的。相对而言，如此大的差距是新现象，这
是我们未曾预期，也无法容忍的。

（美元）

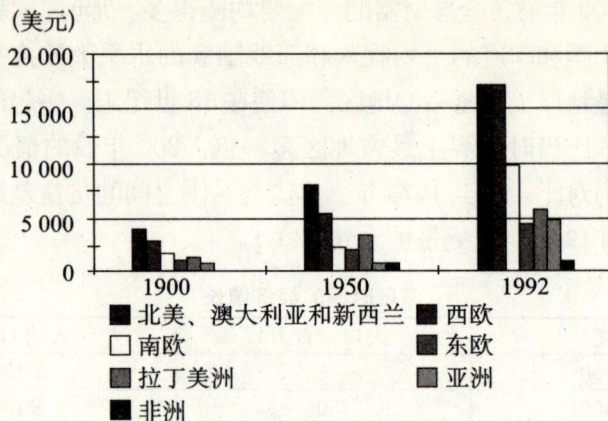

1900—1992 年人均 GDP

资料来源：Maddison. A.，"Development Centre Studies Monitoring the World Economy
1820-1992." Copyright © OECD 1995. Reprinted by permission.

世界贫富差距加大，这使很多人对经济全球化和自由市场贸易带来的道德规范和可持续性提出了质疑。然而，实际情况比看起来要复杂得多。当富国越来越富时，世界上很多比较贫穷的地方也在进步，其中一些国家发展相当迅速。根据世界银行公布的资料，与全球经济接轨比较快的国家比那些接轨慢的国家发展快，其中，一些接轨慢的国家甚至出现了负增长。1997 年，朝鲜的人均 GDP 为 700 美元，而韩国是 13 590 美元；古巴为 3 100 美元，而墨西哥为 8 370 美元；俄罗斯下降到 4 370 美元，而芬兰为 20 150 美元。

另一个更加重要的因素是发展速度。在 20 世纪的大部分时期，富国的发展速度都比穷国快；1950—1992 年间，西欧的人均 GDP 翻了三番，而同时期的拉丁美洲仅增加了 70%。但在过去的 25 年间，发展中国家取得了最快的发展速度，尤其是世界上两个人口大国——中国和印度，两国的人口占世界总人口的 40%。

通过外国直接投资、贸易、侨汇和地方本土经济活动的共同作用，市场机制的影响力大幅提高；世界上越来越多的人参与进来，成为玩家和参与者，并享受市场经济带来的好处。尽管当今全球经济还存在着严重的缺陷和不平等，也存在着明显的脆弱性（贸易不平衡日益严重，油价越来越不稳定等），但全球贸易和市场原则依然是越来越多的国家走向繁荣的关键所在。越来越多的国家加入世贸组织（WTO），中国也不例外，于 2001 年成为世贸组织的成员国。穷国的消费者绕开国有电信垄断企业，转而追捧私营的移动电话企业。有 10 个国家在 2004 年加入了欧盟，10 个国家中有 8 个国家以前隶属于苏联集团。从斯洛文尼亚的卢布尔雅那到爱沙尼亚的塔林，贸易、投资、私有化，国家减少对经济的干预都构成了那个地区经济发展战略的基础。

市场经济将继续拓展规模，把目前处于全球经济边缘的地区和人们也包括进来。不过，西方的资本主义模式并不会所向披靡。在未来十年，以市场为导向的经济体制会被不断地调整，以适应特定区域的独特环境、文化和价值观。一种尺度不会适应所有人，市场力量在扩充的过程中会对不同的资本主义形式和模式进行进一步尝试，比如中国和印度以及其他大国，它们会在全球经济的演变过程中继续探索自己的独特定位，制定属于自己的游戏规则。

/ 变化的繁荣状态 /

最近几十年来，繁荣体现出的最大变化就是几个有影响力的大国与全球经济的关系比以前任何时候都密切，它们在经济上的表现非常突出。中国和印度理所当然是最抢眼的国家，不过，其他国家如巴西也参与了游戏，它们的经济增长也很迅速，且充满活力，国内消费市场不断扩大。根据高盛公司的分析，可以预见，这些低收入的大国在未来几十年的经济影响力将赶上美国、日本和欧洲，到 2040 年，中国将超过美国成为世界最大的经济体。

仅仅在 20 年前，这些新兴国家把外国直接投资（FDI）作为主要手段与全球经济体系联系在一起。这些外国直接投资主要进入了制造业，美国、日本和欧洲的大型企业利用当地廉价的劳动力，生产出低成本、价值相对低的产品和零部件。现在，这些国家依然积极鼓励和吸引外国直接投资来刺激增长，但它们不再依赖于此，它们与外国投资者的关系的本质正在发生变化。

印度开始将外国投资沿着价值链上移，从制造业转向高附加值的技术开发领域和服务业，中国也已开始这么做，但程度尚不及印度。印度说英语的人数比美国人和英国人的总和还多（至少有 3.5 亿人），因此，它在转型方面表现得特别成功，先是吸引基础软件开发，随后积极地进入通过客服热线进行的客服和销售领域，接着扩展到比较复杂的后台管理系统，如会计和人力资源系统。其下一步行动已经开始显露端倪。印度 IT 企业如 Tata，Infosys 和 Wipro 知道自己面临来自其他低廉技术劳动力国家如中国、俄罗斯等的成本竞争，因此，它们竭尽全力把自己打造成外国投资者的战略伙伴，提供如研发、战略 IT 咨询和产品开发等高附加值的服务。

与此同时，印度的外包行业也在价值链上向一些意想不到的方向前进。在过去 5 年左右的时间里，很多外国患者——生病、需要手术或者需要其他治疗的人到印度就医，因为西方的医疗费用比印度高很多，有的甚至看不起病。在美国，冠状动脉旁通接合手术的费用是 9.8 万美元，而印度只有 8 000 美元，费用不及美国的 1/10。在美国，心脏超音波检查每次收费 800 美元，而在印度，对患者的收费只是 800 卢比，相当于 18 美元。随着美国医疗费用的上涨、英国公费医疗服务等待时间过长或者耽搁治疗，很多潜在的患者到印度（和其他发展很快的国家，如泰国和马来西亚）寻求重症护理，尽管现在这样做的人还很少，这种现象却越来越普遍。印度对这种情况采取鼓励措施，新建医院，按照西方的标准对原有医院进行改造，给西方的潜在患者进行额外补贴，如到机场免费接送，提供星巴克咖啡。麦肯锡公司（McKinsey）的研究表明，外国人在印度就医每年能给医院带来 23 亿美元的收入。

这些不同的外包策略极有可能成功，主要是还有一个因素起着推动作用，那就是跨国公司抓住外包提供的新机遇，如 24 小时的运作。外包运动把公司的生产过程跨大洲、跨时区相互缠绕结合在一起，如此紧密，若想将来"解开"都很难，这绑住了外国投资者，他们可能会比较长久地留在此地。从前的跨国公司如今正成为真正的全球公司，这对那些中低收入的国家是有利的。在发达国家，这种现象让就业形势严峻起来，也让政治家们头痛。外包在美国和其他地方都是引人注目的新闻。评论家对此表示忧虑，他们哀叹大量的工作正"流失"到生产成本低廉、生产能力高、所处时区更方便的国家。随着重要、高附加值的工作不断外移，这个问题会变得越来越棘手，毫无疑问，这会刺激保护主义者的神经，从而让经济全球化的下一阶段更加扑朔迷离。

/ 人力资本和金融资本向国内回流/

另一种"外国"投资也有助于促进中国、印度和其他国家的经济发展，这就是人们在国外（主要是美国）学习或工作结束后带着资金和专长回到祖国。越来越多在西方接受训练的企业家选择回国进行第二次创业，很多在发达国家接受教育的学生希望把自己的技能应用在新兴国家快速发展的环境里。1978—2002年，大约有58万学生和学者离开中国到外国学习和开展研究工作。一系列的激励措施，如给他们创业提供特殊基金等，吸引16万人回国。其中超过1.5万人在100多个高新园区工作，这是政府专为归国的海外科学家和学者创办企业而设的。这些园区里有6 000多家企业，给中国经济创造的价值估计有39亿美元。现在有80%在美国留学的中国学生说他们愿意学成回国，而在过去，很多人更愿意去硅谷工作。这些归国人员被称为"海龟"，这种动物每年都要定期回到同一海滩产卵。这些人正帮助中国迅速提高技术优势。

墨西哥的侨汇

在2000年的人口普查中，拉丁美裔成为美国最大的少数族裔，其中墨西哥移民和墨裔美国人占了其中的2/3。每月，那些在美国工作的勤劳的墨西哥人向国境那边的家乡汇出数百万张汇款单，每笔平均200美元。这些汇款每年总计93亿多美元，几乎占汇往拉丁美洲和加勒比海地区侨汇总额230亿美元的一半。墨西哥有1亿人口，侨汇总额与拥有10亿人口的印度一样多。事实上，侨汇是墨西哥第三大收入来源，仅次于石油出口和旅游业。在萨卡特卡斯州和米切沃肯州以及墨西哥的其他农村地区，侨汇超过了地方政府和州政府的预算。

——Xochitl Bada，社会学家

资料来源："Mexican Hometown Associations," from the PSB show *P.O.V.*

/ 挑战规则 /

　　高质量的生产能力、不断提高的提供高附加值的能力、资本和专长的回归，以及巨大的国内市场，所有这一切都保证中国和印度以及其他新兴国家在未来十年成为更富影响力的经济体。这些国家将不再遵循欧洲和北美制定的规则来参与竞争，而这预示着全世界的繁荣格局将会发生更加重大的变化。新兴国家会对这些规则发起强有力的挑战，开拓出适应它们独特的国家利益的新文化。

　　以巴西为例。作为一个拥有令人骄傲的遗产的大国，巴西把自己视为叛逆者，或者是各民族中的自由者。它准备向正统的市场体制发出挑战。面对不断上升的艾滋病感染率，巴西大胆地做出决定，打破大量艾滋病专用药物的专利权，自己生产价格低廉的药物。巴西对国际知识产权公约的藐视让很多发达国家的制药企业大为恼火，但巴西没有退却。1997年，它开始向所有公民免费发放抗逆转录病毒的药物。截至2000年，巴西的艾滋病死亡率下降了一半。这些令人瞩目的成果有力地证明了巴西的战略是正确的。

　　在过去十年间，中国和印度都经历了快速的经济发展，而没有全部照搬占主导地位的西方资本主义模式。中国废除了计划经济体制，实行了市场经济体制，成为世界上最大的制造中心。它在审慎鼓励国际贸易和投资的同时，也在保护国有企业，因为这些企业占领的主要是国内市场，此举力求把国内政治和社会矛盾降到最低程度。在未来十年，中国将把战略重点从低成本的制造业转移到发展更加迅速的创新领域，摆脱自己在价值链中低端、廉价的形象。2003年中国人登上了太空，这是一个生动的象征性信号，显示出中国要在未来成为领导的趋势。

中国的潜力

　　中国能释放出如此充满活力的市场力量，同时还能依然维护政治统治，人们不得不对此表示敬畏。

　　——奥维尔·谢尔（Orville Schell，中文名夏伟），中国问题专家

　　■ 中国是世界上最大、增长最快的手机市场。2004年7月，中国

拥有 3.102 亿个手机用户，比 2004 年 1 月增加了 4 030 万。到 2020
年，中国有望拥有 7.3 亿个手机用户。

　　在中国，中产阶级的人数为 1.1 亿人，大约占全国总人口的
19%。到 2020 年，这个数字有望升至 40%。

　　中国有 13 亿人，其中年龄在 24 岁以下的人口占一半以上。

　　成人文盲率从 1978 年的 37% 下降到 2002 年的 9%。

　　上海的一个商业园区共驻有 1 000 家软件企业，10 所国家生物
医学研究所，几家位于世界前 20 位的制药企业。

　　资料来源：Orville Schell；GlobalFluency；*China Daily*；BBC News；United
Nations Development Programme Human Development Index；*People's Daily*（Chi-
na）.

　　中国也比较谨慎，致力于 Linux 而不是采用微软平台，以免陷入专
有软件的标准和解决方案带来的麻烦。其中部分原因纯粹是出于经济方
面的考虑——调整、升级和创新系统的费用在有限许可模式下高得惊人，
所以它要积极寻找替代方法。此外，当国际模式对中国掌握自己命运、
发展自己体系的能力造成威胁时，中国的国家规模和实力使它可以对国
际模式视而不见。与巴西一样，中国正在考虑制定自己的标准和规则。

　　这具有重大意义，但很多发达国家对此并没有很好地理解。现在中
国正开始利用自己的规模和实力去积极挑战发达国家在全球经济中的统
治地位，尤其通过制定未来的全球技术标准。它正寻求在很多领域里制
定自己的新标准，包括 RFID 电子标签技术、蜂窝和移动技术以及像
DVD 这样的媒体产品。鉴于它所具有的规模、制造领域的统治地位和作
为出口国的影响力，中国的国家标准会轻松地成为国际标准，这给中国
提供了相对于世界其他国家而言的绝佳有利条件——而这些有利条件至
今几乎一直被发达国家所独享。

　　与中国相比，印度在利用自己的力量促进国家利益方面不会落得太
远。印度在 20 世纪末发展得十分迅速，这主要得益于政府规模和影响力
的降低以及致力于促进贸易的关税下调。接着，它十分明确地集中发展
几个知识密集型的关键行业，充分利用教育优势和流利的英语。印度现

已成为高端技术外包的目的地。这为精英阶层创造了繁荣的知识经济，也提高了整体的繁荣水平。不断壮大的中产阶级——在这个拥有 10 亿人口的国家里几乎有 3 亿中产阶级——极大地刺激了消费需求，使印度成为全球增长最快的电信市场，每个月新增上百万用户。

不过，印度也不可能沿着西方传统的技术开发道路前进。尽管有数百家西方企业把研究机构设在了印度，但印度正迅速成为低成本创新的领军人物。通过对全新产品的试验，印度企业家正向尖端产品和服务的领域迈进，他们瞄准的是低收入但技术先进的消费市场。印度的 Tata 集团正在研制一种小型汽车，售价为 2 200 美元，价格还不及以前印度最便宜的汽车的一半，它能被全国数千家特许经销商组装。其他技术还有低成本的白内障手术、基于 Linux 的手提电脑、假肢、不能篡改的电子投票机和网上教育项目。这些突破性技术提供的产品和服务十分适合印度的消费者，与西方企业提供的很多高成本的技术相比，它们被证明更具有吸引力和竞争力。

/ 吸引金字塔底层的人群 /

致力于满足世界贫困地区的需求的国家不仅仅限于印度。随着全球企业开始对亚洲、拉丁美洲和非洲市场给予特殊的考虑，这些国家都将从中受益。全世界有 40 亿人每日靠微薄的收入生活，他们本身就是一个巨大的市场，不应该被创新者和资本家所忽视。事实上，随着现有市场日趋成熟和饱和，这些作为未来消费者的边缘群体有着很大的发展前景。C. K. 普拉哈拉德 (C. K. Prahalad) 在其《金字塔底层的财富》[①] (The Fortune at the Bottom of the Pyramid) 一书中解释了这个观点，要求企业通过重新设计和重新思考核心设想来满足这个群体的需求，它们需要重新思考的不仅仅是商业理念，也包括对非西方市场的成见。

生产外包激发了创新。例如，美国的惠而浦公司 (Whirlpool) 发现，当它把生产能力转移到巴西和中国时，当地的设计者积极地对美国型号进行了调整以适应当地的需要。一个典型的例子是，该公司 2003 年

---

① 此书已由中国人民大学出版社 2005 年出版。——译者注

115 第 6 章
繁荣与衰落

投放市场的一款洗衣机号称世界上最便宜的自动洗衣机。这款洗衣机在巴西销量很好，2003 年巴西只有 1/3 的家庭拥有洗衣机（然而，洗衣机是低收入消费者的第二个渴望拥有的物件，仅次于手机）。惠而浦对自己的产品在其他地方立足也充满了信心，在中国、印度和其他人口众多的国家，洗衣机定价依然很高，仍被视为奢侈品。

另一个直接瞄准"金字塔底层"需求的企业是 Adaptive Eyecare 公司，这家英国企业有着简单、令人鼓舞的企业宗旨：给世界上 10 亿需要但买不起眼镜的人提供眼镜。视力测试以及根据相应个体视力问题对镜片进行研磨的整个诊断过程不仅耗时也很费钱。Adaptive Eyecare 公司通过巧妙的低端技术创新，用简单、不贵、人人可用的产品对这些过程进行了革新。公司制造出带有双层镜片的眼镜，镜片之间留有可变的空间，戴眼镜的人可以注入清澈的硅油。逐渐调整镜片之间的距离就可以起到调整镜片焦距的作用；戴眼镜的人可以注入硅油或者抽出硅油，直到看得最清楚，这个操作过程既包括诊断也包括生产，而且只需一分钟，结果也是完全可调的。其中最令人满意的是，每副眼镜的价格大约为 1 美元。

未来十年，我们可以看到更多类似的创新，通过对基本原理存在的问题进行重新思考，把产品和服务带给 40 亿生活在市场边缘的人们。为了让资本主义适应不断演变的全球经济体制，资本主义也在被改变，从而将出现更加注重不同文化和价值观的经营过程。

/ 再造资本主义 /

对资本主义的调整过程肯定要包括调整市场模式，好让那些难以爬上成长和发展第一级阶梯的人们受益。有时，这将意味着以全新的角度来看待资本主义的基本构建成分。

秘鲁经济学家赫南多·迪索托（Hernando de Soto）在《资本的秘密》（The Mystery of Capital）一书中指出，西方逐渐发展了一张无计划、看不见但必要的法律、期望、权力和关系的网，用以支持财产权，从而使我们现在了解的资本主义成为可能。然而，在很多发展中国家，资本主义制度的关键要素并不存在——鉴于多数西方人几乎不了解自己的制度是怎样运行的，这个结论并不让人意外。因此，迪索托断言，国际货币基金组织、世界银行以及其他传播西方资本主义模式的机构尽管意图是好的，但它们的努力注定要失败，充其量只是取得部分的成功。

迪索托指出，一个能够保证财产权强制执行的政体是资本主义制度的建立条件之一。据他估计，在当今的发展中世界，有 8 万亿美元的非正式财产没有得到利用——这些潜在的资本可以创造新的财富和机遇。他还提出了具体的分析、政策和行动来释放这大规模的潜能。他的观点吸引了大量关注的目光，美国前总统克林顿把这本书称为多年来经济学领域里最重大的系统性发展。毫无疑问，这些观点将会影响这场争论，也将影响未来十年的全球化政策。

/ 改革贸易政策 /

资本主义出现了这么多新变化，其中很多变化将很有可能给全世界几十亿人带去更加富足的未来。然而，如果作为资本主义最强大的推动力之一的自由贸易得不到发展，一些好处可能会受到威胁。自由贸易是市场模式发展的支柱，广受发达国家的欢迎。但相比于自己去接受它，发达国家更急切地主张别人接受这副药。一轮一轮的 WTO 贸易谈判没有满足它们的期望，而导致谈判破裂的主要原因是和农业有关的政治问题。

发展中国家想让自己的农产品在进入全球市场时免收关税。与此同时，美国和欧盟在大西洋两岸形成了规模小但影响大的施压集团，它们竭力坚持对农产品给予大量的补贴，以保持国内生产力，安抚农民。根据 WTO 公布的数据，富裕国家每天给农业部门的补贴资金高达 10 亿美元。欧盟共同农业政策规定，每天给欧洲的每头牛补贴 2 美元——这个金额比地球上超过 10 亿人每天的生活费还高。

人们能够感觉到其中的不公平，但农业贸易不是唯一的原因，穷国在其他行业中似乎也不占有优势。孟加拉国是纺织品的主要出口国，付给美国的关税远远多于法国，即使它出口的纺织品数量不及法国的1/10。美国从柬埔寨进口的内衣面临的关税比日本的钢材还高。世界银行通过计算得出这样的数字：富裕国家实行的贸易保护措施使发展中国家每年损失 1 000 多亿美元，这是它们目前接受援助资金的两倍。这个问题还远远没有解决，但已经有了一些进步。WTO 谈判于 2003 年在坎昆遇到了挫折，当时富国和穷国在农业支持问题上分歧巨大；而现在贸易谈判者已经就最终消除或者减少多数农产品补贴的框架达成了一致意见。

100 多年来，发达世界从全球贸易中得到了很多好处。如果它想继续享受好处，必须承认世界其他国家或地区想成为日益发展的全球经济的真正伙伴和参与者的愿望是合理的。这就一定要求发达世界在农业支持问题上做出让步；同时，也要求发达世界接受很多其他必然的经济变化——在所有经济部门中有利于发展中世界的变化，包括高附加值的行业的转移，以及出现新的具有竞争力的地区。这些地区不仅提供廉价的劳动力和巨大的消费市场，也能够创新和推动全球未来经济的发展。未来十年会给富国和穷国都带来走向繁荣的积极收益，但在这个过程中会出现严峻的挑战，发达世界将不得不放弃长期以来高人一等的优越感，这对它们来说是个痛苦的过程，现在到了其他国家迎头赶上的时候了。

◯ 衰落

世界上有人非常饿， 上帝只能以面包的形式出现在他们面前。

——圣雄·甘地

当数百万人享受到经济繁荣给他们带来的好处时，另外数百万人却要经历生活水平的下滑。对很多人来说，这种下滑是绝对意义上的下滑——生活水平与过去相比下降了。对其他人来说则是相对的，他们的生活水平停滞不前或者当别人往前跑时他们却在缓慢前行，这是一种痛苦的感觉。

/ 贫困——更加贫困 /

根据联合国公布的数据，贫困人口（界定的标准是每天的生活费用不足 1 美元）的数量在下降。但仍然有 13 亿人——大约占世界人口的

1/4，生活在贫困之中。联合国开发计划署千年目标承诺，到 2015 年把贫困人口的数量减少一半，现在它们正朝着那个目标迈进。不过，也有其他数据表明，贫困人口的境况实际上恶化了。尽管有像世界银行、国际货币基金组织和联合国这样的国际组织的努力，以及跨国企业越来越多的投入，仍然有 21 个国家在 20 世纪 90 年代的发展水平出现了下降。而在 20 世纪 80 年代，根据联合国开发计划署的监测，仅有 4 个国家出现了类似持续十年的衰落。

整体增长掩盖了很多国家出现的经济衰退状况

发展中世界经济增长了，穷国肯定会日渐繁荣吗？有可能会这样，但当把最重量级的印度和中国从发展中世界抹去，再把人口增长的因素考虑在内之后，情况就大大不同了。人均国民生产总值在很多国家实际上下降了，从而使贫富差距进一步加大。

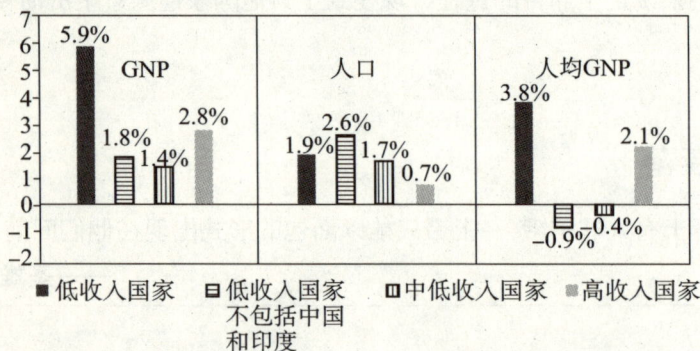

资料来源：Tatyana P. Soubbotina with Katherine Sheram，"Beyond Economic Growth：Meeting the Challenges of Global Development,"The International Bank for Reconstruction and Development/The World Bank，October 2000. Reprinted by permission.

放眼未来，撒哈拉以南的非洲地区、中亚和中东地区的一些国家都将不可避免地继续挣扎在贫困线上。最近的联合国人类发展指数，也就是度量人均寿命、教育水平和人均收入的综合指标显示，几乎所有处于指数末端的国家都位于撒哈拉以南的非洲地区。拉丁美洲和加勒比海地区有半数国家在 20 世纪 90 年代出现了收入下降或者停滞。同一时期，东欧和中亚地区的人类发展指数也出现了整体下滑。未来十年，那些陷入长期危机之中的国家和地区仍然不会从资本主义在全球的扩张和更具弹性的模式中获得收益。

在某些情况下，把这种衰退状况归因于严格执行西方经济政策可能也不为过，"华盛顿共识"（Washington consensus）——这种极富影响力的准则强调财政纪律、私有化、有竞争力的汇率——毫无疑问造成了一些国家的经济波动和不公平感的日益加剧。人们指责国际货币基金组织和世界银行制定这些游戏规则是为富国的利益而不是穷国的利益服务。诺贝尔经济学奖获得者、世界银行前首席经济学家乔·斯蒂格利茨（Joe Stiglitz）直言不讳地说："全球化使发展中世界里最穷的国家变得更加贫穷。即便它们富裕了，它们也感到更加脆弱。"

然而，这种衰退状况的出现不能全部归因于国际经济政策。那些最贫困的国家也是麻烦最多的地区，破坏性的灾难都汇聚在那里：贫困、疾病、旱灾、饥荒、种族对立、长期冲突、管理不善，使得数百万人一生都生活在贫困之中，生活每况愈下。

/ 与疾病、腐败和冲突作斗争 /

有一个尤其令人忧虑的问题，那就是艾滋病危机规模越来越大，现在已经超过了十年前做的最坏预期。联合国艾滋病规划署预测，在2002—2020 年间，发展中国家将有 6 800 万人死于艾滋病——是已经死亡人数的三倍多——人均寿命也将急剧缩短。与此同时，流感也在增加，埃博拉病毒不断爆发，疟疾继续蔓延。脊髓灰质炎，这种世界卫生组织希望到 2000 年从地球上消灭的疾病又死灰复燃。2004 年，世界上有1 185个新病例，自 2004 年初，脊髓灰质炎已经蔓延到 16 个以前没有这种疾病的国家。

艾滋病流行的前 15 个国家（截至 2003 年）

非洲		
排列顺序	国家或地区	占人口的百分比（%）
1	斯威士兰	38.8
2	博茨瓦纳	37.3

续前表

非洲		
3	莱索托	28.9
4	津巴布韦	24.6
5	南非	21.5
6	纳米比亚	21.3
7	赞比亚	16.5
8	马拉维	14.2
9	中非共和国	13.5
10	莫桑比克	12.2
11	坦桑尼亚	8.8
12	加蓬	8.1
13	科特迪瓦	7.0
14	喀麦隆	6.9
15	肯尼亚	6.7
非洲以外的国家		
排列顺序	国家或地区	占人口的百分比（%）
1	海地	5.6
2	特立尼达和多巴哥	3.2
3	巴哈马群岛	3.0
4	柬埔寨	2.6
5	圭亚那	2.5
6	伯利兹	2.4
7	洪都拉斯	1.8
8	多米尼加共和国	1.7
8	苏里南	1.7
10	泰国	1.5
10	巴巴多斯	1.5
12	乌克兰	1.4
13	缅甸	1.2
13	牙买加	1.2
15	爱沙尼亚	1.1

资料来源：2004 World Population Data Sheet，Population Reference Bureau. Reprinted by permission.

疾病不仅给人类造成了直接的悲剧，也给经济带来更长久的灾难。撒哈拉以南的非洲地区劳动力日渐减少，给生产、储蓄和投资带来了严重后果。受到艾滋病和其他疾病重创的国家本来经济活动的水平就很低，现在维持这个水平都很困难。多年的发展、培训和教育成果也将永远地消失。早已面临困境的医疗保健、军队和警察系统运行起来十分吃力。
即便死亡率降低，这种整体效应也会持续几代。

穷国的希望也因普遍存在的腐败和持续的冲突而破灭。世界银行研
究所进行的研究显示了一种被称为"400％的政府红利"的现象，认为惩
治腐败、完善法律法规的国家会使国民收入增加 4 倍，儿童死亡率降低
75％。腐败绝不只是发展中国家的问题。但像尼日利亚、孟加拉和海地
这样的国家常常位于腐败排名表的前列。如果在腐败等级中"廉洁"的
满分为 10 分，那么一半的发展中国家得分将不到 3 分。世界银行研究所
计算得出了这样的数字：每年全球行贿的金额超过 1 万亿美元。

此外，冲突是造成经济破坏和衰退的另一原因。在 2003 年人类发展
指数排名前一半的国家中，有 11％的国家在 1994—2003 年 10 年间经历
过武装冲突，在排名后一半的国家中有 43％在此期间的某个时段处于战
争状态。这些冲突造成的遗留问题——地雷、子母弹、对武器毫无管
制——在未来很多年里都会给人类带来痛苦。现在，在世界范围内正在
发生的 30 个严重冲突（指的是那些造成 1 000 多名军人和平民伤亡的冲
突），大部分都是国内冲突而不是国家之间的战争。其中很多冲突持续了
很长时间，如印度和巴基斯坦在克什米尔地区的冲突、以色列和巴勒斯
坦之间的冲突都属此类。其他冲突都是过去建国遗留下来的问题，如中
非地区，刚果民主共和国、布隆迪、卢旺达和乌干达相互交战，战争已
经波及了苏丹；1960 年以来，非洲发生了 20 多起大规模内战。不管国
内冲突的起因是什么，它们带来的后果是显而易见的：短期内给人类造
成痛苦，长期来看，会使经济发展长期滞后。

当前世界范围内正在发生的冲突

阿尔及利亚	叛乱	1992 年→
印度	阿萨姆邦	1985 年→
印度	克什米尔	20 世纪 70 年代→
印度	纳萨尔派分子叛乱	1967 年→
印度尼西亚	亚齐	1986 年→
印度尼西亚	加里曼丹	1983 年→
印度尼西亚	马鲁古群岛	1999—2002 年
印度尼西亚	巴布亚岛/西伊里安	1963 年→
以色列	阿克萨暴动	2000 年→

续前表

科特迪瓦	内战	2002 年→
朝鲜	朝鲜战争	1953 年→
利比亚	内战	1999 年→
摩尔多瓦	外德涅斯特地区	1991 年→
纳米比亚	卡普里维地带	1966 年→
尼泊尔	毛派叛乱	1996 年→
尼日利亚	内部动乱	1997 年→
秘鲁	光辉道路	20 世纪 70 年代→
菲律宾	摩洛人叛乱	20 世纪 70 年代→
俄罗斯	车臣叛乱	1992 年→
索马里	内战	1991 年→
西班牙	巴斯克人叛乱	20 世纪 70 年代→
苏丹	第二次内战	1983 年→
泰国	伊斯兰叛乱	2001 年→
土耳其	库尔德斯坦	1984 年→
乌干达	国内冲突	1980 年→
美国	阿富汗	1980 年→
美国	吉布提	2001 年→
美国	伊拉克	1990 年→
美国	菲律宾	1988 年→

资料来源：Globalsecurity. org, March 2005. Reprinted by permission.

/ 相对衰落：日益繁荣中恼人的贫困 /

即使对那些享受到经济的些许进步的人和地区来说，看到他人轻易取得日渐明显的成功，自己的幸福感也会有限。举个例子，世界上最穷的 20 个国家的人均收入在过去 40 年间增加了，但只增加了 1/4，从 1960—1962 年的 212 美元上升到 2000—2002 年的 267 美元，这使得他们的收入听起来没有那么骇人听闻。相反，最富裕国家的人均收入同期增长了两倍，从 11 417 美元增长到 32 339 美元。布什总统在 2003 年访问了尼日利亚、塞内加尔、博茨瓦纳和乌干达，这 4 个国家的总收入不及 400 个最富有的美国人的总收入。

国家内部也呈现出日益不平等的现象。在很多发展迅速的发展中国家，令人瞩目的增长数字往往掩盖了严重的不平等和社会矛盾，尤其是城市富人与农村穷人之间的矛盾。在中国，城市人口的收入比农村人口的收入多三倍以上。在俄罗斯，最富有的10%的人口收入是最穷的10%人口收入的23倍，而1980年仅仅为3.2倍。在中央情报局公布的人均GDP最高的国家名单中，俄罗斯目前位于世界第82位，然而，拥有亿万富翁的人数却位居第四，仅次于美国、德国和日本。

/ 富国的衰落 /

在发达国家，很多人在看到他人的收入快速增加时已经体验或即将体验相对衰落的感觉。例如，1979年，美国最富有的1%的人口的税后收入是最穷的20%的人口的23倍。2000年，已经上升到63倍。这种趋势在发达世界的很多国家里有可能继续下去。随着不断加大的经济压力、经济调整和降低生活水平的人口压力等综合因素的影响，在比较富裕的国家里，很多民众也将感受到财富的绝对减少。

美国和欧洲的部分地区已经经历了艰难的经济转变。推动全球经济变化的两驾马车——贸易和技术——已经给农业和制造业这样的传统产业造成了严重损失。富国的一些地区也将不可避免地受到不同程度的打击，即使他们位于本该繁荣的国家中。随着商业真实状况发生改变，很多地区失去了自己的经济功能，如密歇根州的富林特，在美国汽车制造业衰落之后，它就处于这种境地，再就是英国的煤炭开采区，在玛格丽特·撒切尔把国家的能源政策从煤炭转移到天然气之后，那些地区衰落了。实际上，欧盟已经认识到经济调整带来的问题，也认为有必要保持不同地区之间的相对平等以作为"单一的经济体"运行，很长时间以来，欧盟对那些达不到欧盟平均GDP的75%的地区提供特殊的"结构性基金"援助。

随着相对贫困的国家进入欧盟，我们希望能为欧盟中最贫穷的地区大幅度提供结构性资金援助，尤其是希腊、西班牙、德国和意大利。与此同时，美国公司在面对来自发展中国家的日益激烈的竞争的同时也将继续重新部署它们重要的生产活动，从而给某些部门的就业和部分地区带来压力。

此外，对于像德国、意大利和法国这样欧洲传统的经济强国来说，它们长期存在着金融脆弱性，这也很令人担心。像大多数邻国一样，在这些国家，劳动者与退休者之间的比例为4：1时，它们制定了非常慷慨的福利制度。但人口变化和严格的移民政策使这个比例发生了重大改变。在德国，如果目前的趋势继续延续，到2020年，一名劳动者对应一名领取养老金者。到2030年，几乎一半的德国成年人在65岁以上，就业年龄的人数将从4 000万人下降到3 000万人。因此，目前的福利水平维持不了太久；对健康和财富的许诺过高，费用越来越多，支付的难度也越来越大，特别是随着婴儿潮进入退休年龄，这种形势将更加严峻。在未来十年我们应该可以看到补贴逐渐减少，特别是退休津贴，当然，会随之出现政治动乱以及欧洲人对移民政策的激烈争论，这些都可以理解。

在发达世界的未来十年，显然会有一些地区、地方性群体和很多个人感受到真正的经济衰退，这在很多国家日益成为备受瞩目和政治化的问题。不过，我们也应该为可能发生的剧烈的相对衰退做好准备。发达世界的任何地区都不会出现绝对的衰退，但相对于世界的其他地区，几个富国可能会出现很低的增长率。例如，很多欧洲国家由于长期以来在制造业和传统产业具有很强的经济实力，它们很有可能在更新行业做法、重建经济基础方面对未来几年投资不足。与此同时，大批富有才华的年轻人前往更有活力的国家，这增加了经济停滞的可能性。全球经济竞争日益激烈，那些充满渴望、雄心勃勃的新兴参与者开始超越自鸣得意的老玩家，这些挑战会给发达国家的经济、政治体制和民族凝聚力带来巨大压力。

存在这些结构性缺陷的不仅仅是欧洲。十多年来，日本经济一直增长缓慢，而对美国经济来说，能否长期健康发展也不能过于乐观。未来十年，金融脆弱性可能会使经济遭受严重的挫折。2004年，美国项目赤字达6 500亿美元，几乎占到GDP的6%，而且有十分明显的迹象表明这个数目在未来几年还会增加。随之而来的结果就是美元继续贬值。如果美元贬值非常迅速——有可能是中国的银行撤出投资所导致——美国的经济将承受通货膨胀和高利率，这将严重打击企业和负债的消费者的信心。美国的财政不平衡使情况更加糟糕。2005年初，国会预算局预测，联邦预算赤字在未来十年将达到2.4万亿美元。美国经济水平在未来几年出现下滑的可能性将非常高。

/ 贫穷的要求 /

在这个世界里，新的全球参与者享受到了经济的快速增长，并对游戏规则发起挑战，与此同时，发达世界则面临着新的经济挑战，有些人将不可避免地发出呼吁，要求重新彻底审查援助计划和发达国家对贫困地区的资金援助计划。然而，这些观点似乎不太可能得到广泛的认同。对于一些地区存在的疾病、冲突、灾难、腐败等复杂问题，没有简单的解决办法，这些问题有可能变得更加严重。到 2010 年，在全球面临的迫切问题中，一些持续衰退的地区的困境将会越来越引起注意——主要是因为这些地区不仅日益"混乱"，而且世界的其他地区无法与之隔离开来。在这个相互联系的世界里，我们不能对极端贫困和贫困带来的无序状态视而不见，正如一个外交政策分析家直截了当地表述道："一个没有法律和秩序的国家仍然可以有国际机场。"在未来十年，解决贫困问题既是利他主义的行为，也是出于自身的利益，而且越来越成为优先考虑的问题。

繁荣惠及的范围越来越大，衰落却也日益明显，二者之间的关系是与人口不断增加密切相关的，人口几个世纪以来一直加速增长，这造成了所有动态矛盾中最迫切、最引人注目的问题——人类与我们这个星球之间的相互影响。

第7章　人与地球

未来十年，我们会更加深刻地理解一个问题，即如何在满足我们日益增长的需要的同时保护我们这个星球，使之得以继续成为未来人类的家园。我们会越来越清楚地看到人类的经济发展和地球生态系统之间的相互联系，认识到我们的发展会受到地球的制约。因此，我们要严肃对待可持续发展这个概念，即使还谈不到实践。然而，我们也将理解地球具有的鲜为人知的自我变化规律——不被人类的存在及活动所左右的变化规律。然后，我们会得出一个结论——一个古老的至理名言，而不是现代的世界观——地球不属于我们，我们属于它，无论我们做什么，它都会存在下去，变化着，但如果我们反过来说，这个结论可能就不成立了。

人

人类在生命之中演绎着两个不同版本的故事。一个故事是由我们现在称之为 "留者" 的人于 200 万～300 万年前在地球上开始演绎的，今天他们仍然在演绎着这个故事，而且一如既往地成功。另一个是由我们称之为 "取者" 的人在 1 万～1.2 万年前开始演绎的，但这个故事显然有一个灾难性的结局。

——丹尼尔·奎因（Daniel Quinn），《大猩猩对话录》（Ishmael）

　　自从出现农业，人类一直忙于扩大自己的足迹和影响。近百年来，人口一直在持续增加。他们发展了一种生存和消费机制，对此，很多人担心地球会很快支持不住。在过去的100年间，我们毫无节制地追求经济快速增长，加上巨大的人口数量给地球带来了巨大压力，人类面临着严峻挑战。

　　在过去的300年间，人口的增长呈爆炸性态势。1700年，地球大约有6亿人口。到1800年，达到了9亿，1900年，已经增加一倍到17亿。仅在过去的100年间，人口几乎增加了三倍，达到目前的65亿。每年都有7800万新生儿降生在地球上。到2050年，世界人口有望增加50%，达到90亿。

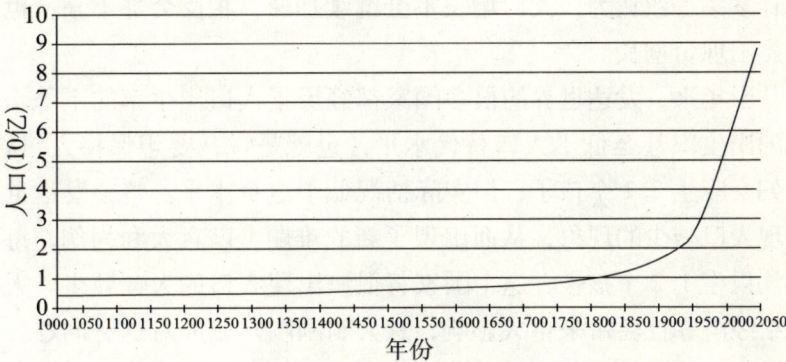

世界人口，1000—2050年

资料来源：Chris Ertel and Erik Smith, "Is Demography Destiny?" Global Business Network, March 2004.

　　几百年（而不是几十年）以来，地球能否养活这么多人一直是个令人关注的话题。1798年，英国人马尔萨斯（Thomas Malthus）在题为"人口原理"的文章中表达了他的忧虑，他说："人口的力量比地球为人类提供资源的能力强出许多。"1968年，斯坦福大学的生物学家保罗·埃利希（Paul Ehrlich）在他的畅销书《人口爆炸》（The Population Bomb）中也表达了类似的关切。他在书中指出，20世纪七八十年代将考验地球养活人类的能力的极限。四年后，罗马俱乐部发表了题为"制约增长的因素"的报告。这份报告的内容令人担忧，它指出，随着越来越多的人口以越来越大的数量消费一切，全球资源的消耗速度也越来越快。从那之后，不断增长的世界人口带来的挑战得到了广泛认识，现在已经成为主流社会关注的问题。

不过，对这些警示颇有一点"狼来了"的意味。马尔萨斯常常被视为令人讨厌的悲观主义者，他的可怕预言在 200 年后也没有实现（而人口已经增加了 7 倍）；埃利希的警告也不那么可信了，因为他和经济学家朱利安·西蒙（Julian Simon）针对自然资源短缺问题进行打赌，结果输掉了；罗马俱乐部的报告也因过于悲观受到了批评，因为它没有考虑到不断进步的技术和日益提高的效率能使人口不会受到严重的制约而继续增长。但最重要的事实是人口开始达到了有意识的控制。长期以来为人们所津津乐道的"地球人口过剩"情景，如今已少有人提及。现在，人口统计学家一致认为，人口增长不会继续加速，相反会降下来，也有可能开始出现负增长。

几十年来，发达世界的很多国家都经历了人口出生率的下降。有些国家的出生率甚至低于人口替代水平，也就是说，要想保持人口稳定，每名妇女应生 2.1 个孩子，但实际情况低于这个水平。整个发达世界都会出现人口减少的现象，从而出现了新的难题。以意大利为例，每名妇女平均只生 1.2 个孩子，这个国家将很快出现人口的大幅减少。人口减少会给经济和社会带来重大影响，意大利刚刚开始应对这一问题，但它不是唯一被迫这么做的国家。正如菲利普·朗曼（Phillip Longman）在《空空的摇篮》（The Empty Cradle）一书中所说的那样，"全球生育率下降，即便速度不加快，范围不扩大，也几乎没有人和任何国家为此做好了准备……然而人口增长和它创造的人力资本都是现代经济建立的基本条件之一，也是现代福利国家建立的基础。"

很多发展中国家也出现了出生率下降的情况，主要是因为存活率的提高、经济繁荣惠及的范围扩大、女性受教育的机会增加、农村人口大量转移到城市（孩子在城市的作用不及在农村）。因此，出生率的下降不仅仅是地区现象，而且是全球现象。1970 年全球平均出生率为每名妇女 4.5 个；现在则是 2.7 个。为了回应这个发展趋势，联合国把全球人口的预期数字进行了下调，从之前的 2050 年 120 亿人口下调到 90 亿，但这未必是最终的数字。

然而，尽管地球没有我们以前预测得那么拥挤，人类对地球的影响

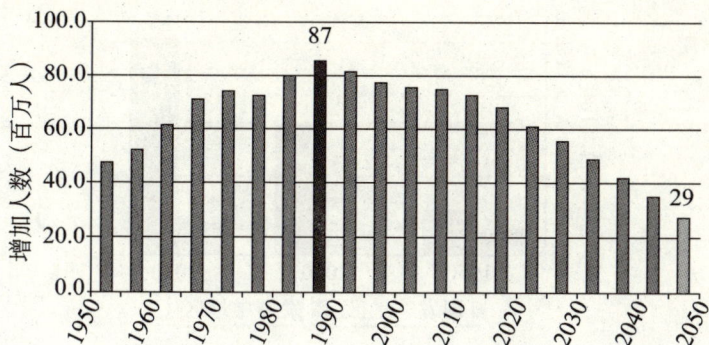

世界人口年增长的情况，1950—2050年

资料来源：Chris Ertel and Erik Smith，"Is Demography Destiny?" Global Business Net-
work，March 2004.

依然值得我们忧虑。要想减少这样的担心，还有很长的路要走。人类和
地球之间的相互关系问题丛生，人口压力只不过是造成这种境况的一个
因素。真正的挑战还在前头，要想解决需要人类展示出高水平的创造力、
灵活性和前所未有的决心。

有四种趋势将共同推动未来十年的变化：第一，发达世界和发展中
世界的人口数量（及年龄）日益不平衡；第二，人口流动的方向会发生
全球性的变化；第三，世界范围内，人口将大量从农村转移到城市；第
四，有越来越多的证据表明，我们与地球的关系可能会达到引爆点。事
实上，也许到了这个时候，即地球对骑在它背上的几十亿贪婪的人说：
"够了。"这四个趋势中，每个都是影响我们未来的重要因素。

/ 少量年老的富人，大量年轻的穷人 /

1960年，1/3的世界人口生活在发达国家；而今天，世界只有1/5
的人口生活在发达国家。未来十年，人口平衡将进一步向欠发达地区倾
斜。全球范围内，年龄分布也越发不均衡。在发达国家，平均寿命的提
高、出生率的下降会加重人口老龄化。今天，在发达国家，1/5的人口
在60岁以上；到2050年，这个数字将是1/3。到那时，发达国家人口
中的10%都在80岁以上。

人口变化给经济带来的影响是相当大的。尽管出现了延迟退休的趋

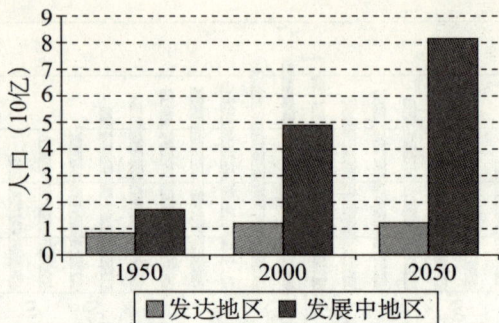

发达地区和发展中地区的人口对比：1950 年，2000 年，2050 年

资料来源：Data from United Nations Population Division.

势，但这个年龄比较大的群体在某种程度上已经没有经济生产能力了——而此时他们恰恰开始需要费用浩大的医疗保障。这给医疗保险、长期监护和养老金措施带来的影响正烦扰着欧洲。现在，每 100 个有生产能力的处于就业年龄的欧洲人要养活 35 个退休者；到 2050 年，这个比率预计上升到每 100 个就业者养活 75 个退休者。美国也将经历类似的压力，美国 65 岁以上的人口到 2050 年几乎会增加一倍，从 12％上升到 21％。

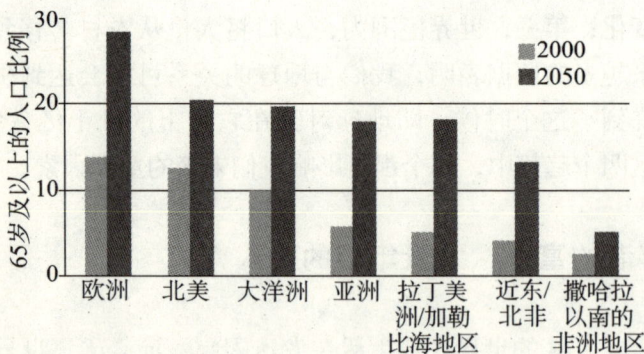

地区间 65 岁以上的人口比例对比情况，2000 年和 2050 年（预测）

资料来源：Data from the U. S. Bureau of the Census (2000).

在发达国家的年龄金字塔日益头重脚轻的同时，很多发展中国家（主要是东亚和撒哈拉以南的非洲地区）的年龄结构却依然保持年轻。根据联合国的预测，从现在到 2050 年，99％的全球人口增长都发生在发展中国家，而且主要在最贫穷的国家。

很多生活在经济快速发展地区的人们对能源的需求也在不断增加，如果处理不好，会给这些地区造成严重的后果。他们会给本来就很紧张的经济、物质和社会基础设施造成格外的压力，而日益增加的经济活动和消费也会给环境和资源造成极大的压力。不幸的是，发达国家确立了一套自然资源消费（以及普通商品消费）模式，发展中国家不能简单地遵循。今天，地球上最富有的10亿人口消耗了50％的世界能源供应量，相比之下，最穷的10亿人只消耗4％。最富有的20％的人口消费的商品和服务占总量的85％，而最穷的20％的人口消费仅仅超过1％。正如可持续发展问题专家瓦彻纳格尔（Mathis Wachernagel）所言："如果地球上的每一个人都像普通的美国人那样生活，我们需要6个地球。然而，我们只有一个。"

当考虑目前的能源消费模式时，这个问题最明显（也最棘手）。在过去100年里，西方对能源消费的需求增加极快，现在，我们在发展中世界也会看到同样的猛增态势。1950—1970年，日本的人均石油消费量从1桶增加到17桶；1900—1970年，美国的人均消费量从1桶增加到28桶。现在，中国的人均使用量为1.7桶，但它已经是世界上第二大石油进口国，而且能源需求在迅速增加。

资源有限只是问题的一方面：大规模的环境破坏同样给未来前景敲响了警钟。很多发展中国家，最主要的是中国，已经出现了严重的环境问题（也给健康造成严重的后果，例如污染的空气造成了越来越多的肺病）。这种情况会在经济快速发展、人口众多的地区越来越频繁地发生。

在人口问题上不可避免地会持续出现"少量年老的富人"和"大量年轻的穷人"这种两极分化的现象——导致的结果是，一端是经济挑战，另一端是环境挑战——我们必须为此做好准备。这种分化也会进一步加强人口迁徙模式的转变，这种转变其实早已在进行之中了。

/ 人口流动：越来越多的人由南往北流动 /

今天，地球上有超过1.75亿人居住的国家不是自己的出生地。在50

在早期工业化时代，石油消费增加最快，然后平缓下来，紧随其后的是实际收入的快速持续增长；国际贸易和劳动力流通的优势大大刺激了工业化

相对于欧洲和英国，美国的劳动力成本较低，这使美国工业化资源充足，推动了美国的能源消费

美国

韩国

日本

假使中国1/3的沿海人口达到韩国和日本人均16桶的消费水平，他们的消费量将几乎达到20百万桶/日，相当于两个沙特开足马力的产量

如同之前的美国，日本也拥有相对较低的劳动力成本

如同之前的日本，韩国也拥有相对较低的劳动力成本

中国（13亿人口）

人均石油消费(桶/年)

(年)

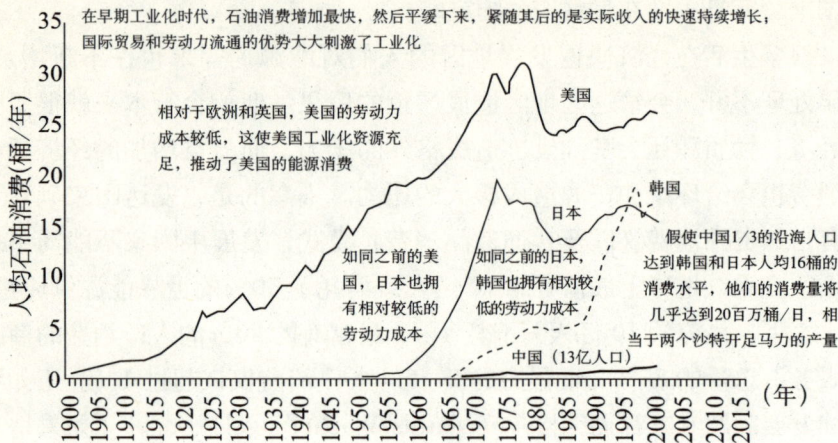

石油消费增加情况

资料来源：U. N. Energy Statistics Database，BP Statistical Review of World Energy，DOE/EIA，U. S. Census. Legg Mason forecast，Barry Barrister and Paul Forward；one barrel＝42 gallons of crude oil liquids. Reprinted by permission of BP p. l. c.

多个国家里，合法和非法移民占总人口的 15％还多。发达国家有将近 10％的人是在另一个国家出生的，相比之下，仅有 1％居住在发展中国家的人属于国际移民——也就是说，世界上很多移民离开故国是为了寻求经济机遇，这一点不奇怪。

　　移民不是一个新现象，但它的模式显然在发生变化。20 世纪的大部分时间里，移民一般从东往西流动，尤其是从欧洲迁到北美。今天，全球的移民模式大体是从南向北。例如，1930 年的美国，意大利人是在美国的外国移民中最多的——在美国 1.228 亿人口中，有 180 万意大利人。2000 年，最多的是墨西哥人，美国总人口为 2.814 亿，而居住在美国的墨西哥人则为 780 万。这种从南向北的流动是稳定、强劲和全球性的，无数移民从拉丁美洲流向美国，从北非、中东和东南欧流向北欧和西欧。随着亚洲国家保持快速发展的势头，将有更多的人从欠发达的南亚地区迁往比较发达的北部地区。

根据目的地来看移民人数（百万），1960—2000 年

地区	1960 年	1970 年	1980 年	1990 年	2000 年
全世界	75.9	81.5	99.8	154.0	174.9
非洲	9.0	9.9	14.1	16.2	16.3
亚洲	29.3	28.1	32.3	41.8	43.8
欧洲	14.0	18.7	22.2	26.3	32.8
（前）苏联	2.9	3.1	3.3	30.3	29.5
拉丁美洲和加勒比海地区	6.0	5.8	6.1	7.0	5.9
北美	12.5	13.0	18.1	27.6	40.8
大洋洲	2.1	3.0	3.8	4.8	5.8

资料来源：Joseph Chamie，"International Migration：The Redistribution of Humanity," Global Business Network，May 26，2005. Original data from the United Nations Population Division.

　　国际移民的绝对数量也在日益增加——自 1970 年以来翻了一番——在未来十年，这种势头有增无减。人们越来越有能力支付旅行费用，因而移民也越来越多，效仿的人也不断增加。全球化淡化了国界，提高了跨过传统边界的连通性，减少了文化障碍。不断出现的区域组织（如果追随欧盟的做法）也将为合法移民提供更多的机会。与此同时，在欠发达的南方，会有越来越多的人意识到更发达的北方蕴藏的机会，与此同时，北方的人口日渐老龄化，这需要更多的人去做当地服务业中报酬比较低的工作。纯粹从供求的角度来看，移民（合法和非法的）可能会越来越多。

　　但移民这个敏感话题常常引发相当激烈的政治反应。例如，欧洲越来越不欢迎移民。根据最近"佩尤普世态度计划"的调查结果，"除了保加利亚，其他国家都认为移民对国家产生了坏影响"。另外一个例子就是美国，当墨西哥政府决定颁布和分发《墨西哥移民指南》时，美国做出了激烈反应，因为这本 31 页的手册给那些企图跨越美国和墨西哥边界的非法移民提供了安全窍门和建议。墨西哥官员辩称，出版手册是为了服务公众，把它与为吸毒者发放的艾滋病资料相提并论，但美国的反对者却称之为"非法外侨的指南手册"。

　　这些矛盾显示出"移民管理"将成为全球范围内比较严重的社会、政治和经济问题，并且在未来十年将会加剧南北方之间的矛盾。

/ 从农村到城市 /

人口流动的另一个变化就是从农村移往城市，这使得人口流动的格局更为复杂。这种流动最初是由工业革命引发的，200年来一直在稳定持续地进行，而且在全球扩散。1860年，只有20％的美国人生活在城市。如今，超过80％的人居住在城市。随着工业化在全球范围内蔓延，城市成为中心聚集点，受到经济机遇的诱惑，迁往城市的运动会愈演愈烈。正如我的同僚、人口统计学家埃里克·史密斯（Erik Smith）指出的那样："这是人类历史上首次出现多于一半的人口居住在城市的现象。更为重要的是，很多人将生活在'百万大都市'里，以前从未有过这种情况。"1985年，世界上只有9个城市的人口超过1 000万。到2015年，如此规模的城市将超过20个，其中，有3/4以上的城市在发展中国家，这些大规模城市中有近1/3的城市拥有2 000万居民。

事实上，这些百万城市已经出现了。圣保罗和孟买都差不多有1 800万居民；上海大概有1 400万，拉各斯大约有1 300万。人口如此集中地居住在城市中，这是史无前例的。此外，预计到2015年，它们的人口将达到异常巨大的规模：孟买2 200万，圣保罗2 100万，拉各斯1 600万。

这种快速和极端的城市化进程在印度和中国尤为明显。现在，印度拥有32个百万居民的城市；到2015年，将增加到50个。中国已经有160多个城市拥有100多万人口，在世界上增长最快，很多城市在过去几十年里经历了非凡的发展。中国出现了一个新的社会群体，叫做"流动人口"，主要是指那些生长在农村到城市工作的年轻移民，这个群体的规模相当庞大。1993年，有7 000万流动人口，到2003年，已经激增到1.4亿人，占中国人口总数的10％还多，占农村劳动力人口的30％。

在未来十年，我们将目睹越来越多的人口集中在面积越来越大的城市中，这种情况主要发生在经济活动和消费快速增长的发展中国家。城市将成为敏感的考验场所，一方面考验资源的可持续利用情况；另一方面，集中居住会给环境和社会带来诸多压力，因此，管理体制也将受到考验。

"Ur 古城"带给我们的教训

希望我们自我保护的本能优于 5 000 年前的祖先。布赖恩·费根（Brian Fagan）曾经写过关于苏美尔文明（Sumeria）（今天的伊拉克）的古城 Ur 的历史故事，今天读起来让人震撼。5 000 年前，气候变化使美索不达米亚南部的农业人口聚集到城市，以缓解周期性的旱灾造成的影响。到了公元前 2800 年，80％的苏尔美人居住在城市。但到了公元前 2000 年，这种生活模式崩溃了。持续的旱灾周期摧毁了这个地区，争夺稀有水资源的战争相继爆发，人口分散到比较小的居住地，转移到防守能力比较强的土地上，或者干脆灭亡了。费根在他的《漫长的夏季》（The Long Summer）一书中解释道："这是历史上第一次，整座城市在面对环境灾难时瓦解了。城市人口、现成的食品供应与足以应对气候力量的经济、政治和社会灵活性之间的微妙平衡被不可挽回地改变了。"

/ 人对地球的影响 /

人口因素已经发挥了作用，它也将进一步使人类与地球的关系复杂化，并对这种关系发起挑战。然而，有越来越多的证据表明，我们对地球的负面影响比我们意识到的更为严重，即使人口没有发生这么多的变化，我们以指数性增长的消费模式也会遇到极限。如此快速急剧的增长在心理上就像"百合池塘效应"一样具有欺骗性。池塘里有一枝百合，每天新生的百合会使百合原来覆盖面积扩大一倍，30 天后百合会覆盖整个池塘。在第 20 天，百合覆盖的池塘面积有多大？多数人猜测在 1/10左右，但答案是：不到 1‰。甚至直到第 29 天，池塘才满一半。这里所讲的道理就是，在我们能够看清之前，我们在指数性增长的道路上已经走得相当远了——差不多接近了势不可挡甚至是灾难性的境地。

人类经济的规模在扩大，与此同时，地球的生态系统却保持不变，这个事实是造成未来十年人与地球之间关系紧张的另一原因。比如说，石油需求和石油资源之间不平衡日益严重，这已引发了关于"石油时代结束了"的争论，这个说法让人想起了过去"增长的上限"的观点。洛基山研究所的艾默里·洛文斯（Amory Lovins）等专家指出，既然地球上"轻松的"石油已经采尽，找到并提炼出充足的新储备的费用可能超出承受能力，这将迫使人们转向可替代燃料，并对运输业和制造业进行革新。

但能源只不过是问题的一方面。人类的很多做法已经引发了和地球的紧张关系，这将最终对我们自身造成威胁。过度消费显然在耗尽世界上的自然资源，并使环境恶化。这方面的证据是触目惊心的。每20分钟，就有一个物种从地球上消失，每年灭绝的物种达2.6万个……20世纪70年代以来，加勒比海的珊瑚礁面积消失了80%……1900年以来，50%的世界湿地被毁……50%的世界鱼类资源被完全开发或者捕尽……每年，有240亿吨的肥沃土壤消失……近1/3的地球陆地受到沙漠化的威胁……80%的世界原始森林被砍伐殆尽或者退化，每年有4 000多万亩的热带雨林消失……在世界的很多地区，地下水位已经低得惊人，而且将在未来20年中继续下降1/3……在过去的50年间，对水的需求已经增加了2倍多……有10亿人经常接触室内污染的空气，空气污染的程度高于世界卫生组织建议的100倍，每年造成200万人死亡……每年，扔进大洋中的垃圾重量是捕鱼总量的三倍……每小时，美国人扔掉250万个塑料瓶，这表明发达世界面临着废物处理危机，即便有更多的垃圾填埋地也解决不了问题……

也许最严重的是，我们直接造成了全球气候的变化（将在本章后面的"地球"部分做进一步讨论），对此，我们能够看得越来越清楚，也有无法辩驳的证据。在联合国的支持下，国际知名的气象学家组建了"应对气候变化跨政府工作小组"，它在2001年的评估报告中说："有强有力的新证据表明，在过去50年间，多数观察到的全球变暖现象都是人类活动造成的。"

越来越意识到人类的影响

今天，有更多的资料帮助我们了解人类活动是如何改变地球的。

1890 年—20 世纪 90 年代	增长要素
世界人口	4×
世界城市总人口	13×
世界经济	14×
工业产量	40×
能源用量	13×
二氧化碳排放量	17×
用水量	9×
海洋鱼类捕量	15×
鸟类和哺乳动物种类	0.99×
蓝鲸数量	0.0025×

资料来源：J. R. McNeill，*Something New Under the Sun*. Copyright © 2000 by J. R. McNeill. Reprinted by permission of W. W. Norton & Company Inc.

如何改变这些活动以阻止迫在眉睫的问题，对此我们并不清楚。也许我们可以学学其他物种，有些物种与地球的关系不具有那么大的破坏性。正如《从摇篮到摇篮》（Cradle to Cradle）的作者威廉·麦克多诺（William McDonough）和迈克尔·布朗嘉（Michael Braungart）描述的那样："如果把地球上的所有蚂蚁放在一起，它们的数量多于人类。蚂蚁已经勤奋工作数百万年了。它们的多产滋润了植物、动物和土壤。人类工业进入全面发展只不过 100 多年，然而它却造成地球的每个生态系统都出现了衰退。"

/ 意识提高，行动加快 /

世界上有很多人被日益恶化的环境状况和日益增多的破坏活动所警醒，他们正在寻求和创造通往可持续发展的未来道路。年轻人表现得尤为突出。有调查和研究显示，美国的"千年一代"——1982 年后出生，是婴儿潮以来青少年最多的人口——对待环境问题非常认真。威廉·斯特劳斯（William Strauss）是研究美国几代人的最高权威之一，他说"千年一代"比前几代人更加关注平等和责任，其中环境意识是一个重要的问题。调查显示，多数人（10∶1）认为在未来 25 年中，是他们这一代人而不是老一代人将为保护环境贡献最大的力量。另一个富有影响力、占美国成人人口比重不断加大的群体被称为"文化创造族"（cultural creatives），他们也表示愿意为环境变化承担责任。由社会学家保罗·雷（Paul Ray）和谢里·安德森（Sherry Anderson）确定的这个群体有5 000万成员，而且在不断壮大，他们深切关注自然界，为了生态平衡准备牺牲个人利益。

这种想找到可持续发展道路的愿望不仅仅限于西方人。发展中国家也出现了处于萌芽状态的"第三部门"，这得益于通信及网络的逐渐发达。在 2004 年世界社会论坛上——这是针对世界经济论坛而生的另一个全球活动家参加的大会，吸引了全世界 8 万名代表参加——保护地球的"免疫系统"成为首要问题，并把这个问题置于自我决定和反公司化的广阔背景之下。也是在 2004 年，诺贝尔和平奖授予了肯尼亚环保活动家旺加里·马塔伊（Wangari Maathai），她发起的"绿带运动"波及了整个非洲，这个组织不仅种植了数百万棵树木，而且明确把可持续发展的价值观与民主和平联系在一起。马塔伊在其雄辩的领奖致辞中说道："今天我们面临的挑战要求改变我们的思维，这样，人类会停止威胁支持生命的系统。我们受到呼唤去帮助地球疗伤，在这个过程中也在治疗我们自己的伤口——接受世间万物，以它的多样性、美丽和奇妙而存在的万物。我们必须意识到，'我们有必要将我们的归属感赋予一个更大的生命家庭，在这个大家庭中我们共同进化发展'，只有意识到这一点，我们才能够做到真正的疗伤。"

实际上，我们看到有越来越多的人持有可持续发展的态度，不仅有市民和倡导者，也有生产商和企业。可以说，其中最重要的任务是开发出资源使用量最小并能减少浪费的产品生产过程。这些努力大都建立在"工业生态学"的理念基础之上，这是20世纪90年代初由哈丁·迪布斯（Hardin Tibbs）等人提出的，现在，它已经是一门学科了，在全球的环境设计和工程项目中讲授。随着垃圾填埋地的泛滥，我们逐渐意识到把东西扔"掉"实际上是把垃圾堆在我们身边。未来十年，我们将被迫认真对待"减少、再利用、重复利用"的问题，在这方面，生产商而不是消费者应该承担越来越多的责任。

在很多领域，消费者越来越像"服务的使用者"，先使用一段时间的产品，然后把它还给生产商，进行回收和再利用。当我们开始在头脑中设计这种长期的生命周期时，我们就可以从"降低回收物的价值"——材料的每次重新使用都会导致质量降低——转到"提高回收物的价值"。此外，我们也不应该过多地从"摇篮到坟墓"的角度去思考产品的生命周期，而是更应该考虑从"摇篮到摇篮"，一种产品的生命周期结束了，意味着同一材料的另一个化身的开始。

/ 能源要求 /

在未来十年，因为一系列不可否认的因素，我们会加快转变使用能源的习惯。在这些因素中，最重要的是有越来越多的科学证据表明，全球二氧化碳排放量依然是造成地球环境不稳定的一个重要原因。据国际能源机构估计，在未来25年间，全球能源需求会进一步增加，到2030年，几乎增加60%，其中，2/3的新需求来自发展中国家。现在，世界80%的能源依赖排放二氧化碳的矿物燃料，如果不采取强有力的措施，到2050年，二氧化碳的排放量将翻一番。一方面，要满足世界对能源的需求，另一方面，还要限制二氧化碳的排放量以缓解全球气候变化，二者之间的矛盾会在未来几十年继续给政府、企业和市民造成极大的压力，要求他们改变能源消费模式。

模式和心态已经开始发生变化，尽管很缓慢，但毕竟已经开始了。解决能源问题的新方法已经出现，多数都是通过提高日用产品和技术的效率来减少消费。在过去的几十年里，每个家用电器的能源效率都有了提高。荧光灯的耗电量比爱迪生时代的白炽灯减少了 75％。在过去的 25 年间，冰箱的能源效率提高了三倍。目前，人们更加关注开发超轻型汽车，这种车辆不仅耗能少，而且可以使用替代能源或者混合型燃料，从而减少我们对石油的依赖。记得艾默里·洛文斯在《在石油危机中取胜》(Winning the Oil Endgame) 一书中写道："如果充分利用现在最好的节能技术，到 2025 年，在 GDP 翻一番的情况下，美国石油的消耗量将会节省一半。"

石油危机

下一个工业革命的基础是……在石油危机中取胜。令人惊讶的是，如果把美国现在的石油总消费量用别的方式来替代，开销将低于购买这些石油的费用。受到经济、国家安全和环境的影响，目前的石油市场价格偏离了真实的成本。即使不包括这些现在的"外部"成本，在未来几十年完全替代石油也是有利可图的。实际上，到 2025 年，替代石油的经济年均毛收益达 1 300 亿美元（减去替代费用之后的净收益为 700 亿美元）。实现这个目标不需要革命，只需要强化和加速已经存在的发展趋势：每生产 1 美元 GDP 的耗油量，轻型汽车的燃油能效，都只需要相对于上一次石油危机提高 3/5 的改进速度就可以了。

资料来源：Armory Lovins, *Winning the Oil Endgame：Innovation for Profits, Jobs, and Security*. Reprinted by permission.

还有一个重要的发展，就是人们越来越注重为最终向"氢经济"的转变打好基础，氢将取代石油和天然气，成为主要燃料来源。氢是从汽油、天然气、水、核以及任何一种可再生资源中提取的，它储存的能量比目前的电池效率还高，它在燃料电池里燃烧产生的能效是汽油在内燃机里产生能效的两倍（足以补偿产生它所需要的能源消耗量），而残留物只有水。尽管氢能源汽车和燃料电池已经存在，但科学仍然需要发展，让消费者、生产商、产品设计者、政治家和那些能源行业的从业者相信并共同迈向新能源平台并不那么容易。

然而，正如我的同事彼得·施瓦茨讲的那样，氢能源可能是我们解决能源问题最有效的途径。他在 2003 年的一期《连线》杂志的封面故事中写道:"石油的这种嗜好我们再也消费不起了,不仅仅因为它会耗尽或者把地球变成一个桑拿浴室,而且还因为它不可避免地造成全球冲突。我们需要的是"阿波罗计划"那样的大规模工作,把氢能量释放出来,氢确实是取之不尽的能源。"据施瓦茨估计,要想十年内实现"氢经济"需要花费大约 1 000 亿美元。迄今为止,那样的投入尚未开始。但逐渐地,问题会从"氢能源能否到来"变成"氢能源何时到来"。

全球变暖的证据

▣ 温室气体的大气浓度从 200 年前的 280ppm(百万分比浓度)上升到今天的 370ppm。到 2100 年,预计会升到 500~900ppm。

▣ 今天的二氧化碳排放量是 20 世纪初的 17 倍,二氧化硫排放量则增加了 13 倍。

▣ 20 世纪,地球平均地表温度上升超过 1 华氏度。

▣ 同一时期,海平面上升了 10~20 厘米。

▣ 20 世纪 50 年代以来,北冰洋的冰层厚度下降了 10%~15%。

▣ 根据美国宇航局公布的数据,有记录以来最热的年份都在 1980 年之后。

资料来源:Conference on Human Health and Global Climate Change (1996), National Academy of Sciences; U. S. Global Change Research Information Office; Science and Development Network; NASA.

与此同时,我们也在寻找创造性(尽管属于权宜之计)的方法以减少二氧化碳排放造成的危害,例如,在二氧化碳影响大气层之前,把它封存在地下或者大洋里,通过此举来回收被排放的二氧化碳,并把它储存起来。就目前的技术来看,要想做到这一点是很困难的,也很昂贵,但正在进行一些有发展前景的实验。最近,世界上八大能源公司决定联手开展碳封存(Carbon Sequestration)项目,建立了二氧化碳回收项目,希望降低二氧化碳的回收成本。同时,在地层中大规模储存二氧化碳的项目也在进行之中,其中最著名的就是把二氧化碳封存在位于北海的挪威石

油公司 Statoil 的斯莱普内尔天然气田，以及位于加拿大萨斯喀彻温的油气公司 EnCana 的韦本油田。

另外的发展方向就是继续寻找切实可行的可替代能源，尤其是可再生能源，如风能和太阳能。在过去的几年里，太阳能蓄电池的效率有了很大提高；现在，制造太阳能蓄电池的材料便宜多了，这样，太阳能价格与上网电价相比就有竞争力了。2004 年 12 月，德国开始兴建世界上最大的太阳能发电厂，这家工厂占地 30 英亩。1998 年以来，德国总理施罗德领导的社会民主—绿色联盟开始着手把德国打造成可再生能源的世界领袖。施罗德采取了一个富有政治风险的行动，即提高石油产品的税率，这一行动解放了几十亿美元以用在开发风能和太阳能项目上，同时减少了传统燃料的消费。与此同时，苏格兰也快速成为潮汐发电的先锋，最近它兴建了一个大型的海洋能源中心，用来开发和测试用以获得潮汐能并把它转换成可使用能源的商业设备。

此外，核能作为清洁、安全和用来替代煤炭、天然气和石油的能源也在重新崛起。例如，中国正在深入开发新一代的核反应堆。法国从核能获得的发电量占总发电量的 75%；比利时的核发电量占 58%，韩国占 40%。美国落后，占 20%，但考虑到一提到"核"就会让人想起红旗飘飘和三里岛（Three Mile Island）的景象，这个数字已经不小了。正如彼得·施瓦茨说的那样："核现在就在我们身边，以工业级的数量存在着。"作为重要的替代能源，核能的地位在未来十年将会极大提高。

最后，记得科学作家贾妮·本亚斯（Janine Benyus）曾经说过，对于任何有机体来说，简单的法则就是"让你自己活，也让你的后代活——这里的后代包括从现在起你的一千代后代"。对人类来说，这种挑战的规模越来越大，越来越明显，也越来越让人痛苦，这会在未来十年引起前所未有的关注。然而，已经取得的进展表明，我们的心态越来越乐观，相信在可持续发展问题上，我们有可能取得比当前的假设更好的成绩。这个心态的转变可能会改变我们关于可持续发展的全球对话的论调，从恐惧和反唇相讥到满怀希望，并把它视为共同的目标。

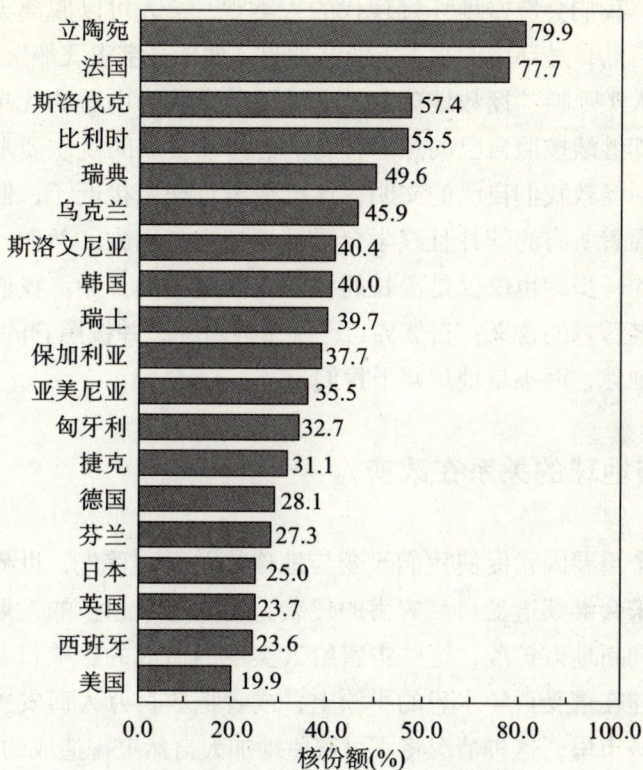

国家	核份额(%)
立陶宛	79.9
法国	77.7
斯洛伐克	57.4
比利时	55.5
瑞典	49.6
乌克兰	45.9
斯洛文尼亚	40.4
韩国	40.0
瑞士	39.7
保加利亚	37.7
亚美尼亚	35.5
匈牙利	32.7
捷克	31.1
德国	28.1
芬兰	27.3
日本	25.0
英国	23.7
西班牙	23.6
美国	19.9

2003 年核发电量在总发电量中所占的份额

资料来源："Energy, Electricity, and Nuclear Power Estimates for the Period Up to 2030," International Atomic Energy Agency, July 2004. Reprinted by permission of the International Atomic Energy Agency.

◯ 地球

自然界总是最后一个才轮到击球。

——佚名

　　未来几年，我们将开始揭开与地球关系的新篇章。我们逐渐明白，我们不是住在一个毫无生气的石头上，更不能将地球理所当然地视作自己的仆人。我们会慢慢地怀疑现代的人类观——人可以脱离大自然，可以主导大自然，是环境的主人，能够驾驭"地球号宇宙飞船"。我们将意识到，在人类呼唤"拯救地球"时充满了以自我为中心的优越感，而实际上地球却继续按照自己的意愿行动。可持续发展的观念要求我们关注地球，从而拯救我们自己的文明，这已经离真理更接近了，但仍然假设我们手里握着所有的牌并且只学会更好地把牌打出去。然而，这仅仅是非常关键的一步，也仅仅是漫长的认知转变过程的开始。我们刚刚重新认识了古老智慧的含义：自然界自己手里握着牌，并按照它的意愿出牌。我们属于地球，而不是地球属于我们。

/ 我们与地球的关系在改变 /

有三个重要因素促使我们改变与地球的关系。首先，世界上的很多地区在未来会继续遭受自然灾害的侵袭。随着越来越多的人聚集在有限的空间并向新地方扩散，这些灾害给人类生活造成的影响日益严重。我们把家园建在遭受百年水患的平原上，或者把数百万人口安置在建在地质断层的城市里，这种情况将不可避免地加大自然灾害造成的影响。

此外，在这个联系日益密切的世界里，人们对这些事件的意识和心理反应也会被强烈地放大。2004 年 12 月发生的海啸毁掉了印度洋沿岸的很多地区，导致数万人丧生，这场灾难让全世界的人都感到悲痛和关切，并伸出了援助之手，在灾难发生的短短几周内，全世界给这个地区提供了 40 亿美元的援助。将来肯定还会发生类似大规模的自然灾害，但我们要更清楚地认识到，地球随意发威的力量是异常大的，而且没有预兆。

其次，最近几年，我们大幅度提高了对地球的监测水平，跟踪和理解它震动、摇晃、倾斜的能力也在不断提高。卫星能够捕获冰帽和全球植被分布图；无人驾驶的潜水艇追随墨西哥湾流游弋，测量温度、气压和盐度；全世界的地面传感器的数量不断增加——它们都与强大的计算机联系起来，获得的所有信息都要经过计算机分析。如此广泛的监测快速深化了我们对全球发生的各种地球变化的认识和理解。

第三，随着日益了解自己给地球造成的影响，尤其是对气候系统造

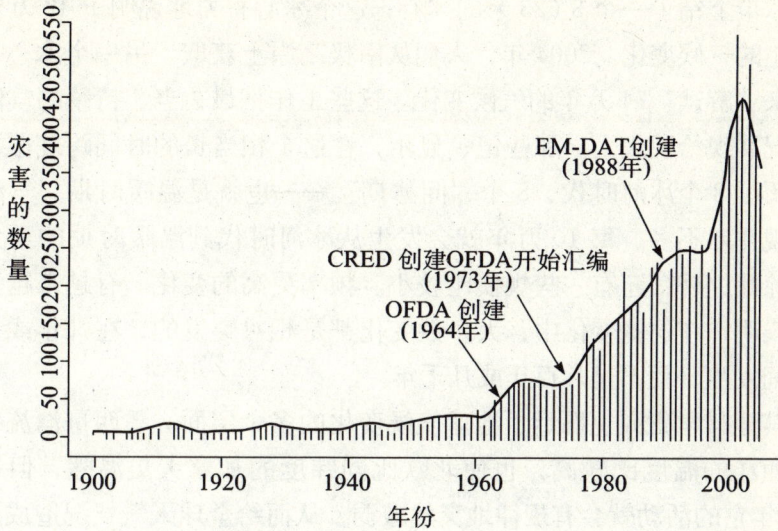

全球自然灾害总量，1900—2004 年

资料来源：EM-DAT：The OFDA/CRED International Disaster Database-www.em-dat. net—Université Catholique de Louvain，Brussels，Belgium. Reprinted by permission of CRED/Our World Foundation.

成的影响，我们也了解到了有趣的事情，就是地球如何以自己的方式决定气候。毫无疑问，人类是造成气候变化的主要因素。现在科学界一致认为，我们生活在一个人造的、全球逐渐变暖的时期。在过去的 150 年间，大气中的二氧化碳浓度从 280ppm 上升到 370 ppm，几乎完全是由于人类的工业活动造成的。二氧化碳浓度的提高一直推动全球平均气温的上升，从而造成世界的很多地区出现了新的不同天气形势：洪涝、旱灾、植被变化、冰川融化和暖流，而且全球变暖的趋势没有缓解。如果我们的排放量达到预测的水平，即大气中二氧化碳的浓度达到 560 ppm，全球气温将上升 20 度——这是自恐龙时代以来地球没有过的热度。正如英国政府的首席科学顾问戴维·金（David King）在 2004 年初说的那样："气候变化是我们今天面临的最严重问题，比恐怖威胁还要严重。"

气候变化很大程度上是人类活动造成的后果，但不完全是这样。地球也是这出戏剧中的一个演员，它也在阅读自己的脚本。气温的大幅变化对地球来说不是新现象。实际上，科学家现在了解到，这种情况发生的频率比以前想象得更高（也更突然）。1999 年，一队俄罗斯科学家在南极冰带上钻了一个 3 623 米的冰心；这个冰心有力地说明了 42 万年以来发生的气候变化。2004 年，人们从南极高原上获取了另一个冰心，可以用来"解读"74 万年的气候变化。这些工作把最古老、持续的气候记录情况展现给现代人。那些记录显示，在这个相当长的时间跨度里，地球经历了 8 个冰河时代，8 个"间冰期"——也就是温暖时期，气温和我们现在差不多。每 10 万年就会发生从冰河时代到温暖时期的重大转变，除此之外，还有一些规模比较小、频率更高的变化。有越来越多的证据表明，在这些变化中，大多数变化都是相对突发的，在几年或者几十年间发生，而不是几百年或几千年。

其他科学研究也揭示了地球气候变化的多个层面。墨西哥湾流导致北大西洋的温度比较高，也使北欧比同纬度的加拿大更温暖，但每隔 5 000 年它的活动就会有规律地突然减弱，从而给全球天气状况造成严重后果。历史上，每当墨西哥湾流减弱时，北半球在十年之内就会发生巨大的气候变化，变得更冷，更干旱，并且多风，从而产生了严冬、狂风暴雨和旱灾。墨西哥湾流的活动已经有 8 000 多年没有减弱了，但有很强的证据表明，可能造成不久的将来又一次洋流减弱的条件正在形成。2005 年 5 月，科学家发现驱动墨西哥湾流的主要"引擎"之一 ——大量冰冷的海水在格陵兰海下沉——的力量已经减弱到正常力量的 1/4。如果这种情况继续下去，海水下沉的力量减弱会引发气候的突然变化，这会在几十年内把北欧变成西伯利亚，在世界范围内产生冷热不稳定的状态，造成食品和水资源的短缺，还有水灾，以及经济和政治的不稳定。

因此，是否应该考虑把北欧人转移到美国？也许这不是解决的办法。其他研究表明，在过去的 2 000 年里美洲大陆发生过五次重大旱灾，每一次波及的范围和持续的时间都比 20 世纪产生俄克拉何马沙尘盆地的旱灾严重得多。著名科学家，也是《一个头脑考虑所有的原因：人类进化和气候突变》(A Brain for All Seasons: Human Evolution and Abrupt Climate Change) 的作者比尔·卡尔文 (Bill Calvin) 把它们描述成"不会退却的旱灾"，并预言我们将在未来经历更多的旱灾。他解释说，历史上，类似的气候变化事件通常局限在某些地区，但带来长期的破坏威胁；它们会造成某一地区的气候"反复异常"，使之成为不适合居住的地区。

　　放眼未来，地球上的一些地方很有可能会经历气候突变的时期。美国国家研究委员会公布的证据表明，自上一个冰河时代以来，大约一半的北大西洋变暖的情况仅仅是在十年之内发生的，并指出，由于气候在压力之下会发生突变，现在全球变暖的趋势会"提高大型的、突发的、不好的区域性或者全球性气候过程发生的可能性"——不仅仅变暖，而且变得"不可思议"。正如研究环境问题的专家保罗·霍肯（Paul Hawken）讲的那样："与全球变暖有关的一个问题是用词不当……不是一切都会变得炎热潮湿，而是变得更加不稳定。"

　　20 世纪 50 年代，出现过 13 个"极端的天气事件"；90 年代出现过 72 个。给这些灾难性事件进行投保的费用越来越高，而且也很难找到愿意承保的保险公司。在 2004 年前 10 个月里（在南亚海啸发生之前），自然灾害给保险业造成 350 亿美元的损失，而在 2003 年，这个数字是 160 亿。在这 10 个月里，总经济损失（很多都没有投保）从 2003 年的 630 亿美元上升到 900 亿美元左右，居于记录在案的最高损失之列。

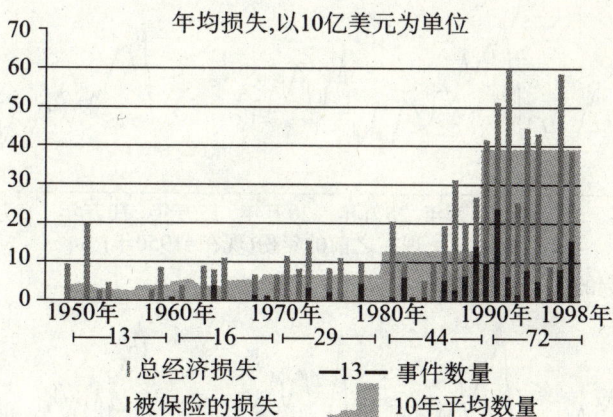

极端的天气事件给全球造成的损失

资料来源：Intergovernmental Panel on Climate Change（IPCC）. The United Nations is the author of the original material. Data adjusted for inflation. Reprinted by permission.

/ 承认复杂性，避免不作为 /

　　我们有必要了解和认识日趋复杂的气候变化形势，在这个过程中，地球本身的活动是重要原因之一，给地区之间造成的影响多种多样，互不相同，异乎寻常的天气事件也更加普遍。简单看待这个问题是极端有害的。举个例子，俄罗斯前总统普京在 2003 年说过一段话："气温升高两三度对像俄罗斯这样的北方国家并不是很糟糕。我们可以少花点钱购买裘皮大衣，粮食也会大丰收。"即便是为了达到幽默的效果，但如此评论显然没有正确理解全人类共同面对的挑战的规模和性质。

　　同样，很多人倡导积极改变生活方式和经济模式以大幅减少二氧化碳的排放量，但他们得出的结论也过于仓促和过于简单。例如，二氧化碳和气温之间的关系似乎到了前所未有的爆炸点，使气候回到了冰河时代之前的不稳定状态。如果气候是沿非线性路径变化怎么办？理论上讲，可以想象得出（尽管不太可能），在现在的高点注入二氧化碳可能会阻止它的下滑，正如以前每一次一样。但问题是，谁也不能肯定什么，正是因为这一点，使我们对复杂气候变化不断深入了解的努力变得更加重要。

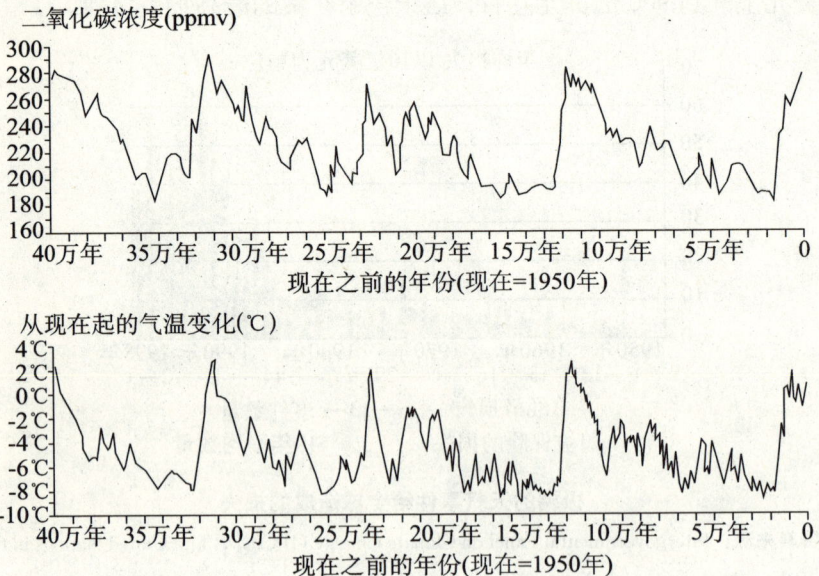

过去 40 万年间气温与大气层中二氧化碳的浓度之间的关系

资料来源：J. R. Petit, J. Jouzel, et al., "Climate and Atmospheric History of the Past 420 000 Years From the Vostok Ice Core in Antarctica," *Nature*, June 3, 1999; http://www.grida.no/climate/vital/02.htm. Reprinted by permission of Nature Publishing Group.

未来十年，我们会逐渐地把地球视为一个复杂的生命系统，人类在其中发挥着重要作用，他们影响着地球但不控制地球。20 世纪 70 年代，詹姆斯·洛夫洛克（James Lovelock）打了一个"盖亚"（Gaia）[①] 的比喻（没被人们接受，而且还受到了辱骂，但在未来值得回味）。他说："也许地球是有生命的，不像我们古人认为的那样——是一个有感觉、有目标、有前瞻性的女神——而是像树一样的生命体。树静悄悄地存在着，除了在风中摇摆之外，从来不动，但不停地和阳光、土壤说话。依靠阳光、水和营养矿物质生长和变化。但它做的所有这些都是觉察不到的，对我来说，草地上的那棵老橡树和我儿时看到的没什么变化。"把我们的地球看作一个复杂的有机整体有助于我们更好地了解它的需求、模式和未来。

然而，我们也同样不能因为不完全了解地球正在发生变化的气候而陷入"分析过多而不采取行动"的境地。这么做在今天来说是存在一定危险的，很多发达国家抵制改变自己的做法，仅仅因为不能完全证明这些变化是必要的（也许除了为时已晚的后知后觉）。由此，非常合情合理的是，很多发展中国家并不愿意让步或者限制自己的发展道路，毕竟发达国家在过去也没有这么做。

/ 通往未来的五条道路 /

未来十年，关于地球所面临的挑战，我们掌握的知识和采取的行动将沿着五条路而前行。第一个是学习，在这方面我们已经取得了很大进步。我们对气候模式的了解正在深入。我们广泛地对地球的气候系统进行跟踪监测。我们关注天气事件，探究它们之间的联系，以便更加系统地了解它们。我们在地球发生变化时对它们进行观察、测量和评估。我们以日益复杂的方式对地球的气候系统进行建模和模拟。但学习确实需要一种改变我们思维的能力，需要心胸宽广，善于提问，而这些特质尚未在关于环境问题的民生、政治甚至科学的对话中体现出来。

第二个道路是减轻污染——尤其体现在限制二氧化碳排放量严肃的

[①] 希腊神话中的大地女神。——译者注

全球任务上。正如布赖恩·费根说的那样："这个时代要求我们去了解全球气候反复无常的变化，去研究它的情绪变化，努力让我们的天空相对没有过多的温室气体，我们必须和 5000 年前美索不达米亚的农民一样勤奋，为了让他们的灌溉沟渠没有淤泥，他们不得不了解幼发拉底河的脾气。否则，神就会发怒。"今天，我们正沿着减轻的道路蹒跚而行，不清楚目的地，争吵着谁应该先走，应该走多快。但至少我们在走。

《京都议定书》（The Kyoto Protocol）是最好的例子。这个条约在 2005 年 2 月生效，它给每个国家都制定了二氧化碳的减排目标。尽管美国拒绝签署议定书——它自己的二氧化碳排放量就占了工业国家的 36%——但很多国家一起勇敢地做出了应对全球变暖的选择，此时它们还能够应对。我的专栏作家朋友温格·戴尔（Gwynne Dyer）非常到位地总结了《京都议定书》的重要意义："《京都议定书》是第一部具有法律约束力的关于环境的国际协定……以这种方式让各国为了全球工业政策而让渡国家利益，这是史无前例的——但对于解决像气候变化这样的全球问题却是至关重要的。"

第三条路是翻新改造——地球上的很多地方面临着越来越大的压力，即便如此也要想出我们能够继续居住下去的办法。在某种程度上，我们对大自然进行改造已经几千年了，尤其是当大海侵袭居住地时，人类构建了海岸防御工程。尽管有希望能够建造出大规模的改造工程，但我们在这方面需要做的工作的规模是前所未有的。马尔代夫是位于印度西南方向的印度洋岛国，拥有 1 000 多个珊瑚岛，是地球上地势最低的国家；首都马累海拔只有 3 英尺。面对海平面上升带来的破坏，马尔代夫总统穆蒙·阿卜杜勒·加尧姆（Maumoon Abdul Gayoom）决定建设一个全新的岛屿——海拔 6 英尺的呼鲁马累岛（Hulhumale）。迄今为止，这个工程耗资 6 000 亿美元，居民已有 1 000 多人（到 2040 年，当工程竣工时，居民人数将达到 15 万人）。这座岛屿意外受到了 2004 年 12 月海啸的考验；但它幸存下来，仅遭受了非常小的损失，而马尔代夫的其他岛屿都被摧毁了。

第四条路，令人伤心地撤出，因为有的陆地保不住了，人类无法居住，只有选择撤出。在一些地区，海岸防御工程的费用不断增加，这推动了把陆地还给海洋的政策。但在未来几年，我们将被迫离开已经居住几千年的土地。居住在加拿大、阿拉斯加、格陵兰岛和俄罗斯的 15.5 万因纽特人面临着自己文化遭受毁灭的危险，这是与他们居住的地理环境密切相关的。多年以来，因纽特猎人和老年人已经观察到永久冻土、冰川和海冰正在融化的现象；无法预测的异常天气状况；植被发生了变化；出现了从未见过的新物种，包括仓鸮（barn owl）和蚊子。他们担心自己的生活方式也会消失，可悲的是，他们也许言中了。

最后，第五条路是超越——想象并准备着以极其不同的方式把人类安置在这个星球上，甚至可能在别的地方，并为之做好准备。我们不必在未来十年开始一切令人瞩目的事情。但随着越来越了解人与地球的紧张关系，我们将开始探索创新的想法。除了实施积极的新能源战略，还可以包括设计出巨大的工程壮举，如巨型镜子来反射太阳光。我们甚至将会（以比现在更务实的态度）开始探索如何在另一个星球上假造出大气层和环境来养活我们繁衍不息的物种——如科幻小说中描写的那样"按照地球的形态去构建"其他世界，这并非痴人说梦。

有证据表明在未来十年或者更长的时间里，我们会看到我们的星球和文明将受到前所未有的挑战。如果我们觉得自己今天生活在强势时代，地球将会跳出来告诉我们："好戏还在后头呢。"我们如何应对挑战将决定于下一个世纪，以及在相互依存日益紧密的世界里我们对"我们"的理解。在未来，全世界应该携起手来应对共同的挑战，而不能相互指责，只有这样，我们这种喜欢争论的动物才能够实现一定程度的团结统一，我们离这个目标曾渐行渐远。

2

Powerful Times

如果……会怎样？为未来的挑战而改变

> 通往智慧的道路是怎样的呢？ 说起来很简单。 犯错误， 犯错误， 再犯错误， 但犯的错误越来越少， 越来越少。
>
> ——皮特·海因 (Piet Hein)

我们在前面的章节中罗列了一些动态矛盾，这为认识和跟踪改造今天世界的巨大关联性力量提供了参考标志。对自然、实力以及每一个力量的两重性了解得越多，我们越能从噪音中捕获有用的信号，也越能够理解我们身边发生的事情，因为我们处在这样一个世界里：

● 在丰富的信息、强大的分析能力、无所不在的连通性和非凡的透明性推动下，我们喜欢前所未有的清晰透明——而这些力量也造就了混沌，每个故事和阴谋理论无论怎样荒诞，在对真实资料进行歪曲之后好像都很可信，而且像病毒一样快速传播。

● 世俗理想继续推动很多现代文明向前发展，尤其在治理和商务方面——但它不得不与强大的、截然不同的宗教世界观并存，并一同发展。

● 美国似乎习惯拥有无法匹敌的军事力量，然而却面临着挑战，单凭硬实力是应对不了的，可软实力却衰弱了——当各种威胁紧逼过来时，西方世界越发感到脆弱。

● 技术进步的步伐加快，使我们拥有更加强大的力量去控制这个世界，统治自然界和生命本身，但这引发了越来越多（在世界范围内不均衡）对道德、伦理和实效的忧虑，以及对科学毫无约束的追求而产生的严重后果。

● 随着数量与价值的关系在服务业、体验和虚拟世界的下降，经济变得越发无形——然而随着我们不得不对各处重要的基础设施进行修复和建造，有形经济也越来越重要。

● 随着新参与者在世界经济中发挥越来越大的影响力，经济繁荣进一步在全球范围内延伸——但一些国家和地区以及某些团体出现了衰退，这使表现好的和表现差的群体之间出现了两极分化。

● 人的需求和期望迫切要求密切关注可持续发展的原则——然而实际地球也在不以人类意志为转移地运转着，从而让我们对人类文明足迹的主导性表现出更多怀疑与担忧。

这里也有很多机遇，发展前景也是很光明的。我们可以做出这样的期待，国际事务显现出前所未有（尽管不完美）的透明性，越来越多的人享受到这个时代产生的繁荣，科学突破能够帮助我们以新的更好的方式来养活我们，治愈我们的疾病。我们怀有这样乐观的心态是有真实而重要的理由的。不过，我们也会关注一些日益严峻的挑战，并且必须在未来加以解决。

当我们考虑这些矛盾之间存在的相互作用时，这些挑战就变得越来越突出。例如，生物技术手段的传播和民主化有可能增加遭受生物恐怖主义袭击的可能性。相互矛盾的宗教世界观的兴起会加剧隔离感和脆弱感。贫富之间的两极分化在高度透明的世界里变得极其明显——这将造成新形式的不满，从而促使创新的脚步加快以满足几十亿人尚未满足的需求。随着美国在动乱地区部署兵力，它的行动以及不可避免带来的非法行为将会受到全世界的监视、关注、宣传和夸大，美国可能会遭到更加强烈的抵制（例如，阿布格莱布监狱①的那些令人不舒服的画面几乎成为图腾，在世界的很多地方成为艺术和涂鸦的主题）。繁荣惠及的地区越来越多，消费尤其是对矿物燃料的消费不断增加，都会让气候变化的问题日益严重，从而进一步加快了对能源技术和其他解决方式的创新脚

---

① 巴格达西部的监狱，曾被媒体揭露过美军虐待伊拉克战俘的丑闻。——译者注

步。新的、强大的全球化参与者拥有的产权制度不够严谨和完善，加上无形经济中知识的价值日益提高，这都对现有的保护知识产权的国际措施的有效性提出了严峻挑战。最后，所有这些动态矛盾会以各种方式结合起来，产生日益严重的地缘政治矛盾、安全挑战和新的危险。

/ 振奋精神迎接新挑战 /

历史的确是变化的——我们这个强势时代似乎带来了程度如此严重、种类如此繁多的挑战，如果想郑重思考一下未来都会感到有些不知所措。不过，我们是富有创新和意志的动物，我们会做出重大的改变，从而能让我们走上通往不确定的未来的新道路，我对此毫不怀疑。特别是我们将在两个关键的领域取得新的重大进步：如何产生联系——治理领域；如何创造——创新领域。接下来的两章将深入探讨这两个问题。

治理问题围绕着如何整理规则和规范，如何管制自己，如何相互联系，这样我们不仅把良好的治理——安全、经济进步、保护权利——在实现传统目标方面取得的成就传播开来，也在解决日益严峻的世界挑战时形成全球凝聚力。创新是关于创造新方法、新的解决方案、新商品和服务的方式以及地点，尤其是解决欠发达地区人们的需求的创新，创造保持地球繁荣的可持续方式的创新以及改进教育和学习方法的创新。我们有能力应对治理和创新提出的复杂挑战，但它需要新的方法和新的思维习惯，要求摆脱一些固有的思维方式。但这不能总是像下面的故事那样顺其自然。

第二次世界大战之初，英国军队感到很困惑。布尔战争①以来，他们一直使用重型火炮（与过去的区别是现在用机械卡车而不是用马把火炮拉到战场上），英国火炮手发现自己的发射速度赶不上德军，而敌人用的也是类似的火炮。他们感到十分不解，又找不到装弹—瞄准—点火的程序有什么问题，于是转向了时间—运动这个新领域对此进行研究，以求找到表现不佳的原因。

他们聘请了一名该领域的专家，此人静静地观察士兵们的操作过程。

---

① 1899—1902 年英国人与布尔人的战争。——译者注

他录制了原始影像，反复地进行研究。他很快发现，他们的程序中有一个环节他无法合理地做出解释：就在火炮开炮之前，两名士兵退了出来，向后退，以敬礼姿势站着直到射击结束，接着，他们才回去帮助填炮弹。专家想，这显然造成了效率低下。由于不熟悉军事问题，他设想肯定有具有说服力的逻辑可以解释它。因此，他把影像放给一位上了年纪的火炮上校看，上校看了一遍，琢磨着画面，要求再放一遍，接着开始大笑。他说："是的，我知道他们在干什么。他们不需要这么做——完全不再需要。他们在拉马，以免马受惊！"在未来十年，如果我们要应对这个时代的挑战，能够做到"把马松开"并接受变化的必要性，是十分重要的。

/ 组织起来应对变化/

然而，在探讨治理和创新领域之前，我们有必要考虑另外一个动态矛盾："……和……都……"，因为这一对矛盾支持着上面两个问题的发展变化：我们如何在组织中安排、领导以及工作，如何在这方面不断取得进步。不要忘了，近来，自治组织成为国际事务的强大参与者。只是在过去的几个世纪里，独立实体才不受制于统治者或者教会而独立发挥重要作用，能够做出自己的决策（但受到社会和法律的一定限制），追求自身的利益和机遇。主要是在过去的 100 年间，我们在头脑中形成了对组织如何发挥作用、如何构成的模式——而这个模式今天看来仅有部分是正确的，因为随着知识经济的根深蒂固，我们的组织已经朝着不同方向快速发展。

在过去的 20 年里，多数组织都经历了重大变化。然而，我们往往默认组织具有等级森严、集权和从上至下的特点，尽管很多组织已经表现出新的甚至相反的特点，如网络化、权力分散、从下至上。这两种模式——我把它们分别称为"城堡式"和"网式"——通常在同一个组织里并存。

"城堡式"组织是有序的、理性的、充满活力的。你可以把这种组织想象成被高墙围绕，每个出口都有大门，可以送进需要的资源，运走成品。"城堡式"组织是 20 世纪发展和完善起来的，这是它们感到自然直观的原因。权力明晰，几乎不受挑战；决策是根据专家提供的清晰数据而做出的；制定计划并用来配置资源和开展所有活动；结构和体系清晰鲜明；成功的衡量标准明确，来自对正确方法和程序的反复尝试；为清楚地界定岗位而将工作程序化；资产有所属，账面价值清晰明了。对"城堡式"组织的看法流行一个比喻——这个比喻存在的时间也比较长了——就是把组织看作一台机器——不断地被校准，不停地被测试，严格地进行构建以取得最高的效率，位于价值"链"之内，偶尔被重新构造。（回想一下多数组织的框架图，看起来好像电路图或者是安装说明书。）

"城堡式"组织是在工业时代发展起来的，也是为工业时代服务的，泰勒主义（Taylorist）的组织理念帮助我们走进大规模生产和自动化的新世界。这个模式在保证效率、生产力、质量和侧重点方面表现得相当出色，但它在我们这个知识密集型的动态世界里存在明显的缺陷。然而，"城堡式"组织在我们的头脑中已经根深蒂固，我们常常很难理解和接受最近几十年出现的其他组织模式，那些模式为了应对未来复杂的挑战表现更加流畅、自我组织和权力分散，实际上我们需要这样的模式。我们正在朝这个方向转变，也就是把效率高的"城堡式"模式要素和比较流畅的"网式"模式的要素结合起来。当组织越来越注重吸收、整合和联合人才，而不再简单地控制人类的程序化和具体的活动，这个转变会进一步加快。

相比之下，"网式"组织混乱、变化、模糊，相互纠缠，不透明，也不熟悉，很难把握。通常很难弄清它们在哪里终止，与它们相互影响的组织又从哪里开始。它们需要比较多但不太正式的沟通交流（通常是虚拟的和技术辅助的），围绕着一致同意的原则和意图进行自我组织，不断进行战略对话，通过结合多种观点来寻求新的知识和理解。关系和责任不固定；结构灵活，不断发展变化；工作可以是多方位的并不断发生变化。创新往往预示着成功，对新发现的重视如同对已知世界的开发一样重要。高度重视速度和创造力。领导鼓励提出问题——类似"我们还必须学什么"这样的问题——这要求他们愿意承认自己的无知。资产负债表通常有很多无形资产。在这个变化中的背景下，对组织的比喻是生物方面的。我们不能真正"建立"有效的组织：它们自己长大。我们不能总是对它们重新改造：它们要自己适应和改变。它们更像有机体而不是机器。它们在坚固的价值链里通常处于不稳定的环节，是演变之中的价值体系这个"生态系统"的组成部分，它们反复、非线性，相互间具有复杂的关系和作用。

　　我们在前面已经探讨了其他动态矛盾，我们必须承认这两个模式具有"……和……都……"性质；两个模式都既有优点又有缺点，两个都以混合的形式存在于多数组织之中。但"网式"结构不断发展，变得更重要，范围会更广，我们必须为此做好准备。"城堡式"在工业经济中非常有效，因为组织设计的主要目标是控制生产过程，实现传统生产要素的最优化，管理在那里工作的"手"。但当我们环顾四周时，发现"网式"结构的特点更适合比较新的要求：创造、联合、运用创造新形式价值的知识和思想，对环境变化和消费者需求做出快速回应，整合复杂的过程，吸引和引导重要价值创造者的头脑。如果我们想振奋精神迎接这个时代的挑战，上面提到的这些都是必要的。

　　除此之外，"网式"结构鼓励跨组织的合作，而且也有能力做到这一点。这是治理（更加依赖多角色发起的行动）和创新（网络化、自下而上和开源生产过程变得日益重要）在未来具有的重要特点。在思考任意一个模式时，最好记住："城堡式"和"网式"的结构和行为，组织都需要——并且应该认识到，后者的力量和影响也许会远远超过传统期望所能想象的程度。

第 8 章　治　理

　　在第二次世界大战的废墟中，新的世界秩序形成了。我们面对着两个全球超级大国之间的危险对立和原子弹的部署。西欧在不到 30 年里第二次成为废墟，和平条约造就了新的民族国家。然而，世界（在美国强力的领导下）演变出了新的体系，包括制度、关系、条约、监管框架，以及维持新的全球秩序 40 年的权力制衡。

　　产生于那个时代的一些要素今天依然可见。然而，在冷战结束后，世界进入了一个新的更平静的变化时期。几乎没有暴力和破坏，这与 20 世纪 40 年代末的紧迫感形成了鲜明对比，因此自我满足感油然而生。西方少了为新的全球政治格局积极设计和创造条件的动力。相反，20 世纪 80 年代末和整个 90 年代，随着市场力量、民主至上以及人类对自由和自治的本能要求这些不可避免的历史力量汇聚到一起，新的全球秩序自然而然地产生，并且势不可挡。

　　事实上，当我们为新千年做准备时，未来的新篇章从柏林墙倒塌开始，已经在我们眼前自然地展开：西方资本主义为地球的未来赢得了"不是……就是……"的战争，随之而来的概念如民主、开放的贸易、自由市场和自由选择，都将从此影响世界。经济要素决定未来的发展道路；让财富和机遇惠及更多的人成为首要任务，政治和社会变化也必然相伴而来。亚当·斯密的"看不见的手"正悄然把世界重新打造成西方的形象。当他的门徒玛格丽特·撒切尔做著名的"TINA"（There Is No Alternative）宣言："没有选择余地"时，她是对的。在整个 90 年代，这个正统的说法成为我们这个时代共同的声音。

精明的评论家用言简意赅的语言捕捉到了主流精神。约翰·威廉森（John Williamson）提出的"华盛顿共识"的概念为拉丁美洲实现发展制定了首选政策，当然也可以把这个范围扩展到更广大的发展中世界。这个共识的核心特点显示出对开放市场具有极大的信心：财政纪律、税制改革、贸易和利率自由化、对外国直接投资开放市场、私有化、减少国家对经济的干预、透明安全的产权。在冷战结束时，乔治·布什总统宣布创造"新的世界秩序"，他不是暗示要全面修订跨国的政治、法律和机构的框架，而是表达了这个时代的基本设想，即全球商业的兴起以及机构授权会在经济全球化和市场力量的基础上为新的、广泛自我组织的秩序提供核心平台。

这个观点受到了批评和质疑，但主要来自边缘群体，世界上那些传统的左翼倾向的政党都欢迎新的资本主义秩序。不过有些担心也是合理的。有人怀疑，40 年前产生的治理手段和方法是为了一个与当代截然不同的时代，现在能在多大程度上支持和维护新的秩序并不可知。有人评论说，在强大的公司和国际组织的推动下，市场自由化产生了复杂、相互联系的全球经济和社会体系，控制起来难度很大，容易受不同的甚至是截然相反的力量的影响。也有人担心，西方用了几百年才形成了复杂的基础设施、法律、文化、规范和社会体系来支持它的资本主义模式，然而，全球化的力量、技术的快速进步、不断增加的连通性和不断提高的透明性正在全面展开并快速地扩散，新的参与者试图用 10 年或者 20 年的时间来加速自身的演变过程。

今天看来，这样的担心是有先见之明的。事实上，我们在 20 世纪末耐心为世界秩序打造的以市场为导向的机制已显现出它的局限性。为实现商业零摩擦而设计的规章制度、国际标准、贸易法和金融机构正面临着遭到破坏的危险，这些危险来自公司的假账丑闻，还有与国际体系针锋相对的像中国和巴西这样强大的势力。

新兴的全球治理

目前的世界秩序不可能让我们顺利渡过这些强势时代，肯定会在未来十年发生相当大的变化。随着这个现实变得越来越清楚，"全球治理"的概念也引起了越来越多的关注。"全球治理"和"全球政府"不是一回事——后者一方面让人想起了不祥的黑色直升机的样子和为主导世界而造的阴谋理论，另一方面是乌托邦的幻觉，一个能够带来凝聚力、秩序、平等和公正的温和而睿智的当局。按照现在的说法，全球治理并不一定需要一个挥舞等级权杖的中央集权的官方机构。但真实情况是，界定什么不是全球治理比界定什么是全球治理更容易；现在还没有出现广被接受的定义。也许最高水平的定义能在 1995 年为纪念联合国成立 50 周年联合国全球治理委员会（Commission on Global Governance）发表的宣言——《我们的全球社区》(Our Global Neighborhood) 里找到。此宣言说："发展全球治理是为人类不断改进所付出组织地球生活的努力的一部分。"

我们还没有得到一个比较准确的"全球治理"的定义，这是今天全球治理新生的性质决定的。我们身边已经开始出现新秩序，不过还没有得到明确或者有意识的规划。这个实际存在的全球治理马上会发挥作用，因为它正在对各种处于复杂和演化体系中的过程、方法、政策、行动和参与者进行尝试。全球治理体系的新生性质存在着优点。的确，亚当·斯密的"看不见的手"在这里也发挥着重要作用——特别是，亚当·斯密杜撰的这个术语是指人性的积极力量，而不是市场本身的力量。

然而，我们不能指望这个零碎的体系能够实现自我最优化来面对我们这个时代的挑战。事实上，我们这个全球系统中的元素越发一致和兼容，它们建立起共同的安全、繁荣和包容，但为了解决和避免系统出现危机，这些要素必须更加紧密联系，形成共同点。

我们需要以全新的态度面对全球治理，有两个相互联系的问题促使我们这样做，而这两个问题都需要我们"松开马"。第一个问题是，我们目前对治理的期望和标准过于依赖"民族国家"这个概念，这个概念源自 350 年前的《威斯特伐利亚条约》（Treaty of Westphalia）。第二个问题是，我们必须应对的全球问题是相互联系的，又是方方面面的，因此，完全不应该局限于某个国家。

民族国家，尤其是那些富裕的民族国家往往倾向于制定自己的规则来保护自己的自主权，总是根据每个个案的情况决定是否加入某个条约协定以及是否遵守国际标准。它们仍然对多边组织有着极其重要的影响力；例如，联合国、世界银行和国际货币基金组织的投票权都会给最强的国家以特权。不过，由于"民族"的概念依然占主导地位，要想在民族治理的实施过程中进行切实的创新几乎是不可能的。某种形式的民主在普及方面取得了重大成就（全世界有 193 个国家，其中将近有 140 个国家定期举行多党选举），人们也越发注重向那些表现不佳的国家输出"良好的治理"。虽然这种转移最好做法的现象不断增加，但民族治理的新做法并没有取得很大发展。但是，全球、地区和地方都在对治理方法进行大量尝试，而且治理方法也发生了相当大的变化。除此之外，很多新能源、行动和前进方向的制定不是来自国家或者政府机构，而是来自其他参与者，特别是跨国公司和非政府组织，不过，它们的合法性仍然是个问题。

与此同时，很多迫切的问题显然在性质上是跨国界的，或者说是全球性的。即便那些传统上与治理相关的领域，如安全、繁荣和包容等方面出现的问题，在全球经济日益开放的时代并不能单单由民族国家解决。在使用武力上，国家显然失去了垄断地位；要想在世界上部署和规划武力，你不再需要军队或者军工集团。恐怖活动不限于某个国家，行动范围超出了我们正常的国际公约；现代武器技术使小股组织严密的人能对国家独有的宣战权发出挑战；安全问题日益复杂，因为世界上一些地区还远远没有融进全球大家庭之中，威胁随处可见。因此，在我们的全球秩序内总有持续骚乱的地区——我们知道，我们再也不能忽视那些知之甚少的偏远地区。因为某个地区的骚乱会影响所有地方的安全。正如托马斯·巴内特（Thomas Barnett）在《五角大楼的新地图》（The Pentagons New Map）一书中论述的那样："只要把全球化趋势减弱的地方或者根本没有融入全球化的地方给我指出来，我就可以告诉你有哪些地区正受着强制政权的统治，受着大面积的贫穷和流行疾病的困扰，感受经常发生的大规模屠杀的恐惧。最重要的是，这种长期的冲突会促使下一代的全球恐怖分子的出现。"

事实上，有些问题可能会发展成长期的系统危机，但很少有问题是限于国家范围之内的。环境问题——污染、气候变化、物种多样性的丧失——都是全球性问题。武器扩散、人口走私、毒品交易，以及其他日益全球化的犯罪形式，传染疾病的发生和扩散——每个问题都非常迫切，然而，几乎没人敢说这些问题得到了有效处理，或者说已经得到了解决。

我们这个时代的重要问题在本质上是跨国界的或者是全球性的，国家政府轻易解决不了，或者不能得到最好的解决。然而，我们的治理体系过于倾向保护民族国家的力量。今天，世界上很多属于国家政府的正规力量缺乏应对全球重大挑战的能力。这是我们当前形势存在的一个根本弱点。

因此，我们期望在未来十年或者更长时期用什么来处理全球治理的问题？历史经验表明，三个主要方法能够实现一致性和有序性。首先是霸权，它建立在单一权力机构的不可动摇的力量基础之上，这个政权谋求帝国地位。其次是当相互竞争的力量达到相持的平衡状态时（基于国家力量或者竞争性同盟发展程度的势均力敌），这种平衡至少能够创造一段时间的稳定状态；冷战是最明显也是最近发生的例证。最后是多边主义，出于共同的利益相互做出让步，从而形成联合，实现和谐；它包括根据一致同意的协议、规则和原则来平衡利益、接受和协调差异、保护和维护和平，以及在此基础上建立的国际体系。国际联盟是第一个尝试这个办法的国际组织；它的继任者联合国是目前多边主义的代表。

今天，当我们朝着充满希望的"新的世界秩序"迈进时，上面提到的这三个方法都在发挥作用，而且是以全新的有趣的方式在发挥作用。目前，美国完全可以被视为世界上唯一的超级大国——霸主。然而，推动美国的不是谋求帝国力量的传统愿望，而是双重愿望（既高尚也自私），希望能够传播民主，同时避免混乱造成的巨大损失。埃利奥特·A·科恩（Eliot A. Cohen）在"历史与超级大国"一文中写道："过去的那些大国——出于荣耀、贪婪和绝对竞争力的原因——渴望殖民地。相反，在21世纪，把力量投入另一个国家不是源于利益或者野心的诱惑，而是出于对混乱的恐惧。"科恩继续把美国霸权视为未来全球秩序的唯一

可能的形式，并指出唯一的不确定性就是实施的好坏问题："真正的可能
性在于美国霸权实施的过程是智慧还是愚蠢，是始终如一还是软弱无力，
是安全还是危险。也许未来将证明科恩是对的，但不能保证世界的其他
国家长期乐于接受这个全球秩序。

　　其他国家也正在积极参与规划未来，它们能在其中对世界施加影响，
发挥重要的职能作用，回归到一个基于力量平衡的全球秩序中去，这个
全球秩序也可能通过多边机构不断强化的治理能力来实现。中国在这方
面表现得很突出，正在有条不紊地开展工作，力图在亚洲以及世界的其
他地区发挥领导作用，这将加快它成为未来均衡力量的步伐。与此同时，
多边主义的创新和尝试也在进行之中。自然，联合国和它的支持者仍然
赞成授予国际组织和条约以更多的权力——我们将会看到这种趋势持续
下去。

　　也许比较有趣的是那些给全球带来希望的对多边主义的创新和尝试。
其中，很多多边组织都是围绕问题或者围绕地区而设立的。例如，在实
现"联合国千年发展目标"的背后，出现了越来越多的联合和支持，这
鼓励所有国家共同致力于解决目标问题，如消除贫困。同时，有令人振
奋的现象表明，很多行动者和机构正在学习合作，像它们在 2004 年末共
同应对海啸那样，去处理毁灭性的问题。

　　不过，在新治理方面，最成熟、最有意思和富有创新精神的是雄心
勃勃的——也常常让人忧虑的——欧盟的尝试。欧盟是出色的新层次的
多边主义，国家职能归在强大的区域治理体系之中。不过，它也是新形
式的力量——在自愿、自我创造和区域集团的层面上，而不是在国家或
者帝国层面上。

　　尽管不断面临着严峻挑战，欧盟仍然最终发展成为一个比较复杂的
区域治理范例，这超出了十年前很多人的预料。欧盟目前有 25 个成员
国①，还有其他国家正在排队加入，这是一个组织严密、法规明确的复
杂体系，能让各国相互参与内政。在超出民族国家的背景之下，这个跨
国界的治理体系在保留国界的情况下弱化了"国界"的观念。欧盟逐渐
形成了一套复杂而有效的治理原则、精细的投票机制，并致力于帮助整

―――――――――

① 到 2009 年，欧盟已有 29 个成员国。——译者注

个欧洲大陆实现繁荣。这是一个全新的集有序性和多样性于一体的混合体（有时也被称为"弹性几何学"）。欧盟的重要意义往往被美国甚至欧洲内部的评论家所低估——主要原因是欧盟的发展过程不断地被危机和混乱状态所打断，最近的例子就是，几个国家的民众投票反对拟定的新宪法。但这些挫折不应该掩盖这个大胆的、不断创新的治理体系的重要意义，我们也不能忽视这个情况，即欧盟的主要特征可能成为未来全球治理的基础。琼·莫内（Jean Monnet）是第二次世界大战后欧洲共同体的创始人之一，他在回忆录中得出这样的结论："共同体本身只不过是通往明天有机世界的一个阶段。"

今天有很多组织和行动的模式将在影响未来全球治理方面发挥作用，然而，没有一个能够完全成功。当美国在伊拉克遭到了顽强的抵抗时，它发现了自己的军事力量有限这一严酷的现实。此外，部署硬的军事力量似乎冒着破坏软的政治影响力的危险。在今天复杂动荡的环境里，联合国和它繁衍出来的多边组织似乎比任何时候都没有信心，也没有以前那么稳固。欧盟模式仍然在反复试验中前行，走两步，退一步，在给全球提供一个新样板之前，它还有很长的一段路要走。即便完善成熟了，它可能也是给区域融合制定标准，而不能推广到全球。例如，拉丁美洲在思考和设计自己的区域组织时正在密切关注欧盟，准备向它学习。

地方在治理方面的创新

我们还能在哪里寻求突破呢？为了找到答案，必须先从全球、区域和国家的层面下来，看看地方治理的情况如何。在地方层面我们看到了新方法正在蓬勃发展，民众踊跃参与创新可能会给全球治理的未来提供新的见地。

● 2002年7月，在纽约城的贾维茨中心的一个大型飞机棚里，来自各行各业的5 000名市民参加了由"重建纽约下城公民联盟"（Civic Allliance to Rebuild Downtown New York）组织的活动。他们坐在 10 张桌子前，组织者要求他们考虑一下重新开发世贸中心遗址的想法，并提出宝贵意见。根据皮特·哈米尔（Pete Hammill）在《纽约每日新闻》（*New York Daily News*）上发表的报道说："每组讨论都严肃、深思熟虑、彬彬有礼。我们可以用一个词来形容他们正在做的事情——民主……房间里的热闹气氛是拍摄不下来的，但它和座椅、电脑一样是实实在在的。那天晚些时候，公布了集体表决的结果，表达了大会的设想和观点。所有一切都表现出审慎的智慧。"

● 2003 年，英属哥伦比亚省政府组建了选举改革市民大会，由随机选取的 160 名市民组成，要求对省里新开的投票系统提出建议。10 个月后，在经过严肃的商议和审查之后，压倒性多数人同意采取新颖的定制系统，把排序复选制和比例代表制结合在一起。安大略省的省长也宣布要为自己的省建立类似的大会——他们已经有了"市民陪审团"并且开始工作，任务是审查赞助政治选举的最佳方案。

● 在拉丁美洲全境——尤其是在巴西、危地马拉和墨西哥——地方政府都在采取创新方式，让市民参与到民主治理中来。伍德罗·威尔逊国际中心的安德鲁·塞利（Andrew Selee）在 2003 年发表的"拉丁美洲治理的协商方法"（Deliberative Approaches to Governance in Latin America）一文中评论道，这些尝试都是由"意识形态截然不同的各政党"进行的，激发他们的往往是"有必要抢在日益受到鼓动和持怀疑态度的国民之前支持政府的合法性"。根据塞利的说法，在这些努力之中可以看到清晰的模式：他们把持续不断的参与纳入到市政和政治决策过程中，而不限于仅一次的选举投票；他们让市民参与集体对话，甚至参与政策和资源分配等问题的决策过程；他们改变了被选出的机构和社会之间的"自上而下"的沟通方式和权力制衡。

类似的例子数不胜数，它们都反映出一个有趣的现象——我们显然看到，世界范围内在地方层面上出现了井喷式的有关民主参与的创新活动。这种形式的参与有时被称为"商议民主"，因为市民代表之间进行比较深入、持续时间较长的协商，这是传统的投票做法办不到的。这种形式毫无疑问地将得到推广，也会改变我们对民主政府的看法。但这种创新和参与模式能否扩大规模以至于把公民社会融入全球治理之中呢?

有证据显示,这种情况已经出现,并且对于新兴的全球治理体系有着深远的意义。沃尔夫冈·H·赖尼克(Wolfgang H. Reinicke)和弗朗西斯·邓(Francis Deng)在 2000 年出版了《关键的选择:联合国、组织和全球治理的未来》(Critical Choices: The United Nations, Networks, and the Future of Global Governance)一书,他们指出:"迫切需要富有创造性的新安排,能够让政府、公共和私人组织以及全世界的个人通力合作,共同应对紧迫的全球问题,从武器控制到缺乏合理的全球劳动标准,再到气候变化。"接着,他们指出,在全球公共政策(GPP)系统中可以找到有价值的新安排。最著名、最常被提及的全球公共政策组织就是"国际禁止地雷运动",它在 1997 年通过了《禁雷条约》(Mine Ban Treaty)并在国际上获得了广泛支持。迄今为止,共有 152个国家加入此条约,但中国、俄罗斯和美国没有加入。

多数全球公共政策组织都有一些共同的特点。它们通常跨越国界,主要涉及"三方"——它们把来自政府、企业和公民社会的人和组织联系起来。它们广泛并创新地使用信息技术。这些组织很有效,因为它们能把资源——包括形形色色的,通常是对立的团体和利益相关者——集结和调动起来去解决任何一个行动者单独解决不了的问题。

有人认为传统安排不能应对不断增加的世界问题,世界银行的琼-法兰索瓦·理查德(Jean-Francois Rischard)提倡一种更加深思熟虑、正规化和系统化的网络。他在《狗纪年的 20 个备忘录》(High Noon: 20 Global Problems, 20 Years to Solve Them)一书中建议创立一系列致力于"全球问题组织",成员包括政府专家、国际民事机构的成员以及来自商界的代表,并由多边组织如联合国或者世界银行提供帮助。几年间,这些全球问题组织就会针对某个特殊问题(维和、防止冲突、打击恐怖主义)取得"大致共识",然后通过电子会议与全球数千个相关的团体进行磋商,就与治理相关的标准、程序和规则达成一致意见。这个结果适用于全球所有的参与者。接着,全球问题组织担当监督者,确保违反规则的行为透明可见,并保障大家都能遵守这些规则。

针对这些正式安排能否实现的问题,理查德着重指出,某些核心观点可能会在未来表现得很清楚：包括非政府参与者的授权网络；触及全球无数人的电子论坛的使用；利益相关者逐渐形成的新的共同标准；通过连通和透明技术的使用来鼓励复杂问题的重要当事人改变行为。

⭕ "又一个超级大国"的崛起

毫无疑问，有组织的多元参与者体系非常重要，但我们也不应该忽视一个无组织的现象——能够发现意愿、清楚表达意愿，甚至越来越强调自己意愿的全球公民，他们联系在一起，非常活跃。在不断进步的 18 世纪中叶的欧洲，亚当·斯密提出了一种无序但生产能力强的新的商业活动模式，每个人似乎都通过复杂、活跃的交易网络联系在一起。个人与个人、个人与机构之间相互作用，他们联合劳动，协调金融交易，进行实物交易——所有都意在创造价值，制造财富。亚当·斯密的观点给新的经济社会科学奠定了基础，并改变了我们对财富制造的理解，把它视为一个国家全体国民的成就。

亚当·斯密很好地把握了他所处的那个时代发生的转变，即向集体创造价值、自我组织创造价值的方向转变。今天，在全球集体创造价值观方面，也在发生着类似深刻的转变——这个转变将改变社会政治领域，就像自我组织的商业和贸易的崛起改变了经济领域那样。

马丁·奥尔布劳（Martin Albrow）给我们提供了一个清楚的视角来看待将要发生的事情，他在 1996 年出版的《全球时代》（The Global Age）一书中指出："民族国家衰落了，但把它最大的成就完好无损地保留了下来，那就是对国民的公民教育，而它的国民不仅成为消费资本主义的人力资源，也成为世界国家的国民。公民对国家政治的兴趣减退，与此同时，他们参与世界活动的积极性却提高了，这些活动意在世界范围内汇集某些问题的看法，而民族国家已经把这些问题视为不在它们待办事项之列。"

在世界范围内，公民运动变得越来越活跃，越来越一致。推动运动的是一种强大综合力量，它汇集了全球透明性、骚乱、动荡，以及人类需要联系、超越国界和发挥影响力的本能。通过使用电子邮件、简讯、博客和短信，无数人穿越时空相互联系和沟通，这种大规模的密切联系会使共同的意识、观点、信念和情感发生变化。用哈佛法学院的詹姆斯·摩尔（James Moore）的话说，我们也许正在见证"又一个超级大国的诞生……一种新形式的国际参与者，由全球社会运动中的'人民意志'任命……由数百万关注很多事务的民众组成……头脑机敏、身体强健的市民活跃分子把自身的利益和世界社会融为一体——他们认识到，在基本层面上，我们是一个整体"。

"另一个超级大国"已经发出了自己的声音（如在全球范围内组织示威游行，抗议对伊拉克发动战争）。不过，联系日益紧密的全球公民能否也找到影响未来世界的力量——这种力量又能否促进政治和信仰的良性多元化呢？答案已经慢慢显露了出来。全球公民正在对媒体和正规的治理机构的权力进行有力控制，确保信息流不那么集中和"单向"。在某些情况下，这使得主流媒体只有在外界压力下（常常是反应快速的博客群体）才进行报道。举个例子，美国参议员特伦特·洛特（Trent Lott）在同僚斯特罗姆·瑟蒙德（Strom Thurmond）百岁生日宴上发表了颇有争议的言论，但国家媒体对此并没有进行报道，直到博客作者大炒此事，才导致洛特被迫辞去了参议院多数党领袖的职务。2005年3月，白宫甚至首次邀请一名博客作者参加了记者招待会。

在其他情况下，这种新生力量把自己扮成主流媒体报道的更正者。丹·拉瑟（Dan Rather）曾在哥伦比亚广播公司对乔治·布什在国民警卫队服役的事情进行过报道，事后证明，报道援引自没有经过仔细审查的造假文件，结果在全国引起了轰动，此事件最重要的特点与报道本身关系不大，引人注目的反而是博客针对造假文件发起的实时挑战，很快就推翻了媒体巨头的报道。与特伦特·洛特的案例不同，这件事有力证明了保守群体的更正作用。

显然，一种新的、集体的、共同创新的、意义建构的媒体正在兴起，这个媒体拥有多种视角，涉猎的范围无所不及，监督有力，沟通活跃。

从意识和对话迸发出行动和变化。正如我们已经看到的那样，全球公民将在新兴的全球治理体系中发挥重要作用，尽管这种作用还不确定。除了国家、地区、全球机构、企业和非政府组织（它们都以自己的方式从上至下，等级森严，或多或少集权），还有一种新的从下至上、分布的、多头的、多维度的、深不可测的参与者正在加入比赛。请留心这个比赛场地。

第 9 章　创　新

我们习惯指望西方和其他发达国家取得创新和突破——毕竟在过去的 100 年间，发达国家实现了几乎所有重要的创新，自 20 世纪 60 年代开始，它甚至取得了超越苏联的巨大优势。同时，我们也看到这些创新能被大公司或者重要机构实践并证实——即便不是它们创造的。当然，多数创新在未来十年仍然会遵循这种模式。但我们即将看到（也应该庆祝和倡导）两个截然不同的渠道将会产生重大的创新：第一，将激情或者说企业家精神与精力、创造力和效力结合在一起工作的人们，他们制造新的、有改革潜能的产品、服务和方法；第二，获得力量的地方，或者即将"到达创造者法定年龄"，准备好成为突破技术的出口国和进口国的世界其他地区。我们特别希望这些意想不到的地方能在三个重要领域有所创新：世界上还有 40 亿人口没有享受到全球经济带来的好处，如何满足他们的需求，这是其一；其二，找到可持续发展的解决办法；其三，改进教育和学习的方法和技术。

为"金字塔底层"创新

著名的印度商业教授 C. K. 普拉哈拉德长期以来一直敦促西方企业

严肃对待"金字塔底层的财富",这是他最近出版的一本书的名字。他的论点(在第 6 章"繁荣与衰落"中进行了简单探讨)很有说服力。他的部分案例来源于亚伯拉罕·马斯洛(Abraham Maslow)的人类需求层次论:当满足对食品、住所和安全的基本需求之后,我们会接着希望满足更高层次的需求,即满足感和自我实现感。在世界发达的经济体中,企业之间的竞争非常激烈,它们十分注重创新,以便找到更加独创的方式去满足和扩大更高层次的需求。这是一个更便宜、更好、更快的世界——在这个世界里,功能性越来越强,产品更新不断,设计出的产品在出现之前我们永远不知道自己需要它。这是一个残酷无情的市场,但也是利润很高的市场;毕竟,金字塔顶上充满财富。

不过,在比较基础的层次上还存在需求未被满足的市场。这里边际利润也许很小,但数量非常巨大:全世界有 40 亿人口等待市场满足他们处于马斯洛需求层次末端的需求,但在很大程度上,他们被市场忽视了。在本书的第 6 章,我举了一家大公司抓住机会的例子:惠而浦公司现在销售一款有基本功能的低价格洗衣机,这款洗衣机最初是为巴西市场设计的,如今也被其他发展中国家市场青睐。普拉哈拉德在他的书中给出了几个类似的令人信服的创新案例,是由地方企业和企业家以及跨国公司发起的。但在多大程度上跨国公司能够抓住这样的机遇,还有待观察。很多人也许会发现,如果让企业一方面注重开发能让企业在金字塔顶上生存而且兴旺的创新项目,同时又能开发影响金字塔底层的模式和做法,是非常困难的。于是,我们看到更多的是充满激情的企业家和地方企业更加致力于实现普拉哈拉德的设想:"在实现利润的同时消除贫困。"

这就是我们应该在发达市场之外寻找创造价值的能力的一个原因,因为那些市场会以更加合适的新方式去满足当地的条件。除此之外,很多国家在发展经济的过程中第一次表现出要强烈吸取其他国家发展教训的愿望。这种学习和跳跃的能力给那些还没有陷入具体的市场、生产过程和商业模式的国家提供了明显的优势。像中国、印度等快速发展的经济体,它们拥有巨大的人口数字,在百万人口的城市中人口密度非常大,这些都给创新带来了压力。

创造激情的人们：结识拉尔夫·霍奇基斯

"旋风轮椅计划"是拉尔夫·霍奇基斯（Ralf Hotchkiss）的智慧结晶。他是旧金山国立大学的工程师，获得过很多殊荣，包括克尔比国际创新奖（Kilby International Award）。拉尔夫在高中时发生的一起摩托车车祸中受伤，从那以后他以轮椅为伴，但这并没有降低他对高性能工程的热爱：他很快成为先进的、技术含量高的轮椅设计专家。有一次他到尼加拉瓜旅行，途中轮椅坏了，一群当地的残疾少年以他们修理自己轮椅的方式帮他把轮椅修好，因为当地的地形崎岖不平，他们自己的轮椅总是出毛病。他们不得不足智多谋，因为他们四个人要共用一个轮椅。

发展中国家有2 000万人需要轮椅，然而只有1%的人拥有轮椅或者可以得到轮椅。发达国家制造的轮椅在"到达"发展中国家后往往不适应崎岖不平的道路。霍奇基斯也常常讲述他在旅行中见到当地医院外面有成堆锈迹斑斑的轮椅——这些都是西方国家捐赠的老式轮椅，它们在非洲乡村或者中美洲城市里到处是坑的人行道上几乎毫无用途。但拉尔夫看到这群尼加拉瓜少年在维修轮椅时表现出了熟练的操作技巧和能力——只要他们能够得到一个轮椅。

于是，他和他的新朋友们一道用当地的材料和当地的工具（例如，把轮圈绕着合适的树干弯曲，就能得到一个非常好的轮子）共同设计了一款他们自己就能够制作和维修的轮椅。结果，这个高性能轮椅的售价只相当于发达国家产品的一小部分，而且制作起来几乎不需要培训，也不需要特殊材料，当地的铁匠就可以修理。霍奇基斯也为自己制作了一个，而且现在就坐这个轮椅，尽管他是十分挑剔的消费者。有超过45个国家引进了"旋风轮椅"，20多个国家都设有轮椅维修厂，管理工厂的人是经过霍奇基斯培训的当地人，这些国家包括津巴布韦、斯里兰卡、乌干达、柬埔寨、洪都拉斯和危地马拉。

/ 获得力量的地方 /

发达国家尤其是西方国家和日本长期以来控制着科学和创新，它们对别的地方可能会出现的意义深远的新进步几乎毫无准备。不过，"别的地方"却不这么看。很多发展中国家和地区在前沿的科学事业上投资巨大，开发新能力和新平台，能让自己在未来十年发挥更加重要的创新作用。有些国家处于发展能力的初级阶段，而另外一些国家将在不远的将来展现自己的实力。前者以非洲为代表，后者以印度为代表。所有这些国家都值得关注。

在非洲，20 世纪 90 年代中期以来，一个强有力的想法在慢慢深化和扩展，即"非洲复兴"的设想。怀着重生和复兴的目的，非洲统一组织（Organization of Africa Unity，OAU）委托阿尔及利亚、埃及、尼日利亚、塞内加尔和南非的首脑起草了非洲大陆统一发展的框架，从而在 2001 年通过了"非洲发展新伙伴计划（New Partnership for Africa's Development，NEPAD）"，它最近为促进全非洲的科学和技术发展制定了一个统一规划。"非洲发展新伙伴计划"的一个重要内容是在非洲建立 4 个新的"高级研发中心"，第一个已经开始运行，这就是位于内罗毕的生物科学机构，是为东非和中非而建，目的是找到与非洲粮食相关问题的新的解决方法，开发营养丰富且能够抗压力和疾病的植物，为家畜疾病制造疫苗。

当然，非洲有可能成为尖端科学领域的参与者，但在它后面起推动作用的不仅仅是公共机构；越来越多处于科技前沿的活跃的商业部门也找到了自己的位置。例如，南非的电子遗传学公司（Electric Genetics Corporation）是计算基因组学领域的先驱；1997 年以来，公司一直给制药、生物技术和遗传学市场提供染色体的数据分析系统和有效的靶向药物。南非也在积极和其他发展中国家，尤其是印度和巴西，进行密切的科学研究合作，很多国家宣布开发开放数据库和开放源代码软件。如此密切的合作预示着发展中世界在科学研究领域将出现日益开放的（从而是自我巩固的）联盟。

印度长期以来致力于取得科学领先地位，并且进行了大量投入，最近几年也取得了很大进步。这个成就部分归功于先进的政府政策，20 世纪 90 年代末以来，政府把战略重点放在几个关键的技术领域，包括生物技术、疫苗、高级电池，以及太空和国防领域。政府工作的重中之重是满足人民的现实需要和改善生活条件。其中，表现最明显的是印度太空研究组织（Indian Space Research Organization, ISRO），它把自己描述为"为人民而设的太空计划"，很多时候，它避开大型重要的项目，而让位于实用的事业。例如，印度部署卫星网络时把偏远的农村地区的患者与医院和研究中心的医生连接起来。最近，作为维和的一部分，这个项目把巴基斯坦的医学中心和印度的医学中心连接了起来。

在保证印度成为未来技术领域的领军人物过程中，私人部门也在发挥作用。例如，1990—2002 年间，在很多主要的制药企业和农用化学品生产企业，研发与销售额的比率从不到 2% 提高到 6%。在太阳能领域，20 多家印度生产商每年总生产能力达到 2 000 万瓦——是世界上第四大太阳能生产国——在全国范围内，设计和安装了约 100 万个商业太阳能发电系统。

最重要的是，印度证明自己有能力制造真正的创新产品和服务，适合收入水平相对较低的国民，让他们买得起。C. K. 普拉哈拉德在他的书中给我们提供了不少事例，最引人注目的一个是 Jaipur Foot 公司，它是"世界上最大的假肢供应者，每年安装假肢 1.6 万个"。对那些需要下肢假体的印度人来说，他们对假肢功能的要求比西方人多多了。例如，使用者必须能够走在不平的地面上，常常光脚，蹲坐在地上，两腿交叉坐着，特别需要在一天内把假肢安装完，因为这涉及旅费和请假造成的经济损失。Jaipur Foot 公司发明了一种新假肢，能够满足这些需要，而且性能接近或优于美国产品。现在，这种假肢已经在 16 个国家上市。令人难以置信的是，它的售价仅为 30 美元——比美国低性能产品的平均成本还要小一个数量级。

现在，印度的企业家和公司把制造新产品的能力转移到高端技术领域，包括汽车行业和电脑行业，而这些领域以前是由发达国家统治的。Indica 汽车是由印度最大的汽车制造商塔塔公司（Tata Motors Ltd.）开发的，零售价 7 500 美元，颇受印度人喜爱，在欧洲也日渐流行，现在准备进军中国和韩国市场。我们在本书中曾提到，塔塔公司生产出了售价 2 200 美元的轿车，毫无疑问，这款车也会在全球取得成功。如同许多其他的低成本创新一样，这款车将以配套元件的形式配销给全国的特许经营商，这既可以节约运输成本，也可以给当地提供组装汽车的就业机会。

在印度的创新浪潮中，Amida Simputer 掌上电脑是另外一个更让人感兴趣的突出事例。这个引人注目的电脑产品是由位于班加罗尔的印度科学院的四名科学家共同研发的，他们成立了一家新公司，即 Pico-Peta 电脑公司。他们最初的创意是开发一种适当的、极其廉价的掌上电脑供印度大众使用，这款电脑被称为 Simputer。2001 年，这个想法吸引了相当多的正面关注，但很快出现了融资问题，遭遇了几次挫折和延误。也许就是这些困难才让它的研制者达到了如此高的创新水平。2004 年投放市场的 Amida 不仅仅是一款简易廉价的电脑，而且是一个技术杰作。PicoPeta 电脑高手把它描述为"世界上功能最多、移动性最大的个人电脑"。这款掌上电脑使用 Linux 系统，主要特点是安装有功能齐全的网页浏览器，和为教育程度不高的人设计的内置应用软件。它能够识别多种语言和方言，甚至可以在屏幕上手写信息，并将手写信息以电子邮件的形式发出。它是"世界上第一款也是唯一一款能对你的手势做出反应的电脑"；轻甩一下手腕，它就会自动翻页。Amida是一款真正的独一无二且富有想象力的电脑。即使在它实现规模经济之前，零售价也仅为 300 美元左右。从这款电脑可以看出，来自发展中世界的创新技术可能将很快削弱西方的技术优势，并且超越它，为全世界创造一个新的标杆。

可持续的解决方法

正如我们在第 7 章"人与地球"中强调的那样，可持续发展的概念将是未来全世界面对的核心问题。目前，人们主要把它看作如何防御和反应——限制破坏、避免损失、减缓恶化进程。然而，随着责任越来越明确，可持续发展可能越发表现出先发制人和充满活力的特征，专注于把繁荣带给全世界的同时与大自然和谐相处、形成伙伴的机遇。

显然，当世界的其他地方正不屈不挠地向西方生活水平靠近时，我们需要强大的创新技术把这个历史进步给环境造成的影响降到最低点。

可持续发展越来越成为敏感的政治问题，因为发展中世界消费和需求越来越多的能源——主要是煤炭，这种能源最廉价也更容易获得，但却带来了很高的环境代价。

不过，我们可以持乐观态度，因为新兴的经济体也许能够使自己沿着可持续发展的道路前进，并从中获得一些切实的好处。因为它们很少有已经确立的基础，遗留的体系更少，这样，它们能设计出效率更高、更加可持续的流程和产品。它们可以更清楚地看到环境疏忽可能带来的严重后果，并且可以利用已有的"绿色"技术、材料以及生产过程。它们也许也能采用难倒西方的回收再利用模式。很多现在起飞的经济体都有悠久的历史和修补、管理以及尽量利用原有东西的文化；它们没有"使用一次性物品的浪费习惯"。它们（特别是中国）有机会设计和建造更加环保的建筑——这也是现在备受关注的领域。然而，为了让地球有一个可持续发展的未来，最有必要进行创新的领域就是能源。所以，创造激情的人们和获得力量的地方将会发挥越来越重要的作用。

创造激情的人们：结识布赖恩·塞杰

布赖恩·塞杰（Brian Sager）是一个文艺复兴式的人物，集科学家、企业家、新古典音乐的作曲家于一身。他不仅具有非凡的精力和热情，而且颇具感染力。和他相处一个小时，你就会发现自己的头脑里充满了思想、概念和可能性。但他的目标十分明确，而且对此十分专注。他是纳米太阳能公司（Nanosolar）的创始人之一，也是公司的总裁，这是一家刚刚起步的公司。他决心做一个开拓者，在把纳米技术应用到最富有发展前景的潜在应用领域——太阳能的转化。

纳米太阳能公司完美表现了科学、商业和激情共同实现的创新。塞杰相信，如果太阳能电池生产的成本更低一些，他们可以和其他能源进行商业竞争，不仅在美国，也包括发展中国家。廉价清洁能源不仅代表着巨大的市场机遇，而且具有改变生活但不破坏环境的潜能。

在拜访全世界的科学家之后，塞杰和他的团队开发了一种生产超薄、体轻、成本低的太阳能电池的新技术，并申请了专利。他们的做法是，利用高速的卷绕式生产方法把半导体的"涂料"淀积到一张薄薄的金属箔上，和印刷报纸的程序差不多。当世界需要在清洁和普及

的能源的关键领域发动真正的革命时，塞杰相信纳米太阳能公司拥有
发动革命的技术——很快，这种技术会以全世界都买得起的价格出现。
对他来说，这个企业实现了他的三个人生目标：对世界产生积极的可
持续的影响；作为科学家、创新者和企业家，他和他的同事能够尽可
能做到最多；给家人留下有意义的遗产。

/ 获得力量的地方 /

在所有的发达国家，人们都在对生产能源但不产生更多的二氧化碳
以及其他污染物的方法进行尝试、制造和改进。很多领域都取得了重大
进步。尤其利用纳米技术对太阳能的创新，显然是最有发展前景的领域
之一；很快我们会看到建筑材料和装饰屋顶的材料里嵌入某种形式的纳
米太阳能电池。潮汐发电在很多沿海地区也具有相当大的发展潜力。我
们在第 7 章已经提过，苏格兰在利用这种能源方面走在了前列。韩国也
启动了浩大的潮汐发电项目，设计发电量超过 2.5 亿瓦。与此同时，世
界上最大的潮汐发电项目位于中国的鸭绿江口，正在兴建之中，发电量
有望达到 3 亿瓦。风能的效率也在不断创新和改善。利用沼气（用新的
厌氧消化池把粪肥转化成沼气）的微型燃气轮机拥有很大的潜能，特别
是在农村地区，现在印度在这方面处于领先地位。此外，很多便携式设
备需要对电池进行充电，甚至儿童玩具，像跷跷板和秋千，如今在设计
时也都非常注重节约能源。

尽管这些前沿技术都来自发达国家，如果结合起来使用，它们也为
发展中国家提供了一定的机遇，使它们可以跳过西方国家对费用高的集
中式电网的依赖性。正如无线通信和移动电话让世界的很多地方不用费
用高的有线铜线网就实现了广泛的电话连通那样，发展中国家也能把各
种新能源技术结合起来，找到分布的、可持续的微能量解决方法，以满
足不断增加的能源需要。太阳能再次成为这方面最有潜力的选择。因此，
我们看到特别有趣的现象，也就是，对太阳能技术越来越大的投入和研

究不仅仅局限在印度和中国（它们现在的技术效能比不上欧美国家，却非常廉价），而且发展中国家彼此之间也进行太阳能技术的联系和合作。以中国为例，中国通过太阳能取暖和灌溉项目已经培训了数百位来自非洲和拉丁美洲的技术专家，并承诺到 2010 年培训超过 1 万名非洲的技术人员。

完善这些能源替代技术（相应地提高能源消费的效能）的速度能否足够快，步伐能否足够大，让我们拭目以待。尽管在过去几十年里，西方国家逐渐看淡核能的前途，现在，它们对核能是否会复兴的问题，也有了持续甚至是激烈的争论。即使是广受尊敬的盖亚假设理论的创造者詹姆斯·洛夫洛克也表现出了赞成核能的态度。他在 2004 年 5 月声称"文明面临着迫在眉睫的危险，我们要么使用核———种安全可得的能源，要么就只能承受愤怒的地球折磨我们而带来的痛苦。"很多环保主义者和一些著名的解决能源问题的空想家，如艾默里·洛文（Amory Loving），强烈质疑核能解决能源问题的正确性——随着关于核能的言论被不断地仔细分析研究，这种争论会进一步升温。

教育与学习

在当今这个不断变化的世界里，教育和学习是取得成功的关键因素，这不是新说法。人们常常说，在全球经济中进行竞争的国家实际上是在进行学习竞赛——赢得胜利的是能让自己的技术、知识和能力最快适应不断变化的社会。因此，当英国前首相布莱尔形容自己任内最优先发展的三件事是"教育、教育、教育"时，并不让人感到意外。

教育和学习显得越来越重要，对教育制度的内容和教学方法进行重大改革也越来越有必要。如何对现行的制度进行调整，我们不乏这方面的研究结果。例如，OECD 的最近一项研究显示，我们对学习的理解、对大脑功能的了解，以及对"智力"的多维本质的了解都是人类历史上最深刻的。这种新认识表明，教育实践取得快速发展是十分必要的——OECD 得出这样的结论："跳跃式的变化……革命，而不是改革。"

我们也知道，简单了解事实不是教育的全部目标。在能够搜索的数据库里随时可以得到信息，这使靠死记硬背的学习方法越来越陈旧过时。此外，我们学习到的专业知识在校外的应用性是受时间限制的。例如，工程师最近估计，工程学毕业生的专业知识在从大学毕业时差不多已经过时了。因此，过去颁发的可终身有效的工程学专业证书现在在很多州都是有期限的，而且只有当证书申请人证明已经花时间在"连续不断地进行专业发展"以提高自己的技能时，才能对证书进行更新。换句话说，我们需要朝着这样的模式发展，即每个人都要"活到老，学到老"。这个转变的重要内容是：从以教育者为中心的模式向以学习者为中心的模式转变。

此外，在知识密集型的社会和经济里生活、工作需要具有多种能力，包括很强的人际和沟通能力，和团队进行很好合作的能力，在形势不明的情况下应变的能力，解决问题的技巧，创造力，灵活性和自我激励的能力。从霍华德·加德纳（Howard Gardner）那里，我们知道了除学校讲授和考查我们的语言能力和逻辑/数学能力之外，还有很多重要的人类智能。从丹尼尔·戈尔曼（Daniel Goleman）那里我们知道了"情商"（emotional quotient，EQ）的重要性——它与智商（intelligence quotient，IQ）不同（顺便提一下，IQ 最初是由法国人提出来的，他们把它作为一项测试，帮助教育者让农场工人为工厂工作做好准备），但在衡量智力时情商和智商同等重要。

我们认识到有必要创新，也有这方面的意识，但发达国家的教育体制似乎顽强抵制变革。如果说近些年教育没有进行改革的话，这是不准确的，也不公平。全球有无数热诚的富于创造性的教师每天都在尝试和完善自己的教学方法。实施的很多新计划志在发现和推广教育儿童的好方法，以及创造能让我们所有人成为"终身学习者"的条件。在应用新技术推动学习方面已经取得了很大进步。但在这个优先发展的领域，这样的进步仍然没有达到我们的预期。我们的教育机构往往被自己的遗产所束缚，陷在年代久远的程式和规范中无法自拔；公众对鉴定和打分的期望抑制了实验的开展；关心业绩和责任造成人们极其关注衡量标准和考评，尽管这是情有可原的，但它无意间使创新停顿下来，而且减少了教学时间。

然而，有一个发达国家证明自己愿意朝着教育的新方向迈进：不出意外，这就是新加坡。新加坡很久以来一直积极地向前看，而不是战战兢兢地向后看。1997年，总理吴作栋提出了"思考型学校、学习型国家"的教育目标——这个经过共同协商制定的大胆计划走出了教育部提出的"效率驱动"的教育体制发展阶段，进入了"能力驱动"的阶段。教育效率在新加坡获得了丰硕的成果（当然欧美和其他国家也是如此），而且使普通百姓的追求得到了回报。

具有如此的决心，新加坡政府推行了很多变化来激励教育体制进行重新定位。它把课程内容删减了近30%，留出更多时间去思考、反思、跨学科学习和自我引导学习，并暗示教师需要做出改变。中央检查被自我评估体系所取代，依据的是欧洲经营卓越模式，50%的关注点放在结果上面，其余50%的关注点放在过程——教学方法、学生课堂参与和领导能力上。没有"大棒"政策，却有很多支持：每所学校都有自己的评估结果，教育部在五年之内进行验证，但只有当学校认为自己准备好时才申请验证。

创造激情的人们：结识内莉·瑞博特

内莉·瑞博特（Nelly Ribot）在阿根廷教授作为第二语言的英语。霍华德·加德纳和丹尼尔·戈尔曼等人提出的"多元智能"的观点引起了她的共鸣。她把这个概念应用在高度一体化和富有经验的小组——"志愿者"（社区工作者，如警察、消防员和医生）身上，她为自己6岁的学生创造了这个小组，其中很多孩子学习自己的母语都很困难。课程是从实地考察开始的，心情急切的孩子们观看活动中的那群人。他们把经历写在"我的小小日记"里，制作了闪视卡片，上面有单词和图画，还制作了"盒子里的城市"，用小盒子和彩纸把他们去的建筑物叠出来。通过"志愿者乐队"，他们不仅了解、尝试了不同的乐器，而且自己谱写了关于志愿者的歌曲，并演唱。在"有多少志愿者"这个环节，他们用算术数清了他们遇到的工人，而且把不同类型的工人进行分类。在"我是一名志愿者"的活动中，他们用英语写出对话，并以志愿者的角色表演出来，甚至在体育课上进行角色扮演活动（例如，像消防员一样在大街上呼啸而过）。在"志愿者壁画"环节，孩子们画出人体，给制服的每一部分涂上颜色，情绪高涨地用英语讨论他们的艺术作品。最后一个活动是"在镜子中看自己"，用西班牙语进行，帮助学生认识志愿者的价值——如勇气和帮助——以及他们拥有并希望实现的价值。

瑞博特教授围绕"多元智能"而设计的简单创新激起了学生们极大的学习热情，折射出全世界无数教师富有激情的创造力，探索了解决未来学习要求的新方法。"变革之风也吹到了阿根廷，"她说，"教育需要创新的意识越来越强烈。我个人认为，多元智能完全可以接受，是对我们学校课程的有力补充，也是教育改革的无价手段。我希望很多其他教师也能面对这个挑战。这绝对值得努力去做。"

资料来源：Nelly Ribot, "My Experience Using Multiple Intelligences," New Horizons for Learning website（http：//www. newhorizons. org/trans/international/ribot. htm）.

从本质上看，所有的这些与人们追求了 20 年的"效率驱动"式教育的文化是非常抵触的。但教师和官员都看到了未来的发展趋势，他们给自己"做梦"（他们的话）的机会，不再满足以前已经取得的成就。变化已经开始。最近国际学术咨询委员会（International Academic Advisory Panel）对新加坡进行了考察，他们称赞新加坡在教育体制方面进行的转型，没有很浓而且沉闷的官僚作风，这出乎他们的意料，给他们留下深刻印象的还有自信、视野开阔以及为走向世界做好了准备的学生。麻省理工学院的教务长罗伯特·布朗（Robert Brown）说："新加坡的高等教育制度在过去五六年里发生的变化志在促进学生的全面发展。那些变化确实很好，也很必要，在这个世界上，你需要培养出教育程度非常高而且非常富有弹性的人。"

新加坡走出了一条通往未来的教育道路，但其他发达国家几乎没有准备好跟上。这里我想再次强调，对教育和学习进行真正重要的创新来自创造激情的人们以及发现他们能力的地方。

/ 获得力量的地方 /

今天，发展中世界似乎准备在教育和学习领域进行创新和实验的"寒武纪生命大爆炸"（Cambrian explosion）。主要推动力是人们对教育的热切需要，这些人能够看到一个不同的更加繁荣的未来是属于那些具有参与知识和技能的人们。任何一位教师都可以肯定，即便在充满挑战的环境里，动力十足的学习者最终会创造出学习的有利条件。以非洲为例，近些年来，非洲对基础教育的需求呈爆炸式增长。在乌干达，新政府于 1996 年开始执政，之后马上宣布对每个家庭的 4 个孩子实行免费教育。第二年，入学率几乎翻了一番。在整个非洲大陆，在过去的 10 年间，有几个国家取消了教育收费，结果出现了类似场景：大量的儿童来到了异常拥挤甚至不堪重负的学校，他们中的大多数都极其贫穷。老师们往往站在 100 个或者 200 个孩子的前面讲课。不出意外，分数下降了，每年都有很多学生不及格，只好复读。但关键是他们中的很多人确实去复读了。即便在这种情况下，去年或者前年帮助养家去干活的数百万儿童今天步行数英里去上学，而他们的父母愿意孩子不去劳动，从而换回更加美好的未来。如果说"需要是创新之母"，那么，非洲的这些情况将不可避免地促进其对教育和学习方法进行有意义的创新。

也许从印度身上可以学到一些东西，印度发射了一颗新卫星，专门服务于教育和教学。发射这颗名为"Edustat"的卫星的目的是解决文盲问题和受过专门培训的教师短缺问题，通过能被小型卫星接收器捕获的强大的点波束技术，把教育节目传输到 1 000 所农村学校（很快将扩展到 1 万所学校）。这个技术能让这些偏远的学校和别的地方的教师进行互动，老师可以回答另一个地方的学生的问题；每所学校都和一个网络中心相连，进而直接和卫星连接。印度太空研究组织相信，如果其他行动者包括工业部门能够提供地面设备，还可以发射更多类似的卫星给全国提供相同的服务。

印度还进行了一项与众不同的创新，显示出教育的强大力量。它们把教育明确对准了一个目标，即培育强大的社区以及改善学习者和其邻居的生活质量。赤脚学院（Barefoot College）成立于 1972 年，建在拉贾

斯坦邦的 Tilonia 村，建校的前提是解决农村问题的方法在社区，而不在
外面的"专家"。这所学院是由一家叫社会工作研究中心的非官方机构创
立的，学院把自己形容为"学习和反学习的地方——在这里，老师是学
习者，学习者是老师。这里不颁发学位和证书，因为在发展方面没有专
家——只有拥有资源的人。这个地方鼓励人们犯错误，这样他们可以学
习谦卑、好奇，更富有冒险、创新、即席创作和不断尝试的勇气。这个
地方的所有人都是平等的，没有高低贵贱之分"。

与这个"从做中学"的理念相一致，8 万平方英尺的校园全部由当
地人建设，太阳能系统也由他们安装和维护。学校还生产太阳能灯，现
在全国有 200 个夜校使用。在没有城市专业人员的帮助下，学校把很多
农村青年培养成"赤脚的太阳能技工"，创造性地解决了与当地饮水和医
疗相关的问题，在印度全境催化了其他类似"赤脚学院"的诞生，所有
学校都奉行其强有力的哲学，创新学习的态度以及给当地社区带来积极、
深刻影响的承诺。这个富有改革性质、自我组织和从下至上的首创精神
和联合国教科文组织的 21 世纪教育任务小组在调查之后做出的结论共同
反映出一个深刻的意义，这个任务小组这样总结未来的课程："学习知
识，学习做事，学习做人，学习共同生活。"

印度在学习和教育方面进行的很多创新也沿着比较传统的路线，尤
其注重把数字时代的好处带给更多人。2002 年，喀拉拉邦政府在发展中
国家启动了最庞大的"电子素养"（e-literacy）首创活动。喀拉拉邦共有
650 万个家庭，Akshaya 项目的目标是向每个家庭的至少一名成员教授
计算机和网络基础知识，努力把"喀拉拉打造成印度最有知识的社会"。
仅仅两年后，也就是 2004 年 11 月，喀拉拉州 14 个地区之一的马拉普拉
姆宣布，它已经成为印度第一个完全实现了"电子素养"的地区，60 多
万人接受了基础培训。其中，60% 是女性，每个学生接受了 15 个小时的
授课，费用为 3 美元。

不过，在全球化产业需求的推动之下，技术成就学习的最伟大的革
命可能发生在中国。我的同事乔纳森·利维（Jonathon Levy）是摩立特
集团（Monitor Group）的一位学习策略专家，他发现，在十分重要的商
务教育和培训领域，我们正处在从"以能力为中心"的教育过渡到"更
加充满活力、正适时的个人化支持"，其中很多支持可以在网上得到。相

比之下，发达国家受限于遗留问题和"以能力为导向"的态度，仍然对企业学习的新模式感到困惑。另一方面，正如利维讲的那样："中国知道自己必须为适应 21 世纪的知识经济而重新迅速组织起来。它的人民意识到，在不断扩充力量和日益激烈的全球竞争的关键时期，自己面临着技术和知识匮乏的危险。"它已经在投入，并进行着尝试。中国已经展示了在短短几十年内把农田建成成熟都市的能力，并且在同一时期从一无所有变成世界的制造中心，那么，中国能否产生下一代企业学习的体系？肯定不会排除这个可能性，这将成为中国在未来崛起的一个重要的加速器。对中国的这些发展，我们这些西方人应该如何反应呢？也许我们应该首先承认这样的事实，也就是，我们自己的学习体系存在着局限性，要想克服这些局限性，最好的办法就是培养向他人学习的能力。

如果说我们的未来充满挑战，那么，它也充满着希望。创新技术既能帮助我们把握机遇，也能应对挑战，而且创新来自更多的主体（很多超出了我们的预料），这比我们预计的多很多，这是好事。但由于做出发现和变革的主体分布比较广泛而且形形色色，这无疑会让西方感到焦虑，甚至惊慌失措，尽管如此，仍有充分的理由证明这不仅有益，而且是拯救我们的共同方法。

3

第三部分

Powerful Times

接下来会发生什么？
未来十年的预期模式

人类应该抱着批判的态度来看待我们对未来的种种预测。

——彼得·施瓦茨 (Peter Schwartz)

随着我们走向这个充满动荡和巨大变化的时代，世界将如何演变越来越充满变数。我们看到组织正在尝试各种形式，这些形式越来越不固定，日渐虚拟，而且和比较传统的、从上至下的模式并存。不断出现重大的创新，不仅出现的速度比以前快，进行创新的主体也比以前多样化。目前的全球治理安排（往好了讲，是零碎的，往坏了讲，是无条理的）越来越不足以应对这个时代的复杂挑战——更不用说把挑战变成机遇了。即便懂得如何应对生物圈在我们身边变化这个事实，我们也必须弄清楚如何带着所有差异共同生活在这个星球上。我们必须处理越来越明显和突出的各种不公平现象。在任何需要能源和水的地方，都必须找到获得它们的方法。新兴国家的实力不断增强，不可避免会带来冲突和矛盾，我们必须解决这些矛盾，并且共同面对衰落中的国家、安全的隐患以及新型疾病的威胁。振作精神应对这些挑战，会给这个世纪的成就和进步带来极大的希望，使得 21 世纪的成就和进步超过 20 世纪。做不到这一点会让整个人类处于灾难之中。

很明显，现状不能完全应对这些强势时代：即将出现一个全球事务变革的时代，我们不仅必须为此做好准备，也应该对此充满希望。这个时代以什么形式出现尚不明确，但我们可以确定三种不同的模式，它们源于我们在这里提出的这些问题，它们是新秩序值得信赖的基础。每个模式都将在未来十年发挥作用，而且它们的基本要素都会渗透到我们的未来。然而，其中的一种模式最有可能在未来十年占据主导地位，给本世纪的剩余时间提供主要的形式和内容——到底是哪种模式胜出，取决于每个人的猜测。这三种模式是预期可能出现的情景，并不是预言。它们是预测未来的假说，可以相互代替，都一样有道理，却截然不同。它们将拓展我们的思维，挑战我们的设想，帮助我们做好各种可能发生的事情的准备，而不是设想一个唯一的未来，或者干脆像潘多夫·彼得鲁奇（Pandolfo Petrucci）那样等着，任命运安排，并做出被动反应。

/ 关键的不确定因素 /

今天，有两个关键问题（源自治理和创新的引爆性挑战，以及组织模式的根本变化）帮助我们梳理这些预期模式。

第一个问题是关于提供一致性和推动未来的组织类型、关系模式，结构和相互作用：领导权、创新和变化的最有效的发起者主要是集权式的"从上至下"，还是分散式的"从下至上"？集权式的社会、组织和治理模式具有如下特点：中央计划、分等级的大型机构、从上而下的合作与管理，这种模式会存在下去吗？或者，推动未来的力量会是更加不稳固、分散式的联盟、新兴的组织网络，或者围绕具有说服力和广泛传播的见解和观点而整合起来的某种能量吗？

对于后一个问题历史上有一个实例，就是基督教的创世纪——这是一个口口相传、从下至上的运动，支撑它的是强大但受到质疑的新观念和理想，推动的力量来自有责任感的个人及团体，运动慢慢地稳步发展起来，势力逐渐扩大，每到一处，都会改变那里的社会。把早年基督教的创立与罗马教会最终建成进行比较，后者是一个等级森严、结构清晰、有序、极其集权化的大型组织，对欧洲和世界很多地方都产生巨大的影响。

哪个模式将会证明更加强大，并在未来十年产生更大的影响呢？可以肯定，我们会看到很多集权式的、从上至下的活动，也能看到分散式的组织进行大量的尝试；两种形式都会被企业、政府和民间团体所采用。此外，信息和通信技术能够大大促进这两种模式的成功和拓展。

然而，我们面对的全球问题太多，这也许会鼓励我们采取比较集权式、分等级、从上至下的解决方法以寻求秩序、一致性和连贯性。有很多证据表明，我们想在这个表面上混乱的世界里抓住统治权。例如，在商界，很多企业通过并购来实现规模，获取新的、交汇而成的技术，因此，这些行业集中度不断提高。我们也看到在很多技术领域，人们倾向于更加严格保护知识产权，更加追求保密的专有标准。即便那些最富创新精神的公司，如苹果公司，也是通过从上至下的策略取得辉煌的成就，它们控制一切，从硬件到用户界面，再到网络服务；iPod 和 iTunes 商店取得巨大胜利就是其中的范例。

在治理领域，集权化和从上至下的方法也被广泛采用，为合作和进步提供了有效平台。在中国，政府对水力发电进行了大量投入，之后，农村的电气化工程以惊人的速度开始运作。在美国，建立结构完整、集权化的国土安全部以及任命情报局的"独揽大权的人物"都是条理化和改善"反恐战争"的措施。经常受到诋毁的世界贸易组织准备进一步扩大规模，未来成员国地位——对欠发达国家具有非常大的吸引力——是与像伊朗这样的国家在政治上进行讨价还价的筹码。欧洲也在制定高度集权的政治政策，从劳动到标准，从关税到环境——都意在实现强大的一体化经济联盟。欧洲国家依然支持严格的全球政策框架和草案，如京都条约。在民间，非营利组织也倾向于采取比较传统的组织形式，建立严格的规划和评价功能，在自己关注的领域寻求规章制度式的解决方案。

与此同时，也有很多证据表明，人们也很倾向于分散式、自我组织的网络以及从下至上的方法。全球化与技术连通造就了联络更加有效的世界，随着无线网络、移动电话和相关新技术的兴起，未来世界的联系会更加紧密。这为分散式、实时的联合行动和思想在全球范围内兴起创造了条件。相关的例子不胜枚举。多年来，"搜寻地外文明"（SETI）得到了数百万人的支持，他们把家庭电脑的停机时间捐了出来。互联网让全球的抗议活动联合起来。移动电话和短信能让观点和看法瞬间传播。

2003 年，影片《绿巨人》（The Hulk）的票房业绩不佳，营销商和赞助
商们认为，这是孩子们在首个周末通过短信告诉朋友"电影很差"所致。

另一方面，像 TiVo 这样的企业充分利用了这种开放的、相互联系
的现实，它们鼓励黑客修改自己的产品，由此加快了前进的步伐，也显
示了相当高的可信度，这是仅仅通过营销手段做不到的。网络游戏在全
世界风行，产生了新形式的社区和社会关系，以及规模相当大的虚拟经
济。高效的非政府行动如"国际禁止地雷运动"，都是利用技术和网络的
潜能发起的。在 2004 年美国大选期间，网上筹资活动催化了大量政治活
跃的新公民。对等联网（peer-to-peer）技术的流行迫使音乐产业制定了
严格的监管措施，不过看起来好像注定要失败。很多评论家预测，社会
网络和"智能暴民"在社会和经济领域发挥的关键作用会在出现的同时
就散播开来。开放源代码运动展示的是分散式人才网络所具有的非凡创
造力和生产力，那些人才的动力不是源自利润，而是来自贡献和超越的
能力。我们将有可能看到一个"从下至上"的世界，这种可能性在人类
历史上从未有过，毫无疑问，它会给我们带来诸多的意外。

即便如此，我们无法确定这个有可能出现的从下至上、分散式、相
互连通的模式能否带来深刻的全球变化，或者只是产生微不足道的变化。
如果前一种情况出现的话，我们将迈向一个有吸引力的未知模式，我称
之为新兴模式——一个从下至上、相互连通的世界，在这个世界里，权
力从中央转移出来，比以往任何时候都更加分散。

另一方面，如果中央控制着权力并且我们比较熟悉的从上至下的模
式更流行，必须提出第二个基本问题：美国会更多还是更少地影响全球？

两个结果都有证据和论点支持。我们有很多理由相信美国在世界上
的作用会进一步扩大。当今的美国影响力太大，要想削弱它需要巨大的
逆转力量。尤其是，美国经济成为世界的"发电站"至少已经有 60 年
了。美国拥有全世界人口的 5％，而 GDP 却占了 30％，纽约仍然无可争
议地占据世界金融中心的位置。美国也是创新中心，它在研发方面的投
入占世界总投入的 40％。它依然是企业家的摇篮，在世界上最强大的风
险投资体系的支持下，它有很多新企业的投资热点云集在重要的城市如
波士顿、西雅图、奥斯汀和旧金山周围。它的市场体系展示出对失败的
包容；它甚至宁愿大公司在竞争中灭亡也不会出手相助，以确保发挥

"搅乳器"① 和推动力的作用,这是很多其他国家所羡慕的。美国的品牌享誉世界,在很多地区都享有特权。美国在制定世界标准方面——技术标准、管理标准和基础设施标准——占有优先地位,这在现在和未来都给它提供了有利条件。目前,它正在制定把虚拟网络空间作为经济媒介的演变标准。美国在一些新兴技术上已经是领军人物,包括传感器、无线网络、分布式超级计算和生物技术,这些技术似乎已经准备用来驱动新一轮的经济增长。

此外,美国也显现出持续不断的创造力,既推动了经济的发展也提高了它的适应能力。通过技术创新和商业想象,美国处在了经济变化的前沿,孵化出新的"创新型行业",这对无形经济是至关重要的。这能够让美国保持和更新经济活力与领导地位——而且确保它的文化的全球影响力不断提高和扩大。几十年来,美国的影片、电视和音乐拓展到新市场,悄然有效地推广了美国的价值观、世界观和品牌。此外,娱乐业已经成为"体验经济"的重要组成部分,发挥的作用也越来越大。放眼未来,在这个带宽不断增加的世界里,新的传媒机遇很有可能被美国公司和人才所掌控。

美国的军事实力(至少有10年牢不可破)和政治力量不仅增强了它的经济和文化影响力,也在处处保护这种影响力。不过,现在有一个更大的、相当清晰的目标在激励着布什总统的第二届政府——如果实现了这个目标,可以确保美国的资本主义和民主模式在本世纪或者更久远的未来保持影响力。如果美国能够成功地展开"转型外交"(国务卿赖斯的话),在那些正在努力探寻未来之路的其他国家产生根本的变化,那么,美国制定的"游戏规则"在它停止享受目前的影响力之后很久都能在全球范围内流行,这就是现在美国领导人的雄心——这是有理由期待的未来的基础。美国在经济、文化、军事和政治上的影响力足够强大,它的资本主义和民主模式在世界上一些关键的地区也许具有足够的吸引力(如东欧和中东的一些地区),美国的新世纪是一个完全可以信赖的预期模式。重要的是,这种预期模式并不是说美国在世界上还要再享受100

---

① 搅乳器,做黄油的容器或装置,将奶油或奶搅拌,使油滴从干酪和浆液中分离出来。——译者注

年目前无可匹敌的军事实力和经济繁荣给世界带来的非凡的影响力。那样的未来并不存在；可能的未来是美国的政治、经济和社会价值观和模式被全世界或多或少地采用，让目前的规则存在下去，即便他人按照这些规则玩得越来越娴熟，越来越成功。

美国在世界上的影响力和作用有没有可能在未来十年下降，从而带来一个截然不同的未来？我相信，答案显然是肯定的。

无论对"反恐战争"和美国入侵伊拉克的普遍看法怎样，美国"9·11"事件之后的几年里犯了错误，这是很明显的。在抓捕本·拉登行动中的拙劣表现、关于伊拉克拥有大规模杀伤性武器的令人质疑的声明、对重要盟友的麻木外交、在对待囚犯上的糟糕政策、对监狱（特别是阿布格莱布）的极差管理、关于伊拉克"非复兴社会党化"（de-Baathification）而制定的过于简单和刚愎自用的政策——美国还有很多令人沮丧的方式破坏自己在世界上的权威和声誉。但关键问题是，这些错误在多大程度上损害了美国的地位，这种损害会持续多久。对于现在来说，这个问题还没有结论。

在未来十年，美国的经济实力也充满不确定性，消费者负债率创历史纪录，预算赤字达到了前所未有的水平，预计在未来几年还会增加，巨大的贸易赤字没有截止的迹象。如果市场对美国失去了信心，人们就会采取重大的调整措施，不再持有美国资产包括美元，从而引发通货膨胀，利率提高，进一步腐蚀企业和消费者的信心。除了这种脆弱性，备受关注的安全问题也会拖累美国经济。在未来十年，直接的安全开销显然会大幅增加，对安全的关注也会使美国与其他国家在经济交往中产生摩擦，使集装箱和货物的清关速度减慢，造成其他延误，加大交易的复杂度。

此外，美国在全球争夺人才大战中也会遭受逆转——几十年来，美国在该领域一直占有绝对的统治地位。它吸引着全世界科学界、技术领域、学术界和艺术界里最优秀、最聪明和最富有企业家精神的年轻人，这为美国经济和文化活力做出了几十年的贡献。但这种吸引力现在出现了衰退的迹象，随着限制签证、审查越来越严，对很多高素质的外国学生来说，美国没那么有魅力了。另外，出现了令人兴奋的国际城市，它们在生活方式上拥有巨大的潜在价值和发展迅速的文化产业（这些国际城市包括惠灵顿、悉尼、阿姆斯特丹、伦敦、赫尔辛基和布拉格），因此，我们看到越来越多的美国人才不断前往这些新地方。不仅如此，美国对生物技术的研究和投入进一步受限，这与很多其他国家政府热情的支持形成了鲜明对比，美国可能会因此遭遇"人才外流"——这是对历史趋势的毁灭性逆转。

更为重要的是，近些年来，世界的其他大国开始想象甚至开始设计一个不受美国领导的未来。随着大西洋两岸的关系变冷，很多欧洲人慢慢认识到后冷战时代的欧洲不再是美国全球地缘政治的关注中心，他们现在公开地怀疑，在建立全球新秩序的过程中，欧洲在多大程度上还需要依赖美国的领导权。俄罗斯在失去对乌克兰实质性的影响力之后变聪明了，开始考虑如何能在本地区的邻国中重新显示自己的权威。拉丁美洲正在努力提高凝聚力和影响力，以使自己成为一个强大的地区，积极塑造和其他地区的协作关系——尤其是和亚洲——从而减轻对北方邻国的依赖。

与此同时，美国也显示出与全球主流观点格格不入：除了澳大利亚，它是唯一拒绝在限制排放温室气体的《京都议定书》上签字的发达国家，这一点还表现在它对联合国直接的批评，愿意部署"硬"实力而不是"软"实力的态度，以及明确表示不愿受制于基于规则的多边体制（这个体制在 60 年前产生时是很有帮助的）的言论。美国很有可能在拿自己的未来影响力做赌注。如果冒险失败了，世界的其他国家会跟上来，获得更高的领导地位和更大的影响力，我们也会看到第三个预期模式——拼成的强大集团，这是由国家和联盟拼成的共同体，最终它们会紧密结合在一起打造一个新秩序。

在进一步探讨每个模式的核心特点以及它们带来的深刻、不同的长期后果之前，需要强调两点。第一，每个模式都包含其他两种模式的要素。事实上，这三种模式在某种程度上都会发挥作用，关键的不确定性在于哪一种会占主导地位，不过没有哪种模式能对未来享有独有权。这就是说，我们应该对每一种模式都做好充分的准备。第二，每种模式都基本偏离了我们已知的世界。即便美国的新世纪这个表面上最熟悉、最连贯的故事情节实际上也代表着全球秩序的改变，这种改变与新兴模式和拼成的强大集团带来的变化一样显著。

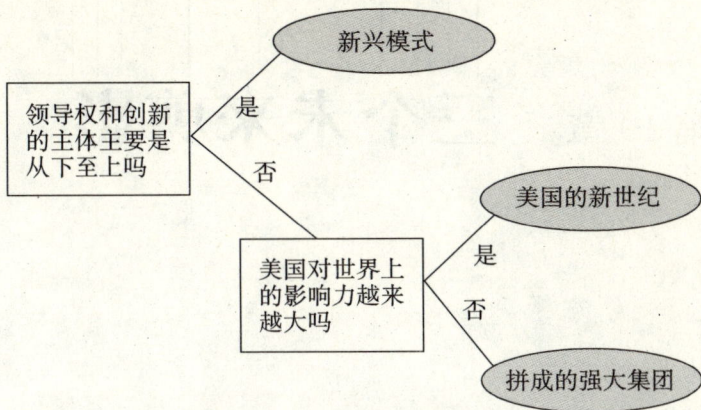

未来十年的三种预期模式

第 10 章　三个未来剪影

这三种预期模式——美国的新世纪、拼成的强大集团和新兴模式都不可能囊括未来世界秩序的所有可能性。但它们都看似合理，而且都很重要，故此，值得逐一给予考虑。这三个世界是什么样子呢？下面我们对每个世界都做简要介绍（并穿插了真实的案例，这是每个世界个人生活状态的掠影），我们首先讨论的模式有些人会认为是美国的"未来"。

美国的新世纪

美国在这个未来中取得了国际事务中前所未有的领导权，重新维护和强化了自己的影响力，基本建立起了经济、政治和文化的核心价值观和规则，整个世界都要遵守几十年。这发生的条件是：第二个乔治·布什和随后建立起来的政府意识到，他们只暂时拥有机会用美国形象来改造世界，并确信这不仅服务于美国的长期利益，而且对世界也是好事。因此，美国综合运用外交、军事力量和以市场为推动力的刺激措施来改造全球秩序。美国的民主自由理念具有很大的吸引力，并日益被世界所重视，因为这个世界对地缘政治的稳定和安全表示忧虑，特别是新一代

在无所不在的通信和高度透明的世界里已经成长了起来，敏锐地意识到
西方模式有着广阔的发展前景。

中国积极推动鼓励企业家精神和创新政策，从而保持经济增长的势
头，向高价值的部门方向发展，它得出这样的结论：它努力的方向最好
是取得长期的经济优势，而不是政治的或者军事优势。

中国和印度企业继续在发展繁荣，实现了规模，拥有了影响力，显
然，它们会按照以美国为首的西方模式的规则成功地运作企业。特别是，
随着这些企业开始开发自己的尖端知识产权并使之商业化，它们越来越
有动力保护它，鼓励本国政府支持新的全球事业去认识和尊重被接受的
知识产权。与此同时，受美国影响的西方价值观在商业生活中依然占优
势，欧美和日本的大型企业通过把繁荣推广到世界的更多地区催生了更
多的强大市场，它们利用这个有利条件依然保持竞争力。欧洲城市和美
国东西沿海城市依然是世界贸易、创新和教育的重要推动者（即使不是
唯一的推动者），随着全球化进入下一个更加光明的发展阶段，它们和亚
洲以及拉丁美洲的主要创新中心建立起了联系。

到 2015 年，新全球秩序的很多特点将进入人们的视线。世界上很少
有地区依然处于无序状态，或者对其他地区的和平和安全造成严重威胁。
以市场为导向的经济政策对快速迈进中产阶级的几十亿人来说是宝贵的。
强大的新企业在全世界范围内涌现，尤其在亚洲。很多国家采取了新的
独创机制，释放价值和释放企业家的强大能量。

然而，这远远不是没有烦恼的乌托邦。世界全神贯注于安全、政治
自由、经济增长和机遇问题，并且在这些领域取得了巨大进步，但这些
优先发展的措施在比较偏远贫穷的亚洲和拉丁美洲的一些地区，特别是
撒哈拉以南的非洲地区收效甚微。世界上最穷的人们几乎没有改变命运，
贸易政策伤害的依然是贫困地区，国际社会没有形成共识认为应该急迫
解决这些问题。与此同时，尽管民众对美国的看法在世界上多数地区相
当积极，但它毫不掩饰地动用自己的影响力和力量把自己的意愿强加给
别人，这种做法不可避免地产生了深深的敌视和憎恨，这一直有发展成
暴力的危险。其他严峻挑战也没有得到完全解决；实际上，军事和市场
解决不了的基本问题都被忽视了，或者只解决了表面问题。特别是在应
对气候变化和其他环境问题（尽管整个全球制造业都在处理与天气有关

的灾难）带来的挑战时缺乏一致性，所以没有取得多少进步。有关平等、健康、饮用水和环境的承受能力等问题越来越多；随着 2020 年越来越近，它们将给世界造成最严重的威胁。

美国的新世纪

姓名：伊丽莎白·斯特林（Elizabeth Sterling）

年龄：47 岁

职业和工作地点：量研科技集团（Quantum Research Group）创始人，北卡罗来纳州夏洛特市

收件人：董事会

寄件人：esterling

主题：项目更新（机密）

亲爱的朋友们：

上周这里太疯狂了。马丁取得的突破激励了大家；我感到至少有一半的研究小组成员开始睡在实验室的帆布床上而没有回家。这好像又回到了公司起步时——我只是希望这一举动不会导致离婚！

一年前的这个时候，我们如果有一个 100Q 数组在运行就很高兴了。如今，我们有两个运行的 500Q 系统，在年底之前我们有望完成性能良好的 1 000Q 系统。此外，如果我们需要，马丁团队计划的多层模式按比例至少可以提高到 10 000Q。只有上帝才知道我们需要那么大的计算能力干什么，不过，我们一定会想一想的。有谁需要超过 640K 的记忆力？

根据董事会的指示，我已经把其中的一个 500Q 系统给了商业服务开发部，另一个 500Q 给了分类应用部（CA）。CA 想把这两个系统都拿到，但就如同政府对我们的进步非常痴迷一样，媒体的应用会有很快的投资回报。尽管我们支持 CA，按比例提高超过了 1 000Q，但国家安全局（NSA）"让"我们把商业应用限制在 500Q。法律人士说，合同迫使我们接受这个要求，我们毕竟都是这个国家的良民。

　　商业服务开发部认为，应该首先马上应用到图像和结构分析上面。他们已经为 Qubit 50x 进行了图像制图应用，而且还在重新做；他们说初步结果令人惊异。甚至比受过训练的专家都快，也更加准确，对细节关注的"眼睛"也比专家敏锐。美国宇航局/银河小组在火星着陆位置的规划上会喜欢它的。他们也希望我们的这个系统能在蛋白折叠（Protein Folding）和实时交通模式方面发挥作用。我差不多每个小时都会收到商业服务开发部发来的电子邮件，每个邮件都表达了新的应用想法。

　　不过，还是 CA 方面确实对此感到激动。

　　当然，图像分析的价值将会十分巨大。

　　CA 也希望这个系统对制作"行为异常图"有帮助。你们可能有些人不熟悉这个概念，制作"行为异常图"就是寻找在公共场所举止异常的人，目的是在犯罪分子和恐怖分子行动之前抓住他们——所谓的异常行为不仅仅是明显的东西，而是微小的细节，如他们看别人的方式，他们走路的姿势。有研究显示，这个概念有值得赞赏的地方。西蒙，我知道你过去对这个项目做过投入，但效果不是很好。我的理解是——如果我说错了，请予以纠正——最大的问题出在我们需要的细节究竟应该达到什么程度，才可以避免发生太高频率的误报。CA认为，5 000Q 左右大的多层数组系统应该能够轻松地处理这个问题。我希望你和 CA 的技术指导瑞杰谈一谈，如果你有机会，这可能是个很大的机遇。

　　我想感谢大家在过去几年里对我的支持。我们在最初的工作中招致了很多怀疑的目光，很多技术和投资圈里的人把我们的工作称为"又一个网格计算的幻想"。50x 系列让很多人相信我们取得了一定的成就，但越过 50 量子位这个障碍是一个真正的挑战。

　　我觉得我们都对这个技术产生的机遇感到欣喜若狂。世界依然存在一些重要问题需要解决，类似这些的技术手段会让最优秀组织里的最优秀人才找到最佳的解决方案。能为此项事业作出贡献，我们感到很骄傲。

　　加油！

利兹

拼成的强大集团

在这个模式的未来中，地缘政治和经济的力量及影响力在众多的国际组织、地理区域、民族国家之间分配和共享，复杂的、有时令人困惑的联盟和条约会一起把影响力传递出去。这是个意大利面条式的世界——杂乱无序，相互缠绕，众多成员从事各种活动，因此，往往不能完美地结盟，不过，也能或多或少地发挥作用。中国已经成为世界上很强大的国家，随着它成为全球创新和经济增长的重要主体，它（和印度一道）在亚洲地区处于领导地位。实际上，在经济发展方面，亚洲的前途是很光明的。尤其中国——部分原因是政府对基础研究的投入——它是生物技术、纳米技术和太空研究领域技术取得新突破的中心，中国要成为"世界上最重要的经济体"，上面提到的优势为它增加了筹码。

与此同时，随着重心东移，欧洲遇到了一些经济挑战，但它已经能够很好地适应新的现实情况，通过和日益繁荣的亚洲增加贸易往来，即便不能取得非凡的经济发展，也能保持稳定的增长。欧洲想要取得真正成功，要通过扩大欧盟来实现政治的凝聚力和影响力，尽管在这个过程中有过错误的起步和挫折。

相反，美国发现自己软弱多了，变乖了，在乔治·布什第二任期内想要给世界带来充满活力的领导形象（特别是单边的）现在无力做到了。美国软弱了，一定程度上是因为经济长期缺乏生机。经济疲软促成了导致美国影响力下降的另一个问题——美国公民越来越不愿意面对"美国主导的世界和平"带来的日益增加的费用。随着美国试图在中东以及其他地区大胆推行其政策，它的军费开支大幅提高，这个进程实质是"进一步、退两步"。在世界范围内，人们普遍认为，美国以危险的手段和不负责任的态度造成了世界很多地区不稳定，一方面，它煽动对现存政权的不满情绪；另一方面，它也激起了极大的反美情绪，使恐怖事件频繁发生。受到强烈刺激后，美国把注意力主要集中在经济复苏和本国国土安全上面；它对全球的兴趣越来越集中在快速重新平衡的贸易和商业领域。

美国没有提供单边领导，也没有称心如意地改造世界，它不情愿地加入由相互联系的联盟和协议组成的新世界。跨国公司也在不断参与治理问题，部分原因是帮助形成新议程，也因为需要它们的专长和资源。因为没有设计和施加全球新秩序的单一权威机构，一个相当零碎的多边主义正在演变之中，它主要围绕着全球治理的机构和倡议而建。人们普遍认为，全球问题最好通过合作和共同努力来应对。由此产生的多边方法常常带有官僚主义的色彩，不能总是顾及快速进步或者取得快速突破，但对于有时很难做出的决策和改变，它们似乎也能提供有力的平台。

显然，到 2015 年，新的全球秩序是多极的，中国、欧洲和美国在很多不同领域相互协作、相互竞争和联合，拉丁美洲和非洲也被融进很多机构和倡议之中——都意在应对世界上"高优先级的问题"。在前 5 个优先考虑的问题上能够形成真正的牵引力，这 5 个问题是：贫困、气候变化、流行疾病、科学伦理和移民管理。各方之所以能够形成共同的力量很大程度上是因为它们都承认，既需要采取行动，也需要做出让步。

表面上，世界好像逐渐向更加稳定的方向迈进。然而，地区之间还存在着基本的冲突和周期性的均衡，太多的连锁关系导致了不确定性、小动作，玩家相互之间缺乏充分的信任。此外，世界似乎越来越容易受到恐怖主义和犯罪的袭击，与"失败中的国家"相关的问题也在不断增加。随着 21 世纪 30 年代的到来，人们越来越关注新秩序的特别性质，要求把目前的安排设计成更加连贯、有系统的多边框架——这个框架也能应对全球安全面临的越来越多的挑战。

拼成的强大集团

姓名：桑洋·达斯格帕塔 （Sanjay Dasgupta）

年龄：58 岁

职业及工作地点：生态系统设计公司副总裁；印度班加罗尔

达斯格帕塔的秘书把《海峡时报》（*Straits Times*）的记者带了进来。这个历史悠久的报纸依然喜欢面对面的采访，达斯格帕塔想。他站起身伸出手："请坐。"

他们一起非正式地聊了 15 分钟。英语是他们的共同语言，他们很轻松地讲了起来。达斯格帕塔的秘书把茶端了进来。最后，记者转到了身边的话题上，指着副总裁桌上放的一份打印报告，问道："我看到您有一份新报告，是关于联合国二氧化碳减排量的矫正目标。报告里面有什么地方让您感到意外吗？"

达斯格帕塔点点头说："我们做的事情比我担心的事情要好多了，尽管我们还没有实现目标。现在，每 100 万单位体积的气体中几乎含有 390 个单位体积的二氧化碳；在过去的十年间，全球气温上升了 1.5 摄氏度，比预期快多了；冰河在消失；乞力马扎罗山上的雪现在成了历史教科书上的图片。"

达斯格帕塔叹了口气，摇着头说："我们动手太晚了。"

记者进一步问道："有些人对这些变化的速度感到震惊，但这些变化的发生都不是意外。我们知道全球变暖的严重性已经有 20 年了。为什么这么久才采取行动呢？"

"这个问题单靠一个国家是解决不了的。个人努力减少排放量、摆脱石油时代是很重要的，但单一行动改变不了地球。过去，我们希望美国积极主动地发挥领导作用，帮助世界其他地区采取必要措施预防灾难的发生。"达斯格帕塔停顿了一下，皱了皱眉说，"但我们对美国太过依赖了，当美国的领导地位变得跌跌撞撞时，没人愿意向前迈一步取代它的位置。"

记者记录下了谈话。记者又问道，"联合国肯定愿意这么做，是吗？"

"最终会的。它需要改革，它还需要搬家——这么做很让人难过，毕竟纽约是个宜人的城市。但强大的联合国只是这个新形势的一部分。我们很快认识到我们需要全面提高机构的实力。在减少国家对经济的干预方面，我们走得太远了，把自由市场当作了唯一的目标。"

《海峡时报》的记者看起来有点不自在，"很多批评家把这个说成是，完全回到了大规模政府支出和僵化的官僚政治。一位经济学家把这称为'适时的凯恩斯主义'。"

达斯格帕塔微笑着说："我觉得这种说法非常好地概括了这样的组合关系，就是尽管创新是持续不断的，但全民的智慧却来之不易。当今世界需要从大局出发的战略思想，并把它和仔细定位的努力结合在一起。幸好，现代组织把这个组合处理得非常好。"

"您的意思是说我们已经步入了正轨？"

达斯格帕塔耸了耸肩，说道："尽管有时候不愿意承认，但我们有足够的理由充满希望。例如，这个二氧化碳的报告表现得很焦虑，但它也有亮点。将近十年里，我们已经实现了全球能源的 30％ 都来自可再生能源，到 2020 年，将达到 50％ 的目标。正在进行的工作是重新修建城市中心来处理气候灾害和大量难民，这些工作将继续产生越来越多的经济红利。"达斯格帕塔咧嘴一笑。"即便美国看起来也好多了，它开始重新意识到自己有很多需要向世界其他国家学习的地方。"

"您觉得它已经学到了什么？"记者继续问道。

达斯格帕塔向前倾下身，专注地看着记者，"美国的世纪结束了，中国的世纪也结束了，欧洲的世纪或印度的世纪都结束了。我们今天面对的问题对一个国家来说太具有挑战性了，太过复杂了，无论它有多么强大，都没有能力自己解决。"

新兴模式

在这个模式的未来，已经建立的传统权力和领导权模式在很大程度上不再适合这个世界，因为这个世界相互依赖性越来越强，越来越复杂，且充满不确定性和多样性。相反，由于集权式和等级化的政府、国际组织和很多大企业对新挑战和新机遇的调整放缓，变化和凝聚力从下至上产生。影响力逐渐明确地移向关联度很高的灵巧组织，这是由关注领域集中、规模较小的参与者组成的。实力不断增强而且有很强凝聚力的城市地区和国家政府争夺影响力，处于主导地位的民族国家的概念和治理形式成为争议的话题。企业家、小企业和"开源"生产网络证明比大型、结构传统的企业更加灵活——也通常更加有效。与动作迟缓的国际组织相比,关注领域集中的非政府组织追求目标更加灵活,也能得到更多的国际合作。世界越来越受到两种力量的影响:人和激情。

发生这种情况部分是因为旧秩序在快速变化的压力下开始破裂(从上至下的方法得不到牵引力),另一部分原因比较积极:从下至上的力量开始显现,它们第一次真正地联合起来,成为治理和凝聚力的真正替代形式。没有哪个国家、地区或者组织单凭自己的力量就能在这个混乱繁杂的世界里保持统治地位,因为这个世界越发不安全,经济压力越来越大,对迫在眉睫的问题越来越担心。主要的多边组织——以联合国为代表——被视为太官僚,过于应对,时常不经意地支持(甚至偶尔参与)腐败行为。与此同时,美国基于自己的价值观和信仰建立新秩序的企图彻底失败了。

欧盟也许是尝试集权化最富典型的失败例证。原始成员国和新成员就选举权、政策走向、资源分配和未来成员等问题上产生了矛盾,而且是不可调和的矛盾,伟大的尝试形式——欧盟的集权化慢慢瓦解了。拉丁美洲被这样的趋势打击了信心,它们曾经试图建立一个一致的、新的区域力量,以此作为世界格局中的一轴,但这种努力慢慢退却了。在整个非洲大陆,人们已经不再提及共同复兴的伟大梦想,取而代之的是地方致力于更实质性的变化和状况的改善。这种越来越注重地方解决问题的方法有助于在治理方面进行有力、有效的创新。拉丁美洲和非洲的很多国家从"商议民主"——能让公民更多地参与到地方决策和领导——的原则中得到启示,它们首先采取了灵活的分散式模式,让公民参政,大力改善地方治理的状况。

实现从下至上的解决方案和分散式、网络化的组织是强大的、建设性的发展趋势,上面提到的只不过是这个趋势的一部分。全世界几十亿人和团体的声音和行动被连接成经过重新组装的新网络,随着地方把缺水和农村能源需求这样的问题摆在大坝和电网之前考虑,创新不断涌现。"博客圈"(blogosphere)和其他主流媒体形式一样是新闻和评论的正当渠道。曾经爆发过几种疾病,潜在的危害非常大,但各国科学家公开合作,共享信息,共同研制疫苗,在他们的共同努力之下,这几种疾病的危害被降到最低程度。一些大企业(通过外包、联盟和分散化，企业已经开始"虚拟化"）比政治组织更愿意接受新秩序，它们把自己变成非常网络化和拥有实权的实体，拥有多种浓厚的地方身份和决策权。

到 2015 年，很可能（对那些依然走在政府和国际机构的传统权力的狭长地带的组织来说也是如此）会出现相当令人困惑的新秩序。这是一个令人不舒服、混乱的世界，但对很多人来说却充满活力。个人和团体承担了更多的责任，对自己的命运拥有更多的影响力，这是他们以前没有想到的。和全世界的其他人玩在线多人游戏的孩子们已经长大成人，他们已经完全适应远程但有意义的关系和团体。企业家和小企业蓬勃发展，特别是那些志同道合的人组成的创造性的组织网络更是如此。一种新的"冒险利他主义者"雨后春笋般涌现出来——这些人的使命是对频发的社会和环境问题的突破性解决方法予以支持和推广。他们的工作是帮助在越来越出乎意料的地方进行越来越吸引人的创新，让以前贫穷而且看起来无望的地方充满"能做"的信心。尤其是可持续发展面临的挑战被改变成机遇，新技术、新心态和多样的尝试共同促成更好的解决方案，来满足全世界更多的人类需求。

到 2015 年，分散式、从下至上的模式会被证明具有非凡的潜能，很多 21 世纪面临的严峻挑战能够以出乎意料的新方式成功地得到解决，但这种现象似乎孕育着一些重大的调整。很多幸存下来的大型国际组织开始理解新的游戏规则，开始削减规模，分散权力，打造成跨多个组织的建设性联盟，准备扮演新的角色，成为协调人和发起人，而不是领导者和行为者。然而，这种从下至上的世界也充满了危险。国际上违法犯罪行为达到了前所未有的程度。小规模但频发的恐怖袭击事件毁掉了很多国家的城市和平——开放源代码的生物技术使设在车库里的实验室制造的人造病毒的威胁越来越大。有很多国家承诺成为下一个新加坡，而另外的一些国家则威胁着要成为下一个索马里。全世界都在问的问题是：为了确保全球安全，需要什么机制、联盟和协议，哪些让步是必要的，而且也有正当理由的。

新兴模式

姓名：酒井健（Ken Sakai）

年龄：22 岁

职业及工作地点：开源生物技术顾问；新西兰奥克兰

酒井健已经开了 10 年的本田混合燃料车，此车性能还很不错，但他开始想，也许需要最终把车换掉买一辆新燃氢汽车（Hydrogen）（他妈妈在去年买一辆燃氢汽车之前称为"HindenCar"），既然大家都说这是未来的发展潮流，而未来就是现在，所有那些陈词滥调都会对你渐渐产生影响，直到你认识到那些说法是正确的。昨天，他看见一个加油站只出售氢气，氢气是一种汽油，所以，他可以继续叫它"加油站"，对不对？

他用一张荧幕便利贴胶将手机粘到仪表盘上，以便手机内的信息可以投在挡风板上，从而可以看到滚动的信息和手机从网上随机下载的图像和录像，以此作为一种休闲方式。你知道，他这么做只是为了让他时刻关心正在发生的事情，尽管他从来没有介入整个"反监视"系统，但他也觉得 100 万个"小兄弟"比 1 个"老大哥"好。另外，他们抓住了那个传播禽流感的家伙，因为几年前人们用手机拍到了他，这不可能是太多年之前发生的事情，因为在他小时候"人监视人"还没有那么普遍，所以，它出现的时间不是很长。

酒井健又迟到了，他是去见基因设计小组的成员，他对此有点恼火，心想他们为什么要面对面做这些事情。他可以轻松地通过录像来观看模拟实验，而且既然他一样要用手机把他们对他的提案的修改存下来，他们为什么不能像文明人那样通过网络来做呢？也许他们年龄比较大，喜欢"亲自接触"吧！他们没有意识到他有多忙吗，要为十多个客户做很多工作吗——那是出口吗？

他跑进大楼，刚好十点五分，大门的摄像机已经验证了他的身份，他不必停下来去解释，因为他一直不喜欢和拿枪的人讲话，这种场景总有疯子出现，他不禁打了个冷战。他在脑子里换了另一个主题，希望会议还没有开始，他转过弯，走向那个透明的房间，看到大家都围着咖啡和百吉饼推车站着，他向大家打了声招呼，松了口气，只放松了一点点。

他们都坐下来，开始开会，酒井健马上注意到谁是真的在开会，而谁只是出席一下暖暖椅子。他也注意到身边的那个人，他看起来在认真做记录，但实际上是在玩游戏，看起来好像是在玩"达尔文的王国"的游戏，那个人不可能真正投入到这个游戏中，因为这个游戏不够刺激，但很适合在这种场合玩。酒井健在想，如果自己只在一个地方工作，每天见到的都是那些人，自己是否也会在开会时玩游戏。坐在桌对面、穿着 Apple Hedzup 的吉娜好像很喜欢他的设计，和她说话是件非常愉快的事情。他想象着，如果自己在她那样的工作环境里工作一段时间会是怎样。

轮到酒井健发言了，他给大家讲自己对这个项目的改进情况，他添加了从仙人掌提取的一些基因，用来给胃提供动力，提高吸水性；他希望咖啡很快发挥作用，因为他确实需要醒过来。

这三个预期模式看似都很合理，每个模式的要素肯定会慢慢展现出来，真正的问题是：哪个世界将占主导地位，为未来几十年搭建舞台。世界会不会存在着中心？如果有，美国的力量、影响力和价值观会不会占上风？它会继续在全球范围内推广民主和市场经济吗？或者，美国失去影响力和地位，成为很多参与者的一员，他们通过在联盟和协议组成的复杂网络中相互协作，共同来应对不断出现的全球挑战？如果不存在中心，领导权、力量和创新来自从下至上的组织，那样会产生一个富有创造性、混乱的网络化未来，又怎么办？企业、政府和民间组织优先考虑的问题和采取的行动在这些不同的世界里如何进行改变？我们如何知道身边的事情能否预示一个模式在向另一个模式做着深刻的结构转变，以及何时做转变，这样我们可以抢先起步，更加有效地调整和适应转变？最终，考察好模式的标准是它能否帮助你从不同的视角看待世界，用新的观点阅读晨报，把点连起来，找到对我们的未来确实重要的模式。

三种预期模式的比较

	美国的新世纪	拼成的强大集团	新兴模式
全球社会与文化保守主义	● 雄心勃勃、进步、同一性 ● 向以美国为中心的同质性发展 ● "所有权"不是"权力" ● 很多阻挠性运动（多是环境方面的）	● 强大的国家和地区 ● 雄心勃勃、个人主义 ● 亚洲文化在全世界更富影响力 ● 社会更加相互依存 ● 成熟，反对冒险 ● 相信集体，相信权力制衡	● 叛逆、年轻，喜欢冒险的精英管理 ● 地方化 ● 由问题而不是国籍联系起来 ● 高度透明，令人十分迷惑 ● 越来越与精神有关
全球经济与商业环境	● 全球企业主要按照西方的规则运行 ● 中国和印度进一步市场化 ● 外包日益普及 ● 为"保护"脆弱的国内行业施加政治压力 ● 较轻的管制 ● 双边贸易谈判	● 较紧的管制 ● 稳固但迟缓的经济增长 ● 无数国际联盟和合资企业 ● 文化竞争力很重要 ● 区域集团对贸易谈判保持影响力	● 十分动荡（"繁荣"与"破产"） ● 网络化；大型组织充当发起人，小型组织充当操作者 ● 资本主义的不同模式并存 ● 新兴的、公开的标准 ● 开放源代码和其他激进的商业模式
全球政治与关系	● 中国依然保持战略上的平静 ● 强大的全球道德多数派，拥有的宗教世界观占主导地位 ● 欧盟给东欧国家更大的权力；计划让土耳其加入 ● 中东国家的自由化 ● 对美国权力充满了内在的不满	● 多极；很多峰会和握手 ● 亚洲国家在全球协议中力量更加强大 ● 中东和俄罗斯成为战略的冲突区 ● 在应对全球问题上相对和谐 ● 不确定性、小动作、信任问题	● 国家政府出现信任危机 ● 由问题促成的政治联盟 ● 城市—国家打败民族国家赢得了力量 ● 达尔文式方法造就了真正的成功与失败；新加坡们和索马里们 ● 公民社会和非政府组织更具影响力 ● 政府更少充当控制者的角色，更多充当发起人的角色

4

Powerful Times

如何应对？在变革时代有所为

没有产生行动的思想不算什么， 不是出于思想的行动更什么也
不是。

————乔治斯·伯纳斯（Georges Bernanos）

没 有人——无论我们是谁，无论我们处于什么位置，拥有怎样的权
力——能够选择未来。未来是由个人和集体的决策以及全世界数千
个组织和数百万忙碌的公民的行动打造的。通过对推动变化的力量以及
等待我们的机遇与挑战的认识，我们做出选择，我们的选择越明智，情
况就越好。

第11章 创造我们新的未来

每个行业、每个部门的每个人都要学习很多知识，了解如何在未来生存，获得成功，并作出贡献。不管世界怎样发展，有一件事绝对是肯定的——我们生活在一个变革的时代，我们必须学会适应完全不同的现实情况。对于企业、所有部门的领导和全球公民来说，更应该掌握这种能力，因为他们是指引未来变化并同时被变化引导的三个关键行为者。

企业的新现实

社会上没有哪个团体没被卷入正在进行的变革之中，当然，它们也感到变化和调整的必要性。然而，企业可能受到的影响最大，因为它们在世界上掌握巨大的权力，但对于如何运用这个权力它们迄今却承担相对较小的责任。实际上，在两个预期模式——拼成的强大集团和新兴模式——里我们可以预见，改变企业预期和作用的社会契约会发生巨大变化。即便在美国的新世纪模式里，无所不及的市场力量将在未来几十年里改变它在商业世界中的含义。这进而要求对"经营逻辑"做出巨大转变，这种转变尤其体现在两个领域：平衡市场智慧和道德智慧，从狭隘的专注于竞争力发展到兼顾竞争力和适应性。

/ 平衡市场智慧和道德智慧 /

以市场为基础的商业活动规模很大，触及的范围很广，已经成为地球生活的基本组成部分。不过，有越来越多无可争议的证据表明，商业活动给经济、环境、社会和文化都带来了影响。正因为如此，不可避免地要求企业提高透明度，加强对它们的监督，这无疑会给企业施加很大的压力，让它们对人们所关注的社会和道德问题与期待做出回应，展示出真正愿意承担责任的姿态。竞争压力往往把企业推向反面。它们为股东价值承担责任（用股票来"激励"高层管理人员进一步强化了这种做法），而不是广大的利益攸关者的期待。它们采取的全球视角往往扰乱或者至少削弱了它们与最初成长起来的社区的联系和归属感。它们努力降低成本，但不顾给人类带来怎样的后果。它们遵守环境和其他规章制度的限制，但几乎很少进一步采取措施减少它们活动产生的副作用。具有讽刺意味的是，随着企业的足迹和影响遍及全世界，它们在快节奏、竞争激烈的环境里全面考虑活动后果的能力却快速下降。现在有几个声名狼藉的事例（如安然（Enron）、世通（WorldCom）、阿霍德（Ahold）和帕玛拉特（Parmalat）等公司），它们都越过了道德中立的界限，成为不道德的典型。结果，尽管大多数企业的高管都是优秀、智慧、充满活力的人，但比起上一代企业领导人，他们的可信度下降，也不再那么受人尊敬。

不过，很多企业总结说，它们的"特征"和能够感知的可信赖性是它们最重要的资产之一。这使它们承认在认可市场智慧（做有利可图的事）和表现更高的道德智慧（做正确的事）时，"……和……都……"的逻辑是必要的。显然，最安全的策略是努力不做坏事，长久之后将之融入企业的品牌里。这意味着企业领导人必须慢慢地把道德意识灌输给整个组织，不应该把它视为附属于企业的战略，而是应该作为组织的核心原则来对待。在未来十年，给股东和利益攸关者带来不可接受的危险的做法都将减少。在这个透明的世界里，必须假定，我们所做的一切或者为之负责的一切如果曝光会让我们感到难堪的话，那么它最终会被曝光，

因此，我们应该现在修正自己的行为。这个要求对企业来说越来越迫切，
不能简单地把它视为防御措施。应该有一个明确、被大家共同认可的道
德指南针来帮助企业在未来复杂的商业环境里进行导航。在组织的各个
层面，人们要有能力做出合适的选择、快速做出决定以及迅速采取行动，
这需要一套普遍的道德规范。

把这样的道德意识灌输给组织，不仅仅是把表述价值观的话印在标
有企业标识的鼠标垫上，更是要把道德意识真正地嵌入组织的基因里。
幸好，推动道德行为与员工和股东的本能不发生冲突。多数人都想做道
德的事情，在个人生活中也是如此。大多数企业只需要清楚地表述自己
的道德责任，制定制度来支持企业成员的个人价值观。通过在工作中运
用现有的价值观和道德标准，不断鼓励大家在工作和个人生活中遵循同
一个道德标准，并给予奖赏，我们会惊讶地发现，道德意识是很容易建
立的。奥驰亚集团（Altria）对待这个挑战的态度很严肃，它前身为菲利
普·莫里斯公司（Phillip Morris），也是它的控股公司，拥有几个著名的
食品品牌。公司经常出现争议和道德困境，但它鼓励员工在做决策之前
问自己四个简单的问题，即：这个决定合法吗？与公司的政策一致吗？
其他人会怎么想？这么做对吗？这些以及类似的问题会在未来十年支撑
企业的行为。

/ 兼顾竞争力和适应力 /

在过去的 20 年里，全球的多数企业都经历了巨大变化，因为它们面
对一个几乎完全崇尚竞争力的时代，而时代的推动力主要来自经济全球
化、国家普遍减少对经济的干预、部门趋同、技术连通，以及股东和金
融市场极高的期待。为了应对这些不断增加的压力，这些企业重新规划，
削减成本，兼并，击败对手，积极管理供货渠道，成为跨国公司，继而
成为真正的全球化企业，虚拟化并采用外包策略，组成复杂的联盟，加
快创新的脚步，重新设计自己的商业模式。大多时候，它们表现出惊人
的创造力和机敏性，行为合法富有尊严，把繁荣和福利带给全世界。但
这些精简、快速、专注的实体对世界秩序即将发生的变化却应对不足。
在未来十年，它们会一如从前面临巨大的适应性压力。

　　不言自明，随着世界相互联系和相互依存度不断提高、透明度和监督增强、技术和经济越发复杂、变化的速度越来越快，不确定性也越来越大。企业逐渐将掌握不确定性作为优先考虑的重要问题。这需要企业看世界的视野更加开阔——了解推动变化的关键的外界力量，考虑到多种可能性，把各种不同的观点联系起来，更加系统地了解自己所处的商业环境和社会环境，对突发事件进行演练，从更长远的视角看待企业的发展前景。然而，多数企业的体制、激励措施和结构都是为提高短期竞争力而设计的最优方案，因此，它们不太会注重这些行为。企业领导特别不愿承认有些重要因素他们并不了解，也往往不可能了解——正如圣母大学（Notre Dame University）的前校长西奥多·赫斯伯格（Theodore Hesburgh）所说的那样：“你不可能去吹响一个坏了的喇叭。”应该优先进行“组织学习”的说法已经提出十多年，但对于精简、加速的组织来说，它们真正学习和传播知识的时间和机会似乎越来越少。在未来十年，为保持竞争力和适应能力，企业会遇到很多问题，我们希望看到企业越来越重视处理这些问题。

　　做到这一点并不容易，因为当今企业要想做什么遵循的是很多关于经营优先级的传统观念和常规信念，这些观念在社会上根深蒂固，被视为不言自明的事情。其中，最应该优先发展的重大事项是全球化、生产力、获胜、增长、专注和技术。这些问题共同影响了多数当今企业的形式和特征。这些优先发展的事项成立的条件是自由化、对市场机制的广泛接纳以及稳定的全球化。此外，它们还建立在提高股东价值的基础上，这是通过与同处不断扩大、受到欢迎的市场里、遵循相同规则的组织进行竞争并取得优势后实现的。但在即将到来的革新时代，这些优先发展的问题对应对未来的挑战也许是不够的。企业必须考虑要进行根本的转变——不是离开这些优先发展的问题，而是为了追上这个自相矛盾的时代的脚步，形成一种新的心态，即把那些优先发展的问题的另一面融入一种新的“……和……都……”的逻辑中去，这会让我们更有能力走向繁荣。

/ 全球化与地方化 /

为应对全球化的挑战，多数大企业都加大了投入。今天，考虑如何更加有效地让我们的活动"地方化"也是很有意义的。比如，对那些把一半的工作时间花在飞机或者机场上的高级管理者来说，强调工作经验地方化是很重要的。旅行基础设施的压力不断增加、安全的威胁始终存在、改变生活方式和生活重点的要求与期待，这些都让经营活动地方化成为企业的核心问题。明显的解决办法是对虚拟会议进行更大的投入，而且支持它的技术正在稳步提高。最大的挑战可能是如何学会在虚拟环境里进行自然的交谈并有效做出决策，这将是一种新的能力和社会行为。

同样，由于大的全球品牌受到了文化的抑制，我们由此可以预见，创立比较微观的、立足于地方的品牌显得越发重要。成功品牌需要信息靠近市场，对地方文化高度敏感。全球企业也需要与当地社区形成比以往更加牢固的关系。

如果环境和安全问题以及新技术的潜能促使我们摆脱今天的全球工业生产和分配体系，也许还需要更大的转变和创新。面对恐怖威胁、生产能力过剩、新能源的突破，企业也许会发现有必要在数千个接近终端用户和消费地点的不同地方生产产品，而且这么做也是有利可图的。全球化将会继续，但它对知识转移的关注越来越多，对产品转移的关注越来越少。凯恩斯在几十年前就设想了这种场景："思想、知识、艺术、热情和旅行——这些东西在本质上是国际性的，但产品也许是在家做的。"把精力和想象力集中在经营地方化的理念上，这是富有挑战性的经济提出的关键问题。

/ 生产力与灵活性 /

大幅度提高生产力——提高创造价值的效率——是经济增长和社会发展的核心。但过多强调生产力会带来严重的脆弱性，其中有几点越来越突出。

首先，要广泛关注驱动生产力的力量对利益攸关者（员工、合作伙伴和团体）的影响，如果驱动力不受这个考虑的制约，它产生的行动会腐蚀信任、声誉和可信度，而这是支撑每个组织合法性和耐久性的基础。

其次，分配、物流和生产体系一体化方面取得的非凡进步实现了效率极高的适时能力，从而极大提高了生产能力。但这些往往为"正常的"经营条件而设计，容易遭到地缘政治事件和环境事件的破坏，从而导致严重的停工和损失。无法预料的或者异常的环境需要企业把所有系统都建立得更加灵活，更加富有弹性，拥有更多的选择，这就意味着企业在一定的冗余水平上运行。

最后，在过去 20 年中，生产力的很多收益是通过替代并简化人力资源实现的。在无数的组织里，自动化、再创建、"调整至合适编制"对这个过程起了推动作用，但所有做法都没有考虑到"松弛空间"的关键作用。系统具有一定的松弛度会给社会交往提供机会，进而推动知识的创新，没有松弛度会让组织的学习能力逐渐消失。我们必须重新考虑"冗余"这个观点，它具有潜在的建设意义，如果很好地利用这个条件，它能让公众对企业有信心，在艰难时获得灵活性，提高不断学习的能力——这可能都是未来十年企业必须做到的事情。

/ 获胜与协作 /

在过去的 20 年里，不惜以任何代价"赢得"竞争是企业的普遍目标，从而把商业创造力、革新和增长提到异常高的水平。但这个目标并不完全，也不准确。企业不仅在零和博弈中相互竞争，也在复杂的创造价值的体系里相互协作，需要适应不断变化的国际环境。如果过于看重这个目标，或者完全采取这个态度，"获胜"可能变成破坏性的而不是建设性的组织原则。

于是，我们也许还应该强调，要想获得长期的、具有适应性的优势，协作和共同创造的作用是相当重要的。除了"管理供应链"，还应该从"创造价值网"的角度来思考。在网络癔症之后，我们也许可以采取更平和、更理性的态度在共同创造价值中依靠想象和客户群合作。很多企业已经开始积极鼓励意识超前的顾客对它们的产品提出修改意见。传统的做法是并购，而共担风险和伙伴关系是并购的积极替代方式。我们也许

有必要拥有新的思想倾向和态度来支持在公共部门和非政府组织里运用
新方式开展合作。所有企业运行的国际环境不断发生变化，更快、更有
效地了解这个环境越发显得重要，鉴于此，有必要考虑应该进行更富有
成果的学习协作。从不同的行业、地区和市场等多个角度了解世界，这
对我们是很有帮助的。

/ 发展与生存 /

多数高管都必须对股东价值负责，同时为（故意）设计的激励机制
所激励，因此，他们都面临来自资本市场的监督与压力。故此，他们不
得不把重点放在实现每年两位数的增长目标。然而，很少有人问过，或
至少公开这样问过：即使是最成功的企业，可能实现并保持的增长程度
究竟是多少呢？考虑到各个层面的复杂效应，两位数的持续增长是一个
合理的目标吗？

也许对增长的关注应该被长期生存的理念所强化——保持可持续的
成功和立即获得成功一样重要。做到这一点需要我们提出一些不同的富
有挑战性的问题。例如，如果知道自己能再活 150 年并为这个公司再工
作 100 年，应该从现在开始做哪些不同的事情？如果知道商业活动带来
的隐性负面效应在 10 年内将会消化，而且构成显著的成本，要改变什
么，如何改变？考虑到很多潜在的对于企业实力的抵制和反抗，也许需
要问一下自己："从今往后的 50 年里，如果要确保多数人都为我们的存
在而感到幸福，并祝福我们，我们必须确保组织有什么？"最后看最简单
也最棘手的问题，即我们的策略、能力和性格应该具备哪些基本特点能
保证长期取得成功，我们为什么相信这个？

/ 专注与不确定性 /

在这个没有什么不可能的世界里，应该重点关注那些最重要的东西，
列出优先发展的事情，做出决策，简化我们的思想和活动。然而，关注
也意味着缩小范围，排除其他选择，当作为普遍原则时，它既是一个优
点也是一个缺点。爱因斯坦曾经说过一段著名的话："应该把每件事都尽

可能地简化，但不能让它再简单了。"我们忘记了伟人的真知灼见了吗？也许我们应该明确地拥抱"不确定性"这个理念，考虑在哪些领域里承认而不是否定能让我们取得更好的效果。

第一个这样的领域与我们越来越多使用的管理组织的标准有关。这些高度集中并存在局限的标准既需要扩充，也需要平衡。此外。它们应该在更多定性的因素和管理者的判断下得到系统性的增强。应该承认，这个标准比量化的证据要模糊，但在出现进退两难的困境以及需要权衡的复杂情况下，它对处理问题是很关键的。

第二，目前的风险管理重点主要放在已知的变量上面，并围绕企业项目的内部因素而设立，这种让管理冒险的方法是否合适，是我们要问的第二个问题。危险在不断变化，变得越来越不确定——因为技术具有新的不可知的力量，因为不能再对气候和环境不以为然了，因为我们生活在一个地缘政治关系日益紧张的时代，"局外"团体和个人的力量不断增强。我们对待风险的态度也有必要变得更加复杂和成熟，也必然要积极寻求多种视角和观点以便把危险置于具体的情况下，为我们的决策提供更多的信息。

我们面临的机遇也同样充满不确定性，一样要经受变化。未来，评价投资（尤其是贴现现金流）的传统方法也许不及实物期权分析那样灵活的方法有用。

第三，我们往往只关注人们行动背后的意图，没有想象一下这种选择有可能带来事与愿违的后果。可以用这个简单的问题予以纠正：如果我们按计划进行，什么会让自己或他人为我们没有考虑到的问题感到遗憾？这些问题说出来容易，但处理起来是很难的。它们需要高级管理人员对自己的事先构想进行质疑，扩大自己的想象空间，想象当时感觉正确的策略可能出现的问题。把"如果……怎么办"的问题考虑得深入一些，把多方观点综合起来，这有益于我们对风险的了解和预期。

过于集中的专注也会抑制创新。企业往往通过大规模、高度集中的规划来求得变化和创新。这些行动主要基于单一的方法，长期消耗相当多的资源，如果出现问题，修正方向的空间是很小的。在不确定性越来越明显的今天，企业可以从科学界学到很多东西，时常规划很多小规模的实验，虽然常常失败但损失很小，学到的却很多。这个转变需要我们培养这样的新能力，即在充满机遇和风险的新领域进行想象、设计、开展小规模实验的能力；系统地从成功和失败之中汲取知识的能力；快速移向下一个反复过程的能力。

/ 技术与人 /

在过去的十年里，在每个大企业中，为了支持每一个功能——从计算到通信，从生产到分配，从客户互动到国际活动——都对技术的关键部分进行了革新。但很难想出有哪个企业为吸引人员、留住员工并提高他们的能力而进行类似的投资。尽管企业对人才越来越重视，并日益声称人是核心资产，但在困难时期，看到的往往是对人员进行大幅削减。

尽管创新很缓慢，但在过去 20 年间人力资源领域经历了演变，今后依然还会这么做。人力开发曾经主要集中在给他们提供特定技能的培训，这些技能是他们直接负责的具体工作所需要的。最近，我们看到企业教育的范围扩大了，新增的教育能让高级管理人员在组织中发挥更充分的作用，能够根据具体情况履行自己的职责。在未来十年，我们会经历更多的复杂问题和风险，也许会把重点再次放在对企业面临的国际环境的关注上，加深加大我们对国际环境的理解，从而形成更好、更准确的判断。这对我们来说可能更重要，因为过去的经历并不能让我们更好地应对所面临的挑战，掌握的东西也许不再适用，新的"遗留问题"是我们自己。

制定有效、创新的方法来吸引、指导员工必须在企业的议程中发生位置上的变化，从"能有最好"上升到"成功的关键因素"。不过，重新关注人，以新方式、为新目的培养人只是挑战的一部分。企业应该承认，顾客、员工和其他利益攸关者都存在对意义的渴望，对更高成就感的渴望。理解和尊重工作的人性特征，理解和尊重民间团体成员的抱负，理解和尊重人对尊严的渴望，这对寻求发展和保持人们对其信任的所有组织来说都是必要的，而且在未来是一个越来越重要的资源。

/ 领导能力存在的新矛盾 /

在这个世界里，不确定性和复杂性非常普遍，为了应对本章前面探讨的新挑战和新机遇，需要进行根本的变化，不言自明，这意味着领导能力比以往任何时候都重要。在企业中——也在政府和民间部门——我们需要领导能力以更多的形式表现出来，分布在更多的人和组织之中，创造更多的联系，承担起让更多领域协调一致行动的责任。

在这个纷乱不清的世界里，该如何理解领导能力的本质呢？追随者往往寻找的是这样的领导，他们思路清晰，行动一致，果敢决断。但在动荡的变革时代，真正的领导能力确实能满足这个需要吗？这个困难的选择突出了领导能力在未来日渐自相矛盾的本质，这需要我们对这个概念有不同的理解，也需要那些领导我们的人以不同的方式去思考和行动。

我曾与企业、政府和非营利组织的高管一起工作过，我发现在领导能力方面存在几种似是而非的真理——这些真理之间存在着"……和……都……"的关系——这种现象在未来十年可能会更加明显，也更加重要。可以从几个方面来看这个问题：领导与外界的关系；他们与希望受之影响的人的关系；与他们自己的关系。

我们往往认为，为了让自己专注于任务，避免分散注意力，领导需要具有很强的专注性，甚至拥有相当狭隘的世界观。然而，在越发不确定的世界里，领导能力也需要具有整体意识的能力——采取系统的、"直升机式"的世界观，感觉到不断变化的新景象，也具有向具体问题和异常情况迅速聚焦的能力。领导能力也要求我们作为通才（对环境）和专才（对内容），具有对外部环境充分了解的愿望和能力，要求我们从来不否认这个事实：即便我们积累了知识，培养了理解能力，依然处于不确定状态。

在他们与别人的关系中，领导必须学会走钢丝。他们必须实干，头脑清醒，专注于如何催化、推动有意义的变化，并为它们提供条件，与此同时，保持并传递出一定程度的激情和自信——这多半归于信念、价值观和个人的精力，而不是理智和策略。领导能力也需要有力的服务者——意志坚定、韧性十足、坚决果断的领导，在维护自己的原则和信

整体专注性　　世界　　了解情况的不确定性

实干的激情　　他人　　有力的服务者

自信的谦卑　　自我　　失重的责任

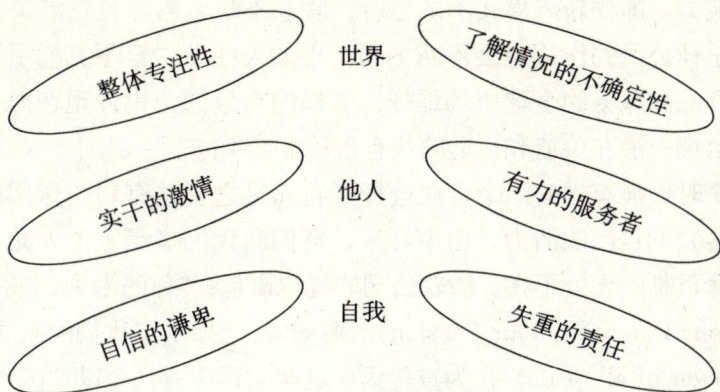

关于领导能力的似是而非的真理

念时立场坚定。同时，他们必须敏锐地意识到有必要为自己的追随者服务，注意到自己和组织的最终作用就是服务。正如科林·鲍威尔将军（Colin Powell）说的那样："士兵不再给你添麻烦的那一天也是你停止领导他们的那一天。他们不是对你的帮助失去了信心，就是断定你不在乎他们。这两种情况都是领导的失败。"

领导能力也需要与自我的新关系，其特点是愿意振奋精神迎接这个时代的挑战，在不可避免的逆境中坚持不懈，也表现为一种深层次的谦卑，以及承认困惑、愿意求助和把指挥棒传给他人的能力。我们也需要领导承担起失重的责任，这种能力表现为一方面在工作中点到为止，不让工作给自己造成太大的压力，另一方面却能负起责任，并有效地履行职责。用拉迪亚德·基普林（Rudyard Kipling）的话讲，他们需要拥有"遭遇成功与灾难并同等对待这两个骗子"的能力。

重新形成我们对领导能力的看法，承认它越来越看似自相矛盾的性质，这也许有助于我们想出新方法去解放广被需要的新一代领导的才能，让他们更符合时代的需要，不辜负追随者的期望。

/ 投入的全球公民的新力量/

领导能力在未来十年变得更加重要的同时，它也将比人类历史上任何时候都分布广泛。但领导能力将更加不稳固，持续时间也往往很短，因为全球公民在塑造未来的过程中表现出越来越强大的力量，实施越来越大的影响力。即便新兴模式不能盛行，联系不断紧密并且日渐关注公共事务的全体公民的作用也会不断增强。正如人性中"看不见的手"影响和组织商品和服务的全球市场那样，同样的力量如今也体现在思想、价值观、信仰、潜在价值和行动的共有市场上。

这个时代最有趣的两个企业选择了有先见之明并有启迪作用的宣传语来形容它们自己的活力，引申开来，它们向我们暗示了个人角色的变化及个体贡献的无处不在。微软公司的宣传语是："你的潜力，我们的动力"（Your Potential, Our Passion）。而 eBay 选择了"我们的共同力量"（The power of all of us）作为宣传语。这两句话中有几个以"p"字母打头的单词，在未来十年中有 6 个以"p"打头的重要单词，其中包括了这几个单词，它们分别是：人（people）、潜力（potential）、力量（power）和激情（passion）。第五个是参与（participation），参与的方式越来越复杂，参与的步伐也越来越快。第六个是目标（purpose）。

共同参与（participation）、充满激情的人们（people）会继续发现和实现自己的潜能（potential），在追求共同的道德目标（purpose）时运用个人和集体的力量（power）。这也许是革命式的——也是新兴模式的本质——或者是渐进式的，但不管哪种方式，它都是日益强大的破坏性力量，这种力量从来没有存在过。如今大众将迅速拥有这种权力，而这个群体有时相当团结，大部分时候相当涣散，总是十分警觉、戒备、好问，且充满挑战性。这些民众汇集成一个新的、强大的、不可预知的国际事务的参与者。

权力越大，责任越大。全球公民能否学到足够多的东西，了解足够多的东西，学得足够快，足够好，使我们的声音不仅有分量，而且还有智慧？我相信学习的动力会越来越大——在这方面有好消息。不仅技术让我们更加容易获得信息（也有助于我们消化和联系这些信息），而且我们也发现了人脑的一个非常重要的特点，这在以前被大大低估了。用技术术语说，就是"可塑性"。大脑比我们以前想象的要灵活得多，而且整个成年阶段一直如此。它不像研究者过去认为的那样会"凝固"，而是能够继续适应调整，学习，再学习。

我们在未来十年需要这些素质，可以很高兴地预见，在学习过程和学习方法方面会取得重大突破，这将有利于所有人，能让我们更好地实现成为逻辑遵循者、模式追寻者和意义创造者的强烈愿望。我们必须也必将更加熟练地审视，更好地倾听他人，更快地连接零散的信息并发现新的模式。这将进一步要求我们具体改变看待和理解身边的世界的方式。必须更加注重发散性思维，深入分析原因和系统，对"我们"采取范围更广的定义。

/ 发散性思维 /

多数人都善于聚合思维——快速决定我们的观点，抛开其他的选择。决断能力也是一个重要而且必要的特征。不过，应该记住动词"决定"（decide）来自拉丁语"杀"（－cide）：它意味着谋杀其他的选择。有时，在枪毙其他选择之前应该至少知道它们是什么，但我们往往不这么做，因为我们还没有进行发散性思维。如果本书有一个唯一的贯穿全书的主题，它就是"……和……都……"的思维过程的力量：故意寻找不同甚至矛盾的观点，意识到两个观点可能都蕴含着重要的真理。不过，我们习惯于向确定的事情和偏见投降，对其他可能性和解释视而不见，对不适合我们世界观的不合适的资料也是不予理睬。

在组织里，这种倾向得到了进一步强化，因为很多标准和程序鼓励侧重点单一化，不鼓励承认不确定性和模糊性。实际上，即使是组织要求中最关键的部分——清晰的未来愿景，也往往会造成"一叶障目，不见泰山"的现象。具有多样性也许和具有远见一样重要，但要具备这种能力，关键在于是否愿意去思考表面现象和令人舒服的事实背后的东西。

在当今社会中，人们似乎越来越不能容忍"真理来自朋友间的争论"（大卫·休谟（David Hume）语）——能够做到这一点，前提是他们能够积极彼此倾听并综合大家的观点。这很难用来描述不断壮大的全球媒体和政治文化，因为它们的特点是尖刻简单的宣传，对两极化、相互排斥的情况进行夸张报道。然而，发散性思维最重要的特点是积极努力地去尝试理解我们强烈反对的观点。

有一种危险看起来不太现实，却实际上很有可能发生：在这个联系日益紧密的世界里，我们最终拥有的观点会慢慢趋同，而不是充满更大的多样性。网络往往具有比较强的自我选择的性质，触及的范围很广，涉及的人也各不相同，但它们吸引的人往往具有非常相似的价值观和世界观。因此，要想真正实现思维的发散性需要我们的行为具有积极的意图，对行为方式进行积极的改变。令人欣慰的是，这一点是可以做到的。和一个以不同方式看世界和理解世界的同事进行随便且真诚的聊天更有可能让你有一个新的见解，相比之下，和一个与你的观点大致相同的同事聊 12 次也未必有这样的效果。怀着开明的态度去读一篇令人不舒服的社论会激发拓展你的思维，这是你在喜欢的刊物上读到的所有新闻远远做不到的。在漫游博客空间时要特别注意那些高质量、展示原创思想、分析和综合能力的博客——这样的博客有很多——不要去关注那些遵循某些特定意识形态偏好的内容，因为前者才为信息和思想提供了非凡的新资源。如果愿意接受发散性思维带来的挑战和不舒服的感觉，我们就可以送给自己一个礼物，那就是从发散性思维学到的新的内容。

/ 五个为什么 /

随着变化速度的日益加快，不可避免地不断出现重要紧迫的新问题。同样可以预见，媒体、决策者和相关的公民会对具体事件以及其他断断续续、杂乱无章的表象进行评论和分析。但这些事件——标题和社论的内容、政治公告和媒体上权威的意见——都是变化的深层模式的表现形式。为了把这个多变时代的动态表现形式与比较根本的起因分开——也为了解二者之间的联系——我们从系统思维学科中借用一个简单的工具，它常常被称之为"五个为什么"。它是把尖锐的问题用"为什么"的问句讲出来，回答问题，然后重复这个方法，直到对这个问题有一个比较深的结构性理解。这个过程通常要重复几次——而且不总是五个为什么，但通常五个问题比较合理。

"五个为什么"的方法能让我们从高层次的表象探寻到深层次的更加重要的原因；它迫使我们不断努力地去系统思考。这种方法能够极其有效地理解事件和问题，感觉起来也很直观自然。实际上，多数父母都很熟悉这个方法的道理：小孩问一个非常明显的简单问题，听到第一个答案后又接着问"可是为什么呢?"孩子不停地问这个问题，直到她求知的欲望得到了满足。

如果肤浅地处理这个时代的主要问题，它们的结构性原因往往不明显，用"五个为什么"不仅加强我们对这些问题的了解，而且能够十分有效地深入挖掘其中结构性的原因。这个方法也有助于揭示我们自己的偏见和想当然的看法。让对问题或机遇有不同理解的人或团体分别系统地思考"为什么"，然后把这些观点综合起来，这是个极其有益的做法。针对问题存在的广阔背景，这个方法往往能够产生截然不同的观点。通过这么做，"为什么，为什么，为什么"的习惯既能够加深我们的理解，也能帮助我们熟悉发散的"……和……都……"的思维模式。

/ 更大的"我们" /

我们在这个纷乱动荡的时代所经历的所有变化中，最重要的问题之一当然是世界各地相互联系，相互依赖。无论看哪个领域——政治、经济、金融、社会、文化和环境——模式是一样的：没有哪个地方、哪个国家、哪个人、哪个组织在任何一个领域里单打独斗，世界的大部分地区都是紧密相连的。这要求从全球角度综合思考我们所面临的机遇和挑战，因为我们确实到了历史上的这个时期，即我们生活在一起，就像马歇尔·麦克卢汉在 20 世纪 60 年代预言的那样，我们生活在一个大大的"地球村"。传统村落的重要特点是"公有"——拥有的土地、使用的土地、照料的土地，都是集体的。今天，全球公有权形成了紧密缠绕在一起的我们依赖的系统。我们能否立志深刻理解这个全球共有的公有权，并且共同承担维护和培育这个公有权？我相信我们能够做到。但认为"这很简单"的想法是很幼稚的，因为我们必须认识到有一种趋势将导致"公有权的悲剧"，而且要努力阻止这个发展趋势。

这个基本原则往往可以用土地的例子来解释：土地公有，如为了放牛，所有人都可以使用。每个养牛人的动机就是在土地上过度放牧，对于改善或维护土地状况，他们责任很少或者完全不负责任。这种方式似乎在短期内对每个人都很好，但从长期来看，土地对每个人来说都丧失了用途。

这个原则在全球层面上也适用吗？我想已经见效了。从理性的个人利益的角度来看，为什么当土耳其在幼发拉底河上修建大坝时，它应该关心利比亚和伊拉克的水需求呢？为什么当非洲追求未来复兴时，每个国家都应该多付出一些而不是口头应酬（以及拿出微不足道的 GDP 的一小部分）来与它成为伙伴呢？这种情况不胜枚举，在上面提到的每个事例中，分析单位必须超出单一的国家；必须是全球的，因为每个地方都可能遭受恐怖主义、极度贫困、饥荒、缺水和气候变化所带来的后果。

这是这个强势时代一个重要的悖论——我们绝对有必要梦想和想象出更好的解决办法。毫不夸张地说，我们的未来取决于我们的做法。我们精心建设持久的全球文明的潜能和能力不在讨论之中，但与"他人"合作并信任对方的意愿和能力还没有建立起来。没有后者，前者也就没有了意义。"公有权的悲剧"能够解决——纵观历史，这个问题往往能够得到解决——但条件是相互沟通、致力于协作，信任他方能够遵守协议，这几方面要综合起来才可以。然而我们所面临的复杂的情况，村落公有权时代并没有经历过。我们面临的迫切的全球窘境比以前碰到的任何事情都复杂：获得的信息不确定，选择不明确，而且在令人担心的后果发生之前始终对它知之甚少。

鉴于此，必须进行两个重大转变。第一个转变很简单：在证据增加但没有定论之前——换句话说，在还来得及之前，愿意相信我们面对的问题的规模。我想我们会和法国著名的哲学家布莱斯·帕斯卡尔（Blaise Pascal）得出同样的结论。帕斯卡尔提出这个问题："我应该相信上帝吗？"他分析说，应该相信。上帝或是存在或是不存在。帕斯卡尔可以选择相信，也可以选择不相信。如果上帝不存在，帕斯卡尔也不相信上帝，那么，帕斯卡尔是明智的——但这样并没有什么好处。如果上帝不存在而帕斯卡尔相信上帝，那么，他是愚蠢的，他可能克制自己不去享受一些世间的快乐——很不幸，但不可怕。如果上帝存在，帕斯卡尔也相信上帝，他得到了拯救——一个美好的结局。如果上帝存在而帕斯卡尔不相信上帝，帕斯卡尔注定遭受厄运——可怕的结果。如果对这些情况进行估量，很显然，帕斯卡尔选择相信上帝是有道理的，因为正确的奖赏是很大的，错误的代价是非常可怕的。随着有越来越多的证据表明，我们共同面对的全球挑战日益严峻，我想我们应该和帕斯卡尔下同样的赌注，选择严肃对待这些挑战，共同应对这些挑战。如果成功了，等待我们的奖赏是很有魅力的，而失败的代价可怕得让人不敢去想。

第二个转变不那么简单：基于从来没有这样相互依存、我们的利益从来没有这样不可分割的认识，我们必须把新的全球现实和新的全球共鸣匹配起来，我们不可能单凭自己的力量顺利通过这个复杂的、充满挑战的时代，因为我们最终都会站在一起。我们必须开始扩大共鸣圈，扩大对"自己"的理解，开始考虑受到每个重大事件影响的所有人的利益。因为最终"他们的"利益将不可避免地与"我们的"重合。在经济和文明日益全球化的今天，前几代人所持有的"我们对他们"的态度没有多少生存空间了。如果认为我们能够也应该放弃自身利益，放弃与家人、邻居和同胞的自然而亲密的关系，这种想法是很愚蠢的；因为它们是强大的必要的本能，是我们共同发展和强大的基础。不过，我们能够也必须变成一个"更强大的我们"。我们实现了经济和文化的全球化，但还没有把对自己的理解全球化；这存在于更加美好的未来中。

推动它的力量不是来自国家政府；也不是来自它们对自己的作用的看法，也不是大小企业优先考虑的问题，即便它们愿意接受道德智慧这个概念；这不关它们的事。实际上，在提高全球自我意识方面，我们只能把希望寄予一个行为者身上，那就是：个人、人民和公民。我们有声音，我们有热情，我们有信息，我们有前所未有的潜能，我们有难以置信的共同的关切点——新兴但脆弱的文明的未来。如果"时代比我们的头脑更强大"，我们必须继续通过合作和联系来提高大脑的能力。随着不断增强智慧，协调我们的理想和精力，利用令人惊异的人类创新能力，全球公民能够也必将在世界上发挥重大作用，并让世界有所不同。用已故美国总统里根的精彩讲话来表达："如果不是我们，那会是谁？如果不是现在，那会是何时？"

把这本书运用到你的生活和工作中

在本书中，我提出了一些框架，结果证明，这些框架在我思考和了解这个多变的世界时极为有用。我对这些框架补充了一些我认为很重要的资料和观点。不过，只有当你把学到的东西马上和自己的情况联系起来，让这些知识针对你的情况时，它们才变得扎实和真正有用。

因此，我希望你在思考怎样把本书的内容和你及你的组织联系起来时，它对你能有所帮助。为了鼓励你思考这个问题，本书后记针对每一重要章节都提出了一系列问题，这将有助于你形成自己的观点和见解。你可以边读此书边参考那些问题并做笔记，或者在读完全书之后再回顾那些问题。我希望此书能在你们团队内部或者组织内部进行战略性讨论时充当催化剂。此外，我也希望你们之中的很多人能在本书提供的网站上提出自己的观点，供大家分享。网址是 http：//www. powerful-times. net，我们可以在那个地方一同探索未来。期盼在那里遇见你！

○ 正在发生什么？预测现在

/ 透明与混沌 /

我们喜欢前所未有的透明，这是在丰富的信息、强有力的分析、无所不在的连通、不同寻常的透明推动之下形成的——然而，就是这些同样的力量也造就了混沌，因为每个假话和阴谋理论，不管多么怪诞，都可以被歪曲过的原本真实的数据所支持，并像病毒一样传播。

请思考：

1. 在你的生活和工作中，什么东西能够体现出这个动态矛盾的一面或者两面？

2. 当今世界还有什么正在发生的事情能通过这个动态矛盾得到更好的理解？

3. 它在哪些方面已经对你和/或你的组织产生了影响？

4. 它如何在未来发挥更重要但不同的作用？

5. 请列举这个矛盾给你和/或你的组织带来的重大的机遇和风险。

6. 你应该开始关注哪些目前尚不在你视野之内的东西？

7. 在整个世界和你的组织里，你希望谁应该更好地了解这个动态矛盾，为什么？

/ 实力与脆弱性 /

美国似乎需要拥有无可匹敌的军事实力，但它面对的挑战也许仅靠"硬实力"是无法应对的，尤其是当它的"软实力"在衰落的时候——因此，随着各种各样的威胁迫在眉睫，西方世界的脆弱感也越来越强。

请思考：

1. 在你的生活和工作中，什么东西能够体现出这个动态矛盾的一面或者两面？

2. 当今世界还有什么正在发生的事情能通过这个动态矛盾获得更好的理解？

3. 它在哪些方面已经对你和/或你的组织产生了影响？

4. 它如何在未来发挥更重要但不同的作用？

5. 请列举这个矛盾给你和/或你的组织带来的重大的机遇和风险。

6. 你应该开始关注哪些目前尚不在你视野之内的东西？

7. 在整个世界和你的组织里，你希望谁应该更好地了解这个动态矛盾，为什么？

/ 技术进步与阻力 /

技术进步的步伐加快，给我们提供了更强大的力量去统治世界，理解自然和生命本身的实质——从而引发了越来越多的（各地区有所差别的）道德、伦理和现实角度的忧虑，也造成了对科学探索的阻碍因素。

请思考：

1. 在你的生活和工作中，什么东西能够体现出这个动态矛盾的一面或者两面？

2. 当今世界还有什么正在发生的事情能通过这个动态矛盾得到更好的理解？

3. 它在哪些方面已经对你和/或你的组织产生了影响？

4. 它如何在未来发挥更重要但不同的作用？

5. 请列举这个矛盾给你和/或你的组织带来的重大的机遇和风险。

6. 你应该开始关注哪些目前尚不在你视野之内的东西？

7. 在整个世界和你的组织里，你希望谁应该更好地了解这个动态矛盾，为什么？

/ 无形经济与有形经济 /

随着数量和价值之间的关系在服务业、体验和虚拟化的世界里不断衰落，经济变得越发无形——然而，随着我们不得不到处对关键的基础设施进行维修和兴建，有形经济也凸显出它的重要性。

请思考：

1. 在你的生活和工作中，什么东西能够体现出这个动态矛盾的一面或者两面？

2. 当今世界还有什么正在发生的事情能通过这个动态矛盾得到更好

的理解?

3. 它在哪些方面已经对你和/或你的组织产生了影响?

4. 它如何在未来发挥更重要但不同的作用?

5. 请列举这个矛盾给你和/或你的组织带来的重大的机遇和风险。

6. 你应该开始关注哪些目前尚不在你视野之内的东西?

7. 在整个世界和你的组织里,你希望谁应该更好地了解这个动态矛盾,为什么?

/ 繁荣与衰落 /

随着新参与者在世界经济中发挥越来越大的影响力,繁荣在全球范围内进一步扩散——与此同时,一些国家和地区还有某些团体衰落了,从而造成运行非常好与非常糟的两极分化的情况日趋严重。

请思考:

1. 在你的生活和工作中,什么东西能够体现出这个动态矛盾的一面或者两面?

2. 当今世界还有什么正在发生的事情能通过这个动态矛盾得到更好的理解?

3. 它在哪些方面已经对你和/或你的组织产生了影响?

4. 它如何在未来发挥更重要但不同的作用?

5. 请列举这个矛盾给你和/或你的组织带来的重大的机遇和风险。

6. 你应该开始关注哪些目前尚不在你视野之内的东西?

7. 在整个世界和你的组织里,你希望谁应该更好地了解这个动态矛盾,为什么?

/ 人与地球 /

人的需求和期望越来越要求对可持续发展的原则给予关注——然而,地球实际上仍旧遵循自身的规律而变化,因此,这要求我们对人类的主导作用进行更深刻的反思。

请思考：

1. 在你的生活和工作中，什么东西能够体现出这个动态矛盾的一面或者两面？

2. 当今世界还有什么正在发生的事情能通过这个动态矛盾得到更好的理解？

3. 它在哪些方面已经对你和/或你的组织产生了影响？

4. 它如何在未来发挥更重要但不同的作用？

5. 请列举这个矛盾给你和/或你的组织带来的重大的机遇和风险。

6. 你应该开始关注哪些目前尚不在你视野之内的东西？

7. 在整个世界和你的组织里，你希望谁应该更好地了解这个动态矛盾，为什么？

/ 把六个动态矛盾作为整体来考虑 /

透明与混沌……实力与脆弱性……技术进步与阻力……无形经济与有形经济……繁荣与衰落……人与地球……

请思考：

1. 纵观这些动态矛盾，你和/或你的组织面对的最重要的三个或四个不确定情况是什么？

2. 由此，对于你的组织所做出的哪些设想你应该提出质疑？

如果……会怎样？为未来的挑战而改变

/ 为变化而组织起来 /

请思考：

1. 你的组织中有哪些"城堡式"特点？有哪些"网式"特点呢？请举例说明。

2. 两者之间有哪个严重矛盾尚未解决？

3. 如何更好地把"城堡式"和"网式"方法在你的组织中进行组合？

/ 治理 /

请思考：

1. 你见过最有说服力的治理尝试是什么？

2. 你希望看到进行哪类尝试——商议民主、地方治理，还是国际协作？

3. 这些尝试或者未来的尝试会给你和/或你的组织带来什么新机遇和风险？

/ 创新 /

请思考：

1. 还见过哪些证据证明创新来自新地方并自下而上？

2. 这些趋势会给你和/或你的组织带来什么机遇和风险？

3. 这个新秩序如何帮助组织（包括你的组织）搞清并实现它们的道德目标？

接下来会发生什么？ 未来十年的预期模式

/ 美国的新世纪 /

在这个模式的未来中，美国在国际事务中得到了独一无二的领导权，重新维护和加强自己的影响力，基本上建立了核心价值观和规则——经济的、政治的和文化的——全世界都会遵循几十年。

请思考：

1. 你现在看到哪些证据表明这个模式是可信的？

2. 你与你的组织为这个预期模式做了怎样的准备？

3. 如果这个模式证明就是真正的未来，你将面对哪些机遇和风险？

4. 你现在觉察到什么迹象显示这个模式即将开始运行？

/ 拼成的强大集团 /

在这个模式的未来中，地缘政治和经济力量与影响力分布在很多不同的国际主体、地理区域和民族国家之间，并为它们所共享。在未来，复杂有时甚至令人困惑的联盟与条约作为一个整体对全球施加影响。

请思考：

1. 你现在看到哪些证据表明这个模式是可信的？

2. 你与你的组织为这个预期模式做了怎样的准备？

3. 如果这个模式证明就是真正的未来，你将面对哪些机遇和风险？

4. 你现在觉察到什么迹象显示这个模式即将开始运行？

/ 新兴模式 /

在这个模式的未来中，已经存在的传统力量和领导权模式证明大都不适合这个世界的挑战，因为这个世界相互依存度不断增强，并且越发复杂、不确定和多样化。随着中央集权、等级森严的政府、国际组织和很多大企业无法足够快地适应新机遇和挑战，变化和一致性将自下而上地形成。

请思考：

1. 你现在看到哪些证据表明这个模式是可信的？

2. 你与你的组织为这个预期模式做了怎样的准备？

3. 如果这个模式证明就是真正的未来，你将面对哪些机遇和风险？

4. 你现在觉察到什么迹象显示这个模式即将开始运行？

/ 把三种模式作为整体考虑 /

美国的新世纪……拼成的强大集团……新兴模式……

请思考：

1. 在这三种模式中，哪个看起来最接近你和你的组织的"官方未来"——你认为世界将如何发展？

2. 哪个模式你觉得生活起来最富吸引力？

3. 哪个模式你觉得生活起来最没有吸引力？

4. 看了这三个可供选择的未来之后，你认为你和你的组织最没有做好的准备是什么？你如何为之更好地准备？

⭘ 如何应对？在变革时代有所为

请思考：

1. 在这个强势时代，你的组织的议程必须做哪些调整？

2. 你的组织怎样利用和团结成员的力量与热情？

3. 在你的组织内，如何更好地规划目标，调动参与性？

4. 做什么努力会促进全球性的"我们"的出现？

5. 我们对"自己"有一个更大、更全球性的感觉，在哪些方面你个人可能受到这种感觉的影响？你怎样作出自己的贡献？

注 释

/ 第 1 章 得到释放的历史 /

文中提到"令人费解的文字"在 2003 年 9 月颇为流行，刚开始是在网上通过电子邮件流传。那段话反映出的效应——把一个单词的字母随意调换位置并不影响人的阅读和理解能力——是 G. E. 罗林森（G. E. Rawlinson）在 1976 年首先提出来的（英国诺丁汉大学心理学系尚未发表的博士论文《字母位置对单词识读的意义》(The Significance of Letter Positioning in Word Recognition)）。1999 年 5 月，罗林森给《新科学家》(New Scientist) 写了一封信，公开了这个效应；四年之后如何在互联网上流传开来，其原因尚不明了。如果想更多地了解这段话的背后故事以及它的起源，可以登录 www. mrc-cbu. cam. ac. uk /personal /matt. davis /Cambridge /。

历史上的人口数量和人均 GDP 的数据来自 J·布拉德福德·德朗（J. Bradford Delong）的图表，他是位于加州大学伯克利分校的经济学教授，也是美国国家经济研究所（National Bureau of Economic Research）的研究实习员。若想参见此图表，请登录 http：//www. j-bradford-de-long. net /macro _ online /lec _ notes /LN _ ch5. pdf。

"大猩猩录像"是由丹尼尔·J·西蒙斯（Daniel J. Simons）和克里

斯托弗·F·查布里斯 (Christopher F. Chabris) 制作的，两人都任教于哈佛大学心理学系，录像是"有选择观察"研究的一部分（"Gorillas in Our Midst: Sustained Inattentional Blindness for Dynamic Events," *Perception*, 1999, volume 28, pages 1059-1074）他们研究的结果明确表明"我们只能观察到和记住那些能让我们集中注意力的事物和细节"。关于这份研究的原始报告可登录 http: //www. wjh. harvard. edu/-cfc/ Simons1999. pdf。

全球成人识字率的统计数字（74%）是联合国教科文组织统计协会于 2002 年 7 月根据各国的估计数字计算而来的；"成人"指的是 15 岁以上的人口。关于人均寿命和婴儿死亡率的统计数字来自联合国开发计划署 2004 年人类发展报告。

关于世界一半人口每日的生活费用低于欧洲奶牛的统计数字来自世界银行前行长、《另一危机》（The Other Crisis）的作者詹姆斯·沃尔芬森（James Wolfensohn）。沃尔芬森在"世界野生动物基金会"和联合国环境规划署资助的 TVE 电视台的节目中说："我们生活的这个世界有 60 亿人，其中 30 亿人每天的生活费不足 2 美元。欧洲奶牛每天得到的补贴达到 2.5 美元（日本的奶牛补贴甚至达到了 7.5 美元），因此我们在关注贫困问题的方式上存在着不对称的东西。"

/ 第一部分　正在发生什么？预测现在 /

引自物理学家尼尔斯·博尔的开篇引言体现了物理学的一个基本原理，即互补原理。它阐述的是准确看待自然现象的方式不止一个。此原理认为，如果人对事物或者事件的观察是相互矛盾的，若想充分理解此事物或者事件，只能从正反两方面来考虑。

我常常把我们的生活方式比喻成开车，会在每个拐角处抛锚，多年来我一直认为这个设想源自马歇尔·麦克卢汉，但我一直没有证实此事。然而，我确实找到了麦克卢汉的另一经典名言，结尾是："我们只用后视镜开往未来。"F·斯科特·菲茨杰拉德 (F. Scott Fitzgerald) 的引言出自他在 1936 年发表在《君子》（Esquire）上的小说《崩溃》（The Crack-Up）。著名的性格理论家汉斯·艾森克对弗洛伊德和心理分析的方法提出过直率的批评；他大张旗鼓地认为，一个人的性格主要由遗传决定。儿科专家本杰明·史巴克在育儿方面曾经指导过几代父母，他认为，在塑造孩子性格方面父母起着决定性作用。因此，这些有影响力的人物站在了"遗传与环境"的争论对立面。

/ 第 2 章　透明与混沌 /

透明

关于产生的储存信息的数量以及每年每人产生的记录信息的数量来自加州大学伯克利分校的信息管理与信息系统学院发表在《展望未来》(Looking Out for the Future) 一书中的《2003 年产生的信息量》。《展望未来》这本书讲述的是关于慈善事业的未来，作者是我的同事凯瑟琳·富尔顿 (Katherine Fulton) 和安德鲁·布劳 (Andrew Blau)。

2002 年，BBC 网上新闻报道说，英国有 250 万个闭路摄像头在工作 ("Watching Your Every Move," by Jane Wakefield, February 7, 2002)，分析家预测在未来 5 年这个数量将会增加 9 倍。2004 年，《独立报》(*Independent*) 报告说，有 400 多万个监控摄像头在英国运行，"making it the most-watched nation in the world." ("Big Brother Britain 2004," by Maxine Frith, January 12, 2004.)

2005 年 4 月，英国人类基因委员会决定，英国不应该设立旨在为新生儿描绘 DNA 的国家数据库。他们的报告全文可参见 http://www.hgc.gov.uk/UploadDocs/Contents/Documents/Final%20Draft%20of%20Profiling%20Newborn%20Report%2003%2005.pdf。

2002 年 4 月，日本地球模拟器中心宣布，由 NEC 制造的"地球模拟器"计算机被证实是世界上运行最快的计算机。但此种情况没有维持多久。2004 年 9 月，IBM 宣布它生产的蓝色基因/L 超级计算机运行得更快；运算速度能够达到每秒 36.01 万亿次浮点。若想了解更多有关地球模拟器的信息，可登录地球模拟中心的网站 (http://www.es.jamstec.go.jp/esc/eng.)。宣布蓝色基因/L 超级计算机的速度记录可登录 http://www.ibm.com/news/us/2004/09/301.html。

2003 年 2 月 17 日，伦敦商业区开始征收"拥堵税"，意在减少城市公路上的车流量。若想更多了解这个税制，请参见 BBC 导航 http：//www. bbc. co. uk /london /congestion /intro. shtml。"9·11"事件委员会的最终报告可以到以下网址上下载 http：//www. gpoaccess. gov /911 /。

《华盛顿时报》在 2003 年 6 月 30 日发表了一篇社论，"生物测定学要来了"。该篇提到了个人隐私的未来的问题。1999 年 1 月，斯科特·麦克尼利 (Scott McNealy) 在太阳微系统公司推出 Jini 技术之际，向一群记者和分析家发表了"你已经没有什么隐私"的著名言论。

米歇尔·福柯在《规训与惩罚：监狱的诞生》(Vintage Books, 1995) 这本书中充分描写了边沁的圆形监狱。此书最初于 1995 年在法国出版发行。关于布什政府极力制止数百万份机密文件被公开一事，以及信息自由法案的请求都源自 Eric Lichtblau, *The New York Times*, September 5, 2004。

在一项美国全国性的调查中发现，14%的美国人愿意付费通过网络连接的摄像头对自家进行监视，此篇报道的题目是"忘了关掉炉子？向网络求助吧！"发表在 2004 年 11 月 3 日的《国际先驱论坛报》(*International Herald Tribune*)，作者是彼得·J·豪 (Peter J. Howe)。日本学生穿着 RFID 电子标签去上学的例子引自美联社的报道，并刊登在世界的很多报纸上，包括我找到这篇文章的《日本时报》(*Japan Times*) ("Students Tagged in Bid to Keep Them Safe," by Kenji Hall, October 14, 2004.) 辛辛那提用精心布设的监控摄像头努力阻止犯罪的有趣故事见由 "Here's Looking at You," by Pete Shuler, *Cincinnati CityBeat*, volume 5, issue 34, July 15-21, 1999 (http：//www. citybeat. com/1999-07-15 /cover. shtml).

混沌

刊登在《休斯敦纪事报》(*Houston Chronicle*) 上的登月阴谋整篇文章是 "Apollo Shurgged; Hoax Theories About Moon Landings Persist," by Patty Reinert, November 17, 2002。2002 年 3 月盖洛普做的一项民意调查显示，在 9 个伊斯兰国家里，大部分人不认为阿拉伯人为"9·11"恐怖袭击事件负责，几家媒体报道都对这个结果进行了报道，including in the story "Viewing 9/11 as the Big Lie," by Scott Shane, *The Baltimore Sun*, September 12, 2002.

/ 第 3 章　实力与脆弱性 /

实力

关于欧洲和美国在 1990 年和 2000 年的总军费开支占 GDP 比重的统计数字引自美国国会预算办公室于 2000 年 10 月发表的 "把新盟友并入北约" 的第 2 章，网址是 http：//www. cbo. gov/showdoc. cfm? index ＝2665&sequence＝3。亚当·斯密的《国富论》的全文在网上也能够查到，网址是 http：//www. bibliomania. com/2 /1 /65 /112 /frameset. html。

在美国军费开支的那一段里，把美国的军费开支与其他国家和地区的情况进行了对比，其中涉及的统计数字引自几个文献："High Military Expenditure in Some Places," by Anup Shah, Globalissues. org, June 16, 2004; the Center for Defense Information; Worldwide Military Expenditures chart, GlobalSecurity. org; "Priorities in Public Spending," the United Nations Development Programme's Human Development Report 2004; "World Military Spending," Center for Arms Control and Non-Proliferation, February 2004.

盖洛普于 2002 年 7 月—2002 年 8 月进行的 "人民的声音" 国际调查涉及的受访人数超过了 2.8 万人。盖洛普于 2002 年 9 月 7 日在一份新闻稿里公布了调查结果，标题为 "全球的调查结果对美国的外交政策给予了否定。"

脆弱性

对罗伯特·库珀 (Robert Cooper) 的完整引言可参见他的著作《国家的分裂》 (The Breaking of Nations) (Atlantic Monthly Press, New York, January 2004)："如果美国是唯一的举足轻重的军事强国，与此同时也饱受恐怖袭击，我们将会发现自己所处的是哪种世界？如果它既强大又脆弱呢？欧洲与美国共有的价值观会持续多久？"库珀是外交家，也曾是布莱尔的高级顾问。

可以进一步参见 Graham Allison's book is *Nuclear Terrorism*: *The Ultimate Preventable Catastrophe* (New York: Times Books, August 2004). Allison is the founding dean of Harvard's John F. Kennedy

School of Government. Philip Bobbitt wrote about the differences between informing, alerting, and warning in the Op-Ed piece "Being Clear About Present Dangers," *The New York Times*, August 11, 2004.

莫易斯·奈伊姆是《外交政策》(*Foreign Policy*) 杂志的编辑和出版商,他在 2003 年 2 月 1 日的《外交政策》中发表了 "全球化的五个战争",概述了在相互联系的世界里犯罪的观点。

/ 第 4 章 技术进步与阻力 /

技术进步

有关提高认知能力的药物莫达非尼 (modafinil) 的资料来自 "拥有更加聪明大脑的 11 个步骤",文章发表在 2005 年 5 月 28 日的《新科学家》杂志上。《经济学家》(*Economist*) 在 2003 年 5 月 22 日刊登的文章 "为美好未来而花的大笔钱" 中说,美国人在美容上的花费多于教育费用。整容手术的统计数字来自美国整容手术协会。

阻力

路透社于 2005 年 6 月 7 日在文章 "韩国干细胞专家说'100 年内不会有克隆人类'" 中报道了韩国科学家黄禹锡对人类克隆的看法。2005 年 5 月 20 日美联社刊登了特伦斯·亨特 (Terence Hunt) 的文章,对布什总统谴责黄禹锡的研究进行了报道。梵蒂冈在 2005 年 5 月 24 日发表了公开声明,对黄禹锡的研究给予谴责。《朝鲜时报》(*The Korea Times*) 于 2005 年 6 月 14 日发表了题为 "黄禹锡周三将与教皇会面" 的文章,报道了黄禹锡与天主教领导人会面的消息。

针对人兽杂种,2005 年 4 月美国国家科学院公布了新的联邦指导方针。凯文·凯利的引言源自他在全球商业网络的谈话。《新科学家》杂志的引言摘自西尔维娅·帕甘·韦斯特法尔 (Sylvia Pagan Westphal) 在 2002 年 7 月 17 日发表的文章 "埃博拉病毒能够被合成"。

/ 第 5 章 无形经济与有形经济 /

无形经济

格林斯潘的引言摘自他于 1999 年 9 月 30 日在明尼阿波利斯市做的

讲话。讲话全文可参见联邦储备委员会网站上的"讲话"条目。若想更多了解重农主义者，可参见吉恩·达莱尔（Gene Dallaire）的文章"18世纪法国重农主义的历史"，也可登录 http：//genedallaire. tripod. com/physiocracy. html 查询。

美国服务业的规模和形态的数据有几个来源："Why Are the Service Sectors Important" on the TESS (Trade Enhancement for the Services Sector) website of the United States Agency for International Development；"Productivity in the Services Sector：New Sources of Economic Growth," by Jack E. Triplett and Barry P. Bosworth, Brookings Institute Press, 2004； "U. S. Services Growth Hits Record in April, Jobs Gain," by Chris Reese, Reuters, May 5, 2004; "Liberalizing Services：Key to Faster Global Growth and the Sustainability of the U. S. Trade Deficit," testimony by the Institute for International Economics' Catherine L. Mann before the Subcommittee on International Trade, Senate Finance Committee, October 21, 1999; and "Deepening Reform and Opening Wider to Ensure Sustainable Economic Growth," presentation by Li Ruogu, deputy governor of the People's Bank of China, Trujillo, Peru, October 23, 2004.

知识经济在 OECD 国家的 GDP 中所占的比例数据来自 2002 年 4 月哈里·希尔曼·沙特朗（Harry Hillman Chartrand）发表的文章"各国在以知识为基础的全球经济中的竞争力。"

现代汽车和"阿波罗 11 号"的计算能力之间的对比摘自丰田 COO 吉姆·普雷斯（Jim Press）在 2004 年 11 月 10 日发表的讲话，在丰田网上的媒体信息中可以找到这篇讲话的内容。

关于旅游业是全球最大的老板的统计数字源自世界旅行与旅游理事会。其他的全球旅游统计数字源自世界旅游组织的"旅游亮点"（2004年版），在它的网站上也能够找到。全球观赏竞技体育的规模的统计数字摘自普华永道会计师事务所（PricewaterhouseCoopers）"全球娱乐业和媒体前景，2004—2008 年。"

派恩和吉尔摩的著作是《体验经济》（The Experience Economy）(Boston, MA：Harvard Business School Press, April 1999).

关于英国创新行业的统计数字摘自 2004 年《企业家精神和创新国际》杂志的约稿通知，主题是"在创新行业中的企业家精神：一个国际视角"。针对伦敦的创新行业的统计数字源自 "London's Creative Sector: 2004 Update," Greater London Authority, April 2004.

1999 年 8 月，有人在 eBay 网上对人的肾脏进行拍卖。投标金额达到了 570 多万美元，随后 eBay 公司叫停了这场交易。据 ABC 新闻报道，带有圣母玛利亚肖像的奶酪三明治卖价达到了 2.8 万美元。

对安德鲁·布劳的引言援引他的报告 "The Future of Independent Media," Published by Global Business Network in 2004.

关于中国互联网用户的统计数字来自 Internet World Stats 统计：使用和人口统计数字；最初引自中国互联网信息中心。全球移动电话的统计数字来自互联网世界统计数字以及国际电讯联盟。

全球在线游戏市场的统计数字引自 2004 年 6 月 20 日的"在线游戏市场升温"，这是 FDC 信息对这个行业做的研究报告的概述。对中国在线游戏市场的预测引自"中国在线游戏报告"，作者是玛格丽特·陈 (Margaret Chen)，由 Game Trust 发布，The Diffusion Group 发送。The *Financial Times* article about online gaming is "Realities of a Virtual Economy," by Paul Tyrrell, December 29, 2003.

有形经济

关于每个港口安全提高预算的数据来自"国土安全：花费更多，收益更少，"作者是"遗产基金会"的詹姆斯·克拉法诺 (James Carafano)，发表于 2005 年 3 月 3 日。关于每个污水处理系统现状的数据，以及美国的基础设施所需费用的数据都来自"美国土木工程师协会"发布的 2003 年发展报告，对它在 2001 年发表的美国基础设施的成绩单进行了数据更新。

关于北美电力中断的规模和范围的统计数字以及布什总统对此事件发表的言论摘自 2003 年 8 月 15 日 BBC 新闻报道"布什敦促美国电网升级"。对布鲁斯·格马诺 (Bruce Germano) 的关于"自我修复"的电网的引言摘自 "Electricity Innovation Institute and EPRI Unveil Architecture for Upgrade of the Power Grid," by Ed Krasnow, LivePowerNews, October 15, 2004.

世界银行关于发展中世界的基础设施的投资需求的估计数字是由世界银行政策研究工作报告公布的，报告的题目是 "Investing in Infrastructure: What Is Needed From 2000 to 2010?" by Marianne Fay and Tito Yepes, July 2003.

关于北京农民工的统计数字援引 2005 年 5 月 9 日的《中国日报》(*China Daily*) 的报道: "对建筑工人的伤残保险"。关于中国的水和空气质量问题，以及与美国相比的能源消费、预测未来能源短缺的问题的统计数字来自 "China's Boom Brings Fear of an Electricity Breakdown," by Howard French, *The New York Times*, July 5, 2004. China's dominant cement and steel consumption has been widely reported.

长时期水消费和人口增长之间的对比来自 "Water Scarcity: A Looming Crisis?" by Alex Kirby, BBC News, October 19, 2004. 关于淡水用来灌溉的数量摘自斯德哥尔摩国际水协会于 2004 年 8 月发表的报告: "水——每一滴都富含更多的营养"。世界卫生组织对水和卫生措施的统计数字引自 "Clean Water Advocacy Motivates Partnership," *Business World*, August 19, 2003.

引自世界资源协会的引言摘自卡门·雷文 (Carmen Revenga) 的 "全球水资源迅速减少"，这是 2005 年 3 月世界水资源协会的解说词。联合国教科文组织总干事的讲话出自 "联合国教科文组织总干事警告迫在眉睫的水危机"，联合国教科文组织于 2002 年 3 月 22 日出版发行。

/ 第 6 章　繁荣与衰落 /

繁荣

关于 1978 以来年中国留学海外的人数各个报道并不一致。本章所有的数据引自 "China's Diaspora Show the Benefits of Free Movement," by David Zweig, *The Asian Wall Street Journal*, September 2, 2004. 关于中国高新产业园的资料摘自 "Exhibition Showcases Achievement of Overseas Returnees," by Liang Chao, *China Daily*, March 2, 2004, and AnnaLee Saxenian's working paper on "Brain Circulation and Capitalist Dynamics: The Silicon Valley-Hsinchu-Shanghai Triangle," The Center for Economy and Society, Cornell University, August 2003. Overseas Chinese students' desire to return to China was reported in "Chinese Seeking Knowledge Abroad, " *China Daily*, July 4, 2003.

衰落

联合国艾滋病规划署对 2020 前死亡人数的预测被广为报道，2002 年 7 月 2 日 BBC 新闻也对此进行了报道，题目是"艾滋病流行'依然处于早期'"。骨髓灰质炎再度抬头的数据来自"WHO Official Is Optimistic of Halting Polio," by Jonathan Bor, *The Baltimore Sun*, May 9, 2005.

世界银行协会对腐败的研究，以及对"400%治理红利"的解释可参见"Growth Without Governance," by D. Kaufmann and A. Kraay, *Economia*, Fall 2002, Volume 3, Number 1. The WBI's calculation of cumulative global bribes comes from "The Cost of Corruption," the World Bank Group, April 8, 2004. Corruption "scores" were reported in "West Urged to Crack Down on Company Bribes in Poor Nations," by David White, *Financial Times*, October 8, 2003.

根据人口发展指数的排名，各个国家历经的武装冲突的数量引自联合国开发计划署 2003 年人口发展报告和"犁铧项目"（Ploughshares）的"武装冲突报告"。关于全球冲突和非洲内战的统计数字引自 GlobalSecurity. org and "The World at War," by Col. Daniel Smith, *The Defense Monitor*, January 1, 2003.

全世界贫富收入增加之间的对比数字被广为报道，BBC 在 2004 年 2 月 24 日也对此进行了报道，题为"全球化能被驯服吗？"作者是斯蒂夫·契夫斯（Steve Schifferes）。中央情报局对最富的国家的最新排名（根据人均 GDP）发表在网上 CIA World Factbook。俄罗斯亿万富翁的统计数字援引 Forbes data reported in *The Moscow Times* in "Russia No. 4 on Forbes' Billionaires List," by Natalia Yefimova, March 3, 2003.

关于中国城乡工人收入差距的数据引自 by Fu Jing, *China Daily*, April 14, 2005. 2003 年国会预算办公室对美国 1979—2000 年的税后收入的数据进行了更新。

对美国账户赤字的统计数字引自 "The Overstretch Myth," by David H. Levey and Stuart S. Brown, *Foreign Affairs*, March/April 2005. The CBO's budget deficit forecast was widely reported, including in "$ 2. 4 Trillion U. S. Deficit Is Forecast," by Peter Gosselin, *The Los Angeles Times*, January 27, 2005. The chapter's closing quote is by British diplomat and foreign policy analyst Robert Cooper, from his article "Europe: The Post-Modern State and World Order," *New Perspectives Quarterly*, Summer 1997 v14 n3.

/ 第 7 章　人与地球 /

人

本章所采用的人口估计数字大都引自约瑟夫·夏米 (Joseph Chamie)，直到不久之前他还是联合国人口司的司长。夏米也是人口协会公司的创始人，现在他为全球商业网络撰写每月的人口专栏。

关于欧洲出生率最低的意大利的出生率数据以及全世界在 1970 年和现在出生率的数据都来自联合国开发计划署 2004 年人口发展报告。菲利普·朗曼 (Phillip Longman) 所著的书为《空空的摇篮：下降的出生率如何威胁世界繁荣以及如何解决这个问题》 (The Empty Cradle: How Falling Birthrates Threaten world Prosperity and What to Do About It) (New York: Basic Books, April 2004)。

发达国家和发展中国家在 1960 年和现在的人口分布资料来自联合国人口基金会发表的 "1999 年世界人口状态"，在 NNFPA 的网站上可以找到此报告。发达世界老龄化的数据来自联合国人口司的报告 "世界人口在 1950—2050 年间变老"。有关欧洲现在和 2050 年领取养老金的人口比重的数据引自 2003 年 7 月 17 日《经济学家》上的文章 "欧洲人口爆炸"。美国 65 岁以上的人口比例来自美国人口普查局的计算数字。

关于世界上最富的人和最穷的人消费的能源数量来自世界商业可持续发展委员会发表的报告 "到 2050 年的事实与倾向：能源与气候变化"。关于贫富总消费的不均衡数据来自 1998 年联合国人口发展报告。

各国的人均消费石油的桶数来自对 "反向" 投资专家马克·费博

(Marc Faber) 的专访："Dr. Marc Faber: We Are Never Prepared By What We Expect," by Tim Wood, *Resource Investor*, December 1, 2004.

当今国际移民人口的规模和分布情况是由联合国人口司在"国际移民报告 2002"中公布的。关于 50 多个国家总移民人数的统计数字引自 "Global Threats Against U.S. Will Rise, Report Predicts," by Vernon Loeb, *The Washington Post*, December 18, 2000.

"佩尤普世态度计划"对各国对移民的态度进行的调查结果看参见报告"世界是如何想的：全球公众如何看待他们的生活，他们的国家，世界和美国"，此报告发表于 2004 年 12 月 4 日。墨西哥政府为穿越国界者发行小册子并引起了反响，"Word for Word/Border Crossing: A Guide for the Illegal Migrant," by James C. McKinley Jr., *The New York Times*, January 9, 2005.

McDonough and Braungart's book is *Cradle to Cradle: Remaking the Way We Make Things* (New York: North Point Press, 2002). William Strauss's book, coauthored with Neil Howe, is *Millennials Rising: The Next Great Generation* (New York: Vintage Books, 2002). Paul Ray and Sherry Anderson's book is *The Cultural Creatives: How 50 Million People Are Changing the World* (New York: Harmony Books, 2000).

根据国别得出的核能所占的能源比重的数据引自国际原子能机构。Janine Benyus is the author of *Biomimicry: Innovation Inspired by Nature* (New York: William Morrow & Co., 1997).

地球

本章所报告的二氧化碳的浓度（工业化前，如果我们能源消费的模式按预期继续下去的未来）数字被大家所熟知，也广被接受。这些数字本身没有争议，但它们的影响和意义却引起了相当大的争议。David King's quote is from his article "Climate Change Science: Adapt, Mitigate, or Ignore?" *Science*, January 2004.

若想更多了解墨西哥湾流减弱的内容，可参见 "Britain Faces Big Chill as Ocean Current Slows," by Jonathan Leake, *The Sunday Times* (UK), May 8, 2005. 北半球变暖的资料摘自 "Global Warming May Be

Speeding Up, Fears Scientist," by John Vidal, *The Guardian* (UK), August 6, 2003.

20世纪 50 年代以来极端的气候事件增加了，安·约翰森（Ian Johnson）在其文章 "气候变化超出了京都" 对此消息进行了报道，*New Perspectives Quarterly*, December 13, 2004. 2004 年极端气候造成的经济损失的数据引自 "Extreme Weather Losses Soar to Record High," by UN Environment Programme, Environmental News Network, December 16, 2004.

/ 第 8 章　治理 /

拥有多党选举的国家数目来自 "World Civilisation: Barking Up the Wrong Tree?" by Sergio Vieira de Mello (former United Nations High Commissioner for Human Rights), *New Academy Review*, Winter 2003.

/ 第 9 章　创新 /

若想更多了解韩国和中国的大规模潮汐发电的项目请参阅 "South Korea to Build World's Largest Tidal Power Plant" (May 25, 2005) and "China Endorses 300 MW Ocean Energy Project" (November 2, 2004), both in *Renewable Energy Access*.

中国为非洲和拉丁美洲培训太阳能和灌溉方面的技师，这则消息来自 "China to Train Developing Nations in Solar Technologies," by Jia Hepeng, SciDev. Net, August 20, 2004.

/ 第三部分　接下来会发生什么？未来十年的预期模式 /

关于美国的人口占世界人口比例以及消费的统计数字来自外交政策研究所和经济研究所。美国在全球研发费用所占的份额是经合组织在 2003 年发布的研究与发展统计数字报告公布的。

/ 第四部分　如何应对？在变革时代有所为 /

　　奥驰亚公司（Altria）在决策时有"四个简单的问题"。若想了解更多的细节，可参见"奥驰亚公司家族：学习改变"，这是奥驰亚公司的政府事务政策和外联主任马西娅·苏维文（Marcia Sullivan）在 2003 年 4 月 11 日做的演讲。若想查询此篇讲话，可登录奥驰亚公司的网站 http：//www. altria. com /media /executive _ speech /03 _ 09 _ 02 _ sulli-vanKilleenspeech. asp。

　　西奥多·赫斯伯格（Theodore Hesburgh）的全部引言更好："领导能力的本质就在于你必须有远见。对每种情况下你都能清晰有力地予以阐述，这就是远见。你不可能去吹一个坏了的喇叭。"凯恩斯的引言摘自他的文章 "National Self-Sufficiency," *The Yale Review*, vol. 22, no. 4 (June 1933) .

　　《科林·鲍威尔领导能力的奥秘》（The Leadership Secrets of Colin Powell）罗列了 18 条领导能力的奥秘，本书中提到的科林·鲍威尔关于领导能力和自信心的引言是其中的第二条，by Oren Harari（New York：McGraw-Hill, January 2002）.

　　罗纳德·里根的告别词来自颇具影响的犹太学者拉比·希勒尔（Rabbi Hillel）说过的名言："如果我不为我自己，那么谁为我呢？如果我只为我自己，那么我是谁呢？如果不是在此时，那么又会在何时呢？"

图书在版编目（CIP）数据

强势时代：应对来自不确定世界的挑战/凯利著；王哲译.
北京：中国人民大学出版社，2009
（沃顿商学院图书）
ISBN 978-7-300-10687-8

Ⅰ. 强…
Ⅱ. ①凯…②王…
Ⅲ. 世界-概况
Ⅳ. D5

中国版本图书馆 CIP 数据核字（2009）第 072888 号

沃顿商学院图书
强势时代：应对来自不确定世界的挑战
埃蒙·凯利　著

王　哲　译

出版发行	中国人民大学出版社	
社　　址	北京中关村大街 31 号	**邮政编码**　100080
电　　话	010 - 62511242（总编室）	010 - 62511398（质管部）
	010 - 82501766（邮购部）	010 - 62514148（门市部）
	010 - 62515195（发行公司）	010 - 62515275（盗版举报）
网　　址	http://www.crup.com.cn	
	http://www.ttrnet.com（人大教研网）	
经　　销	新华书店	
印　　刷	北京山润国际印务有限公司	
规　　格	165 mm×240 mm　16 开本	**版　　次**　2009 年 5 月第 1 版
印　　张	17 插页 1	**印　　次**　2009 年 5 月第 1 次印刷
字　　数	266 000	**定　　价**　38.00 元